李斌

四川南部县人，2011年毕业于北京大学中文系，获文学博士学位，现为中国社会科学院郭沫若纪念馆研究员，兼任中国郭沫若研究会秘书长等职务。主要从事中国现当代文学研究和民国时期中学国文教科书研究。出版有《民国时期中学国文教科书研究》《女神之光——郭沫若传》《沈从文画传》等著作，在《文学评论》《文学遗产》《中国现代文学研究丛刊》等刊物发表学术论文近百篇。

『思想的边界』丛书

李斌◎著

郭沫若书信中的当代中国

云南出版集团
云南人民出版社

图书在版编目（CIP）数据

郭沫若书信中的当代中国 / 李斌著. -- 昆明 : 云南人民出版社, 2021.5
（思想的边界丛书 / 斯日主编）
ISBN 978-7-222-19224-9

Ⅰ. ①郭… Ⅱ. ①李… Ⅲ. ①郭沫若（1892-1978）—书信集—研究 Ⅳ. ①K825.6

中国版本图书馆CIP数据核字(2020)第013488号

出 品 人：赵石定
策　　划：赵石定
项目统筹：马　非
责任编辑：朱　颖　范晓芬
装帧设计：马　滨
责任校对：董郎文清　李　红　周　彦
责任印制：李寒东

"思想的边界"丛书
郭沫若书信中的当代中国
李　斌　著

出版　云南出版集团　云南人民出版社
发行　云南人民出版社
社址　昆明市环城西路609号
邮编　650034
网址　www.ynpph.com.cn
E-mail　ynrms@sina.com
开本　889mm×1194mm　1/32
印张　14.125
字数　320千
版次　2021年5月第1版第1次印刷
印刷　昆明理煜印务有限公司
书号　ISBN 978-7-222-19224-9
定价　116.00元

如需购买图书、反馈意见请与我社联系
总编室：0871-64109126
发行部：0871-64108507
审校部：0871-64164626
印制部：0871-64191534

云南人民出版社微信公众号

思想本无界

——“思想的边界”丛书总序

斯　日

“思想的边界”这套丛书即将要付梓了。我们推出这套丛书，希望通过解读近现代思想家、作家的书信，再现书信背后的故事，聆听书信主人讲述各自生命中那些波澜壮阔或风平浪静、风卷云涌或云淡风轻的岁月，从而能够走近他们更加真实而完整的生命角色。

“思想”与“边界”这两个词语的组合具有哲学的意味，借用李泽厚《美的历程》中贯穿始终的核心词组——“有意味的形式”，可以说，这是一个有意味的组合。作为人类文明发展中处于精神文化层面的“建筑”，思想不同于物质，超越了消费型的物质，也超越了可看得见的形式，从而无从有所谓的边界，自然无从诞生“思想的边界”这样的词语组合。由此可以说，我们这套丛书名——“思想的边界”注定不属于常规思维：将“边界”这个自带可感可见形式的词语，与“思想”这个无形式无边界的概念组合在一起，便催生了一种哲学的意味——为无形式垒砌形式，为无边界描画边界。所有的这些，像极了在徒劳处辛勤劳作。

作为思想家、作家、诗人、历史学家、古文字学家，鲁迅、茅盾、郭沫若、巴金等思想文化的巨匠，他们在身后都留下了盈千累万的佳作，再现“文章之无穷”的魅力，建立了“经国之大业，不朽之盛事”，在中国思想史、文学史、历史等诸多领域和学科树立了使后人高山仰止、景行行止的丰碑。他们的名声，如曹丕所言“不假良史之辞，不托飞驰之势”，“自传于后”，完全来自他们的作品及其所达到的思想的深度、广度、高度。我们今天想要了解他们，最重要的途径是阅读、研究他们的作品，唯有如此，才能对他们的思想有所领会。那么，我们是否就此可以假设，他们所创作的作品，已经将他们的思想全部涵盖了呢？或者可以说，阅读和了解了他们所创作的作品，就能够完整把握和领会他们的思想了吗？

在回答这个问题之前，我们先讲一个故事。

今天我们都知道司马迁的《史记》在中国历史上的重要意义：中国纪传体正史的开创之作，成为延续2000多年的中国历史书写模式。这是从《史记》所开创的体例意义方面而言。从思想价值而言，《史记》以其“究天人之际，通古今之变，成一家之言”这个撰述宗旨，成为“二十四史”中位居第一的历史著作，其思想的先进性、科学性是后世史学著作所不能望其项背的。

作为《史记》的撰述宗旨，“究天人之际，通古今之变，成一家之言”代表了司马迁思想的高度，我们今天研究司马迁及其《史记》的思想成就，无法绕开这个宗旨。如果按照前文所言，文史名家的思想，唯有通过阅读和研究他们所留下的作品才能够到达，那么，《史记》的这个宗旨，应该通过阅读使司马迁青史留名的巨著《史记》来获得。不过，事实是，这个宗旨并不出自《史记》，其出处在一封信里。

汉武帝征和二年（公元前91年），时任中书令的司马迁写了一封信给当时身陷囹圄的朋友任安。这年，太子刘据被汉武帝新宠臣江充栽赃，陷入“巫蛊之祸”，太子非常恐惧，情急之下起兵，诛杀了江充，随即遭到愤怒的汉武帝强行镇压，兵败后太子出逃到京兆尹的湖县，最终悬梁自尽，太子的母亲王皇后也因此受牵连在宫中自缢身亡。太子刘据在恐慌中起兵的时候，曾假传圣旨，命令时任北军使者护军任安发兵，但任安收到太子发兵命令后，并没有出兵。“巫蛊之祸”事件平定之后，汉武帝认为任安“坐视成败”，“怀诈，有不忠之心”，将任安投入监狱，最终腰斩。在任安被临刑之前，作为朋友，司马迁给他写了一封信，其实这是一封回信，因为几年前，任安曾给司马迁写信，希望在汉武帝身边工作的司马迁“尽推贤进士之义”，举荐自己。司马迁一直未回信，直到任安身陷牢狱之灾，才起笔写了这封回信。

这封信后来被称为《报任安书》。清代的储欣在《古文菁华录》中说《报任安书》是“激昂悲愤，自有文字以来第一书”，是中国历史上第一封信。这个“第一”，含有重要意义：在这封信里，司马迁除了表达自己发愤著书意志之外，还陈述了撰写《史记》的宗旨——“究天人之际，通古今之变，成一家之言”。

如果我们只读《史记》，不读《报任安书》，无法知晓这个宗旨，当然无法完整而准确地理解司马迁写作《史记》的真正目的；当然，因此关于司马迁及其《史记》的思想深度和高度的把握，也不容易达到最佳状态。思想家的有些思想甚至是具有重要意义的部分，并不在阐述其思想的作品当中，也许在作品之外——在思想的边界之外，如书信、日记等形式非创作类私人文献当中。从这个意义上而言，可以说，司马迁在中国思想史上又作出了一个开创性的举措。

了解了司马迁的著作《史记》与司马迁写给朋友的信《报任安书》之间不可分割的重要关系，自然回答了上面所提出的问题：要全面了解一个思想家的思想，阅尽思想家所创作的作品是首要的和必要的，但仅仅做到这些，还是万万不够的，有时候，重要的东西可能在阐述思想的作品之外——在思想的边界之外可能捕获到重要的碎片和火花。

纵览中国思想史，有个现象值得关注，即中国思想史上的大部分思想家，其思想最初分散在不同的文章中陈述，以不同的体裁、以碎片化的形式呈现，缺少统一而缜密的逻辑结构将其思想系统、完整地表述出来。关于这个现象，徐复观先生作过论述："一个思想家的思想，有如一个文学家的文章，必定有由主题所展开的结构。读者能把握到他的结构，才算把握到他的思想。西方哲学家的思想结构，常即表现为他们的著作的结构。他们的著作的展开，即是他们思想的展开，这便使读者易于把握。但中国的思想家，很少是有意识地以有组织的文章结构来表达他们思想的结构，而常是把他们的中心论点，分散在许多文字单元中去；同时，在同一篇文字中又常关涉到许多观念、许多问题。即使在一篇文章或一段语录中是专谈某一观念、某一问题，但也常只谈到某一观念、某一问题、对某一特定的人或事所需要说明的某侧面，而很少下一种抽象的可以概括全般的定义或界说。"[1]这种现象导致了至少两个问题：一是影响思想家作品的完整性；一是增加了对于思想家作品的理解和把握的难度。今天我们经常遗憾于一些思想家的作品很难收集完整，年代久远、散佚损毁是一个无法回避的客观原因，但其最初呈现形式的多样化、多元化，也是一个不可忽略的重要因素。如果班固没有将《报任安书》作为传记资料运用在《汉书·司马迁传》中使之首次面世，我们无法想象：这封"自有文字以来第一书"是否能够得到完好的保存？关于《史记》撰写的这条提纲挈领式的宗旨，我们是否还有幸目睹和阅览？从这个意义上而言，思想家的作品最初被承载的形式，为其思想人为地构筑了边界，在有意无意间，将部分思想"遗留"在边界之外。我们今天的任务就是越出他们思想的边界，在边界之外探寻、采撷那些遗失的珍珠，努力为思想描摹相对完整完美的"形式"。

以上是这套丛书希望努力完成的一个任务。此外，还有一个希望，即努力为读者还原思想家们相对完整的生命角色。生命角色，是关涉传记的问题。现代传记理念认为，关于某个人的传记，其核心任务是要回答一个问题：他是谁？

"他是谁"是哲学的问题。1958年，汉娜·阿伦特在《人的境况》中认为，"他是谁（who）"里中心词"谁（who）"，其所要回答的是关于"人的差异性"。"人的差异就是人的独特性。的确，一切存在者都具有他者性（英otherness；德alteritas）。如果没有这种他者性，那么，就无法

① 徐复观：《中国思想史论集》，九州出版社2014年版，第2页。

将一个存在者同其他的存在者区别开来并加以认识……由于人能够觉察自己与其他个体之间的差异，因此，人的他者性和差异性（distinetness）便成为人的唯一性（uniqueness）。”①

简而言之，“他是谁”要回答的就是一个人区别于他者的唯一性。回到我们这套丛书中所讨论的思想家，他们的唯一性即是他们通过所创作的作品所传达的思想塑造了其区别于他者的差异性，如鲁迅所以区别于他者的差异性，在于其创作作品的唯一性，其他的思想家、作家亦是如此。他们的作品个性鲜明，各有各的独具无二的特色。由此而看，还原他们的生命角色似乎是非常简单的事情，我们绝不会把鲁迅的身份与茅盾的身份混淆、将郭沫若的身份与巴金的身份混淆。确实如此。但从如今所呈现出来的现象看，他们各自的角色并没有得到完整而准确的还原。如关于鲁迅。在大部分读者印象中鲁迅是作家，但大家并不太了解，除了作家，鲁迅还担任过公务员，还是左翼作家联盟的核心人物，也是一个忠实的美术爱好者，甚至是一个美食家，如此等等，他的多元生命角色并没有为多数人所了解。再如郭沫若。为大众所认识的身份是作家，但郭沫若同时还是古文字学家、历史学家、诗人、政治家，如此诸多的生命角色，大众还比较陌生，甚至由不了解而走向偏执的认识。之所以出现这样的现象，究其原因，更多在于后人尤其是相关学者、传记家在研究和介绍他们的作品、讲述他们生命故事的时候，有意或无意间，用自己个人的学术观点、偏见或

① 川崎修：《汉娜·阿伦特：公共性的复权》，斯日译，河北教育出版社2002年版，第252页。

学术局限性为他们原本统一而完整的生命故事设置诸多边界，将他们人生、思想分割为诸多领域、诸多板块，导致熟悉鲁迅作品的读者或许并不熟悉鲁迅作为美术家的身份，熟悉郭沫若诗歌的读者并不熟悉郭沫若作为历史学家的身份，等等。我们希望通过解读他们的书信，让他们自己讲述自己的生命角色，从而越过有意无意中人为设置的边界，能够走近更为完整的他们，还原他们本无边界的生命角色。

此外，需要补充的一点是，思想无形式无边界，是就其内容而言的，而作为人类精神文化遗产，思想的传承所需载体是有形式、有边界的，比如从人类最初记录文字用的岩石、龟片、贝壳、陶器、青铜器、动物皮革、锦帛、树木、竹子，到纸张，再到今天的电子设备，都是有形有边的载体。在这个意义上，无形式无边界的思想并不是真的无形式无边界。我们推出这套丛书，希望将以上二者融会在一起，兼而有之：一是为无边界的思想划定“边界”，在其无边界结束之处、在其“边界”开始之处探寻思想的火花碎片；一是为有边界的思想的载体增添新的品种，超越有限，探索无限。

段玉裁在《说文解字注》中对“界”字作了这样的解释：“界，竟也。竟俗本作境。今正。乐曲尽为竟。引申为凡边竟之称。”曲子停息之处为界，“界”这个字是伴随着不甘心、不情愿以及无奈的情绪而诞生的，是一个被情绪所催生的字，所以刘禹锡才哀叹“曲终人散空愁暮”。再优美的曲子终有停止之时，就此即有了竟，有了界，可是观赏的人还沉浸在曲子里不能自拔，如孔子在齐国初听韶乐般如痴如醉，从而亦有了遗憾、留恋和感伤。由此而言，乐曲的界是造成遗憾和感伤之所在，如想要达到完美或完整，需要超越音乐所停息之处的界；对于今天的我们而言，想要了解和走近思想家们，必须超越那些有形或无形的边界，才能够达到他们思想的真实和完满。

中国文艺的最高境界是言尽而意未尽，思想的最高境界亦是如此：于有边界之处超越边界，探寻思想的无界。

是为序。

2021年1月11日

北京

前 言

一

1949—1978年，这在中国历史上是相当关键的时期，郭沫若57—86岁，也是他人生中比较重要的时期。为了区别于研究已经比较充分的1949年之前的郭沫若，我将这一时期的郭沫若称为“晚年郭沫若”。晚年郭沫若曾担任全国政协副主席（1949—1978）、政务院副总理（1949—1954）、全国人大常委会副委员长（1954—1978）、中国科学院院长（1949—1978）、全国文联主席（1949—1978）、中国人民保卫世界和平大会委员会主席（1949—1960年代初期）等多个重要领导职务。他笔耕不辍，整理再版了大量旧作，创作了《蔡文姬》《武则天》《郑成功》等剧本，《新华颂》《百花齐放》《长春集》《骆驼集》等诗集，《奴隶制时代》《文史论集》《管子集校》等历史研究和古籍整理著作；做了大量报告、讲话，写了大量题词，以及许多尚未整理出版的书信、日记等。从郭沫若的身份、活动方式、著作种类来说，他和当代中国的历史进程紧密联系在一起，他是当代中国知识分子的典型代表，也是一位尚未得到充分研究的历史对象。

晚年郭沫若之所以未得到充分研究，原因很多，除了我所谈到的“非郭沫若”认识装置的影响外，另一个重要原因是有关郭沫若的文献资料整理的滞后。一方面，现行《郭沫若全集》主要以郭沫若生前整理出版过的著作为底本编辑而成，晚年郭沫若的大部分文章、古籍整理、报告、讲话、诗词、题词、书信、日记等等，他本人尚未来得及或者没有意愿整理成集，当然也就没有收进全集。我现在正在参与《郭沫若全集补编》的编撰工作，课题组搜集这方面的作品三百多万字。这样的搜集只是初步的工作，因为还没涉及手稿研究、档案整理、版本校勘等等重要内容。郭沫若身份特殊，他晚年公开发表的作品，有些可能出自秘书或写作班子之手，有些可能是在他人意见下经过了反复修改，如何从中区别出郭沫若本人真实思想和组织上的意见，实在是一个棘手的问题。同时，郭沫若的很多话并不宜在公开作品中讲出来，其背后的心境和思想如何获得，这也是研究的难点。有鉴于此，对于未刊的郭沫若相关档案、手稿、往来书信等资料的查找、整理、释读就显得特别重要。由往来书信入手，从其提供的线索出发，对比考察手稿和正式发表的版本、未刊文字和已刊文章的区别，考察郭沫若作品的创作和修改过程、人际交往及处理事务的办法，就郭沫若的特殊身份和我目前所能接触到的资料而言，这不失为一条通途，当然也是郭沫若研究进入深水区的必由之路。

郭沫若研究界的有识之士多次呼吁，研究郭沫若要着重整体性，不可分割成碎片，局限在各自的学科领域。的确，对于这样一位在多个重要领域都有着非凡表现的当代知识分子，仅从当下的学科体系和分科知识视野出发去认识和研究他，便有些偏于一隅了。文学专业出身的研究者会比较关注他的戏剧、诗歌创作等，学术史研究者会注重他在古代社会史分期中的观点以及在古籍整理方面的经验教训等。在这种侧重于某一方面的分科研究之下，整体性的郭沫若自然也就被遮蔽了。如果我们对郭沫若其他方面不太了解，那侧重于某一方面的研究成果势必要打折扣。因而，寻找一条适当的进入整体性郭沫若的路径就显得十分重要。就我能接触到的材料来说，以往来书信的释读进入整体性的郭沫若是特别好的角度。往来书信涉及郭沫若的文学创作、史学著述、社会活动、友朋交往、日常生活等方方面面，对这些书信的解读，自然也就突破了专业壁垒，通往整体性的郭沫若了。写作传记、编撰年谱及著译系年等也是进入整体性郭沫若的路径，但囿于体例，展开的空间不大。当然，其他未刊资料中可能也有较好的进入路径，但我能接触到的材料毕竟有限，故而不便推测。

二

就我的关切而言，晚年郭沫若的活动有五个重要方面。本书也就围绕这五个方面展开讨论。

第一个方面讨论郭沫若对旧作的整理、修改和再版。晚年郭沫若修改重版旧作，这是学界比较关心的问题。很多学者之所以对郭沫若研究不敢着手，一个重要的原因就是他们认为郭沫若常常修改作品，以后来的版本去研究先前的郭沫若，会出现差错。还有一些学者凭着不太完整的资料，得出郭沫若为了媚俗而修改等主观结论，这和实际情况是有差距的。郭沫若是当代中国文化的主将，读书界对他的作品需求旺盛，出版界对他的作品特别欢迎，旧作的整理和再版成为他的重要活动。但这些旧作发表在1949年之前，有些文字可能在1949年后不合时宜了，也有些学术上的观点需要调整。要求郭沫若修改著作的呼声，或者出现在著名刊物上，或者出现在私下交流中；参与郭沫若著作修改的，上至周恩来，下至普通编辑，更多的是郭沫若的同事和故交。因此郭沫若旧作的再版，并不仅仅是重印了事，而涉及整理修改或者重新编辑。部分作品的整理修改或重新编辑的缘起和过程，在郭沫若往来书信中有所体现。《历史人物》《地下的笑声》《洪波曲》以及郭沫若古文字类著作的修改再版，是我择要讨论的对象。我在考察中发现，郭沫若修改著作，有时候是迫不得已，有时候是为了更加完善，背后有着复杂的社会历史语境，需要具体问题具体分析，从中我们可以看到郭沫若在新的时代的心态、处境等等。

第二个方面讨论郭沫若的新的创作。晚年郭沫若创造力仍然十分旺盛。郭沫若不是一个普通的学者或文学家，他是担任重要职务的高级领导人，这样的身份对于他的学术研究和文学创作究竟有怎样的影响，这是需要讨论的问题。我的切入点是《武则天》《蔡文姬》《管子集校》三部作品。通过解读围绕这三部作品的往来书信，我们可以发现郭沫若有些创作是“听将令”，有些创作是自己长期以来的兴趣使然，有些创作是出于不得不然的责任感。很多人都参与了他的创作过程。《蔡文姬》本来听从毛泽东、周恩来的建议为曹操翻案，但剧本也融合了郭沫若长期以来对蔡文姬的喜爱和将蔡文姬作为自己的镜像的动机，这使得剧本具有了双重主题。在北京人民艺术剧院的排演中，演制组参与了《蔡文姬》的修改，修改后的《蔡文姬》淡化了为曹操翻案，突出了蔡文姬个人命运的悲欢离合。郭沫若创作《武则天》是出于主动兴趣，创作时间短，修改时间却长达两年之久。往来书信表明，很多历史学家、剧作家、剧评人和演出人员都参与了《武则天》的修改。对于各方面意见，郭沫若是否都要照顾，尤其是这些意见来自不同的角度时，这真是个难题。郭沫若在历史真实和艺术真实之间拿捏取舍，颇费心思。《管子集校》是郭沫若为了完成闻一多的未竟事业而承担的大型工程，围绕这部书，郭沫若和学术界、图书馆、收藏家广泛联系，从一个侧面体现了20世纪50年代的古籍整理情况。从这三部作品的创作过程中，我们也可以看出作为史学界和文学界的领军人物，郭沫若的创作不纯粹是个人行为；他的作品的选材、主题，包括表现方式，都融进了有重要地位的他人的意见。这种特殊的创作现象，从某种角度上表征了“十七年”时期（1949—1966）文学艺术和学术著作的生产机制，用郭沫若的话来说，不再是一种“名山事业”，而是“以人民为对象，为人民服务”。

第三个方面讨论郭沫若担任中国科学院院长的权与责。在郭沫若的所有职务中，中国科学院院长这一职务他最看重，投入精力最多。郭沫若在这个职务上不仅组织了比较重要的科学研究工作，也起着高层领导和普通知识分子之间的桥梁和中介作用。在1956年中国科学院加强党组的领导之前，郭沫若在中国科学院拥有更多实权，但他也遵循集体领导制度，发挥民主作风。我首先关注到的是《撒尼彝语研究》的检讨。这个检讨颇能说明郭沫若在中国科学院建院初期的处境和工作办法，但除李晓虹女士曾经撰文探讨外，此事尚未引起关注。中国科学院的年轻语言学家马学良在《撒尼彝语研究》的《序》中歌颂法国神甫，陆定一知道后写信给郭沫若，要求对这一错误进行补救。陆定一是中宣部部长，中宣部是中国科学院的指导机关。陆定一的意见代表着上级组织的意见。中国科学院和相关院所、职能部门，以及涉及这一事件的相关领导，包括郭沫若本人都做了公开检讨。郭沫若在检讨中主动承担错误，保护马学良。中国科学院还向90多位学者致信，咨询意见。《科学通报》择要公布了9位学者来信，都属于认识上跟上形势的。有些认识上跟不上形势的学者来信就没有公布。但有读者来信指责郭沫若在检讨中的观点有错误，要求公布那些跟不上形势的学者来信。郭沫若在回信中要求“不必给人以绝路”，体现了与人为善的工作作风。中国科学院组建学部，郭沫若推荐老同学、生物学家周太玄，却被其他院领导婉言拒绝。郭沫若花费大量时间为《历史研究》审稿，引导历史研究注重史料。很多从民国时期过来的老学者，或者因为工作岗位不合适，或者因为著作出版有困难，他们都给郭沫若写信，希望得到帮助。郭沫若也做了力所能及的工作。从这些书信材料中，我们可以管窥到郭沫若的工作内容和工作办法，也可以对中国科学院如此重要的机构的运转方式有一定的了解。

第四个方面讨论作为著名诗人和中国文联主席的郭沫若是如何在文坛发言的。中国文联的实际领导人是周扬，但郭沫若是主席。郭沫若在其中起到什么作用？这个问题关注的人比较少。我有幸看到了筹备第三次文代会的部分材料，包括三封书信和郭沫若对他人起草的他在第三次文代会上的开幕词的修改原稿，我根据这些材料解读郭沫若在第三次文代会中所扮演的角色，以及这次文代会对于他的意见的贯彻程度，以深入理解文代会这样一个“十七年”时期文坛的重要制度。旧体诗词在1960年代的中国政治生活中一度充当了相当重要的角色。毛泽东以旧体诗词阐发他对国际国内重大问题的见解。作为毛泽东十分器重的胡乔木，1964年也写作旧体诗词表达政见。郭沫若、毛泽东都参与了胡乔木旧体诗词的修改。在诗词韵律和意见表达之间，这三位当时最重要的旧体诗词作者之间的共同关切和细微差别何在？我以他们当年的往来书信为基础，围绕诗词修改的回忆，对比手稿和正式发表版本，管中窥豹，对上述问题做出初步探讨。作为著名新诗人，郭沫若在当代中国的新诗创作有很多是命题作业和急就章，他本人是如何看待的？旧体诗词走向台面和对民歌民谣的空前重视与郭沫若有多大关系？作为中国文联主席和著名作家，郭沫若如何同关心文学的人——上至国家领导人，下至普通读者——打交道，以及在交往中如何表达和调整自己的观点？本书对这些问题的探讨对于当代文学研究的深入当不无裨益。

第五个方面，郭沫若作为中国人民保卫世界和平大会委员会主席、中国科学院院长、享誉世界的中国知识分子代表，他必然要和来自世界各国的政要和知识分子交往，在这些交往中，他的主要关切是什么？他个人的喜好、意愿究竟在多大程度上得到自由表达？当国际交往需要他出面时，组织上是如何协调的？本书对此作一初步探讨。我从能够获得的资料出发，考察了郭沫若和约里奥-居里的关系，分析了郭沫若在1972年李约瑟访华以及帮助日本著名物理学家坂田昌一治病这两个事件中所起的作用。这些资料大都来自中国科学院档案，很多是第一次披露。郭沫若在国际交往中一方面严格遵守组织原则，另一方面也尽量发挥个人魅力、热情待客，赢得了国际友人对他本人和对中国的尊重。通过讨论这些材料，本书其实也在讨论新中国知识分子参与外交活动的方式。

三

我选择从这五个方面展开讨论，一方面是由于它们的确比较重要，另一方面也因为资料的限制。可以这么说，我有幸读到这些资料，并在整理、解读、思考这些资料的基础上，总结出了这五个比较重要的方面。所以，随着资料搜集工作的深入，随着越来越多资料的敞开，我或者会总结出第六、第七……的郭沫若的人生面向，也会丰富已有的这五个方面的论述。

当然，本书提到的郭沫若书信，由这些书信引出的档案、手稿等第一手资料，在有关晚年郭沫若的所有文献中，只是其中的一部分。本书由此解读出的郭沫若的处境、表达方式、关切、心境、所能发挥的作用，也只是十分丰富的郭沫若晚年人生的一部分。正是由于资料限制，本书在写作中十分节制，我个人的见解很少直接表达，这的确是担心在所见不全的情况下，遽然得出的结论不那么可靠。尽管如此，我还是试图谈谈从这些材料中引发的对郭沫若与当代中国的一些思考。

第一，郭沫若是当代中国公认的一面文化旗帜，他的主要活动是什么，他个人的主要关切何在，这在一定程度上能够代表当代中国在文化上的偏重。这面旗帜插在哪里，哪里就是重点。我从能够接触到的材料中归纳出上述五个方面的论题，这些郭沫若的工作重心实际上是新中国文化工作重心的体现，郭沫若最为看重中国科学院的工作，在引进人才、思想改造、组建学部、加强领导等方面都做出了巨大努力，这体现了科学工作在新中国的重要地位。郭沫若在古籍整理、历史剧和诗歌创作上耗费了大量心血，这充分说明了当代中国文化的侧重面。郭沫若通过中国人民保卫世界和平大会和中日友好协会等平台和国外知识分子开展广泛的交往，这说明了文学界、学术界在新中国对外交往中扮演的重要角色。郭沫若为《历史研究》审读了大量稿件，广泛帮助不大适应新的时代的老一辈专家学者调整工作岗位、撰写和出版著作，体现了新中国对继承民国学术遗产的重视。

第二，郭沫若的文学创作、学术研究的具体面向代表了当代中国高级知识分子的内在关切和活动方式，代表了一个时代的文化风气。郭沫若写作旧体诗，实际上是处在一个以毛泽东为核心的旧体诗词的文化圈中，这具体体现在他给胡乔木修改《词十六首》上。毛泽东、郭沫若、胡乔木是当时文化界最为重要的人物，但他们为了这十六首词却呕心沥血，花费大量时间和心血。郭沫若在新诗写作中借鉴民歌的写法，通俗易懂，甚至标语口号入诗，为论者所诟病。但这不是郭沫若个人的问题，而是那个时代的新诗写作风尚。

第三，郭沫若是组织内部的人，他的言行受到组织规约。这里的组织，既包括他所在的具体单位内部的组织，比如中国科学院院务委员会、中国科学院党组、中国科学院革委会、中国文联主席团等；也包括他因为特殊身份和毛泽东、周恩来所发生的直接领导与被领导关系，比如毛泽东、周恩来临时交代的任务，或者对某一具体事件的指示。本书中讨论的很多问题，都涉及组织规约。比如《洪波曲》的修改来自周恩来的指示，《蔡文姬》的创作是周恩来交代的具体任务，《撒尼彝语研究》的检讨是来自中国科学院的指导单位中宣部的指示。郭沫若在第三次文代会的开幕词、中国科学院学部成立大会上的开幕词，则是相关单位的写作班子给他起草好的，尽管他也有很大的修改余地，但这种修改受限于初稿，而且有时候他的修改意见并没有得到体现。郭沫若是《历史研究》编委会召集人，但他拟定的主编人选却遭到了范文澜和刘大年的否定，他也只好接受他们的意见。郭沫若提名周太玄为学部委员，受到竺可桢和张稼夫的否定，他没有表示异议。这都体现了组织规约。以前很多学者在讨论晚年郭沫若时，总认为郭沫若的行为都是完全自主自愿的，这就忽略了郭沫若的特殊身份，忽略了其背后的组织规约。

第四，郭沫若是有着广泛影响力的、享誉海内外的著名知识分子，他接受组织规约，而他本人也是组织机构中的重要成员，组织在很多时候也得借助于他，所以他在组织规约之下有一定的个人自主空间。在帮助坂田昌一治病的时候，他要通过组织，但他个人意见在组织中也占了相当的分量。《蔡文姬》的原初主题是周恩来指示的为曹操翻案，北京人民艺术剧院在排演过程中不清楚这一指示，通过修改至关重要的主题诗，淡化为曹操翻案的主题，突出蔡文姬的人生遭遇，而郭沫若对此表示欢迎。这些都体现了个人意愿和组织规约间的辩证统一。

第五，郭沫若的往来书信对于我们理解当代中国的民主风气也有帮助。这突出表现在郭沫若与以华岗为代表的学者之间。郭沫若虽贵为国家领导人，但华岗却在权威刊物公开指责他的著作违背临时宪法。郭沫若为《新建设》《历史研究》等审稿时毙掉的稿子，《文史哲》却在首要位置发表了。这种情况经常发生，比如甘大昕、何兹全、程金造等人的稿子，一位年轻人钱祖夫投给《历史研究》的文章没有使用，郭沫若也亲自写信劝慰。这都是当代中国学术民主的体现。

在这些思考的基础上，将“郭沫若书信”和“当代中国”连缀起来,通过郭沫若书信考察当代中国,也就是自然而然的了。

本书所使用的材料，包括中国科学院档案、郭沫若纪念馆馆藏资料、徐国卫先生主持的山东中国文学艺术博物馆所藏资料、《郭沫若书信集》的编者黄淳浩先生所藏资料、郭沫若秘书王戎笙先生所藏资料，以及我所尊敬的郭平英老师、李晓虹老师在编撰《郭沫若年谱长编》《郭沫若全集补编・书信卷》《郭沫若书法全集》等著作的过程中搜集到的其他资料和相关藏品，还有些资料是我在写作《女神之光：郭沫若传》的过程中收集到的。这些材料，有些是2017年出版的《郭沫若年谱长编》和新近出版的《郭沫若研究》辑刊上第一次披露，本书首先做出考辨与解读的；有些资料则是本书第一次披露并解读的。本书16节，几乎每节的关键资料都是新的。而由这些新资料解读出的郭沫若，和以前学界或大众传媒中建构出来的晚年郭沫若形象是有区别的，这也就是本书的最大价值所在吧。

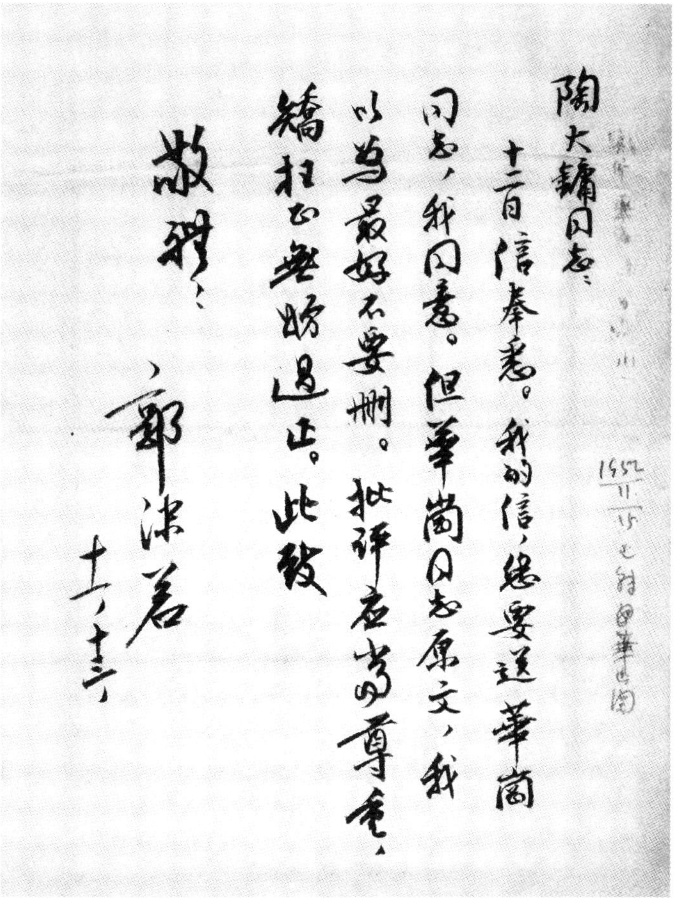

陶大镛同志：

十二日信奉悉。我的信，总要送华岗同志，我同意。但华岗同志原文，我以为最好不要删。批评应当尊重，矫枉必无妨过正。此致

敬礼！

郭沫若

十一，十三

1952/11/15 已转由华岗阅

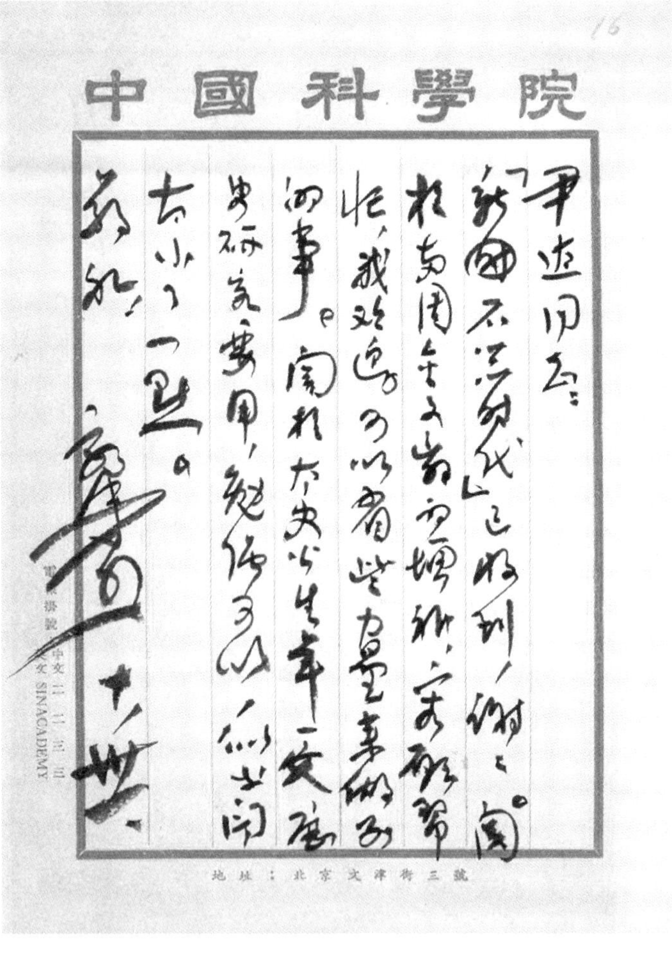

中國科學院

尹达同志：

「新石器时代」已收到，谢谢。[illegible]

敬礼！

郭沫若 十/廿

電報掛號 中文 二二三三 英文 SINACADEMY

地址：北京文津街三號

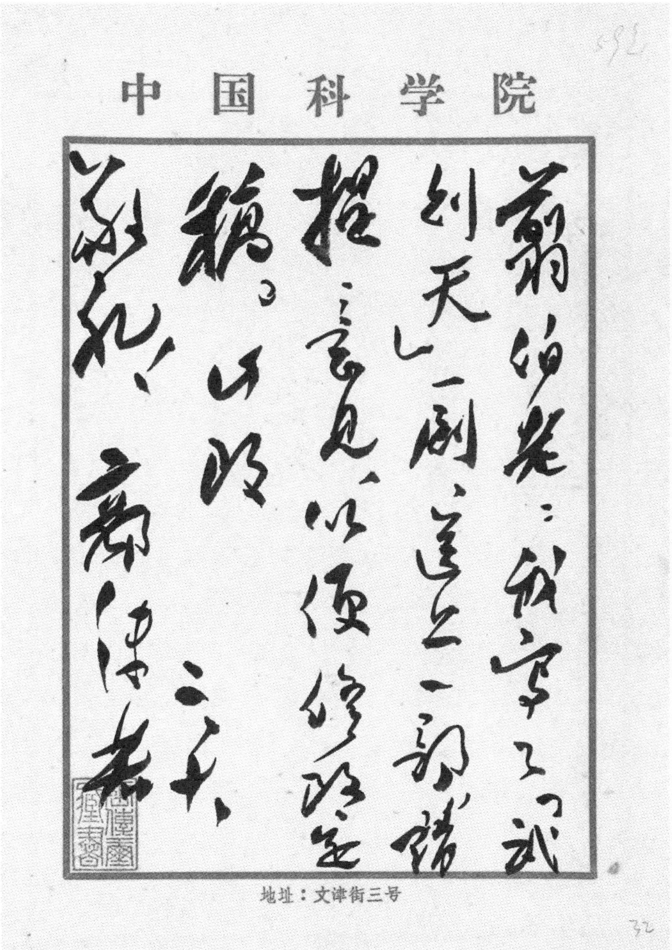

中国科学院

翦伯老：我写了《武则天》一剧，送上一部，请提意见，以便修改定稿。此致
敬礼！

郭沫若 二、十

地址：文津街三号

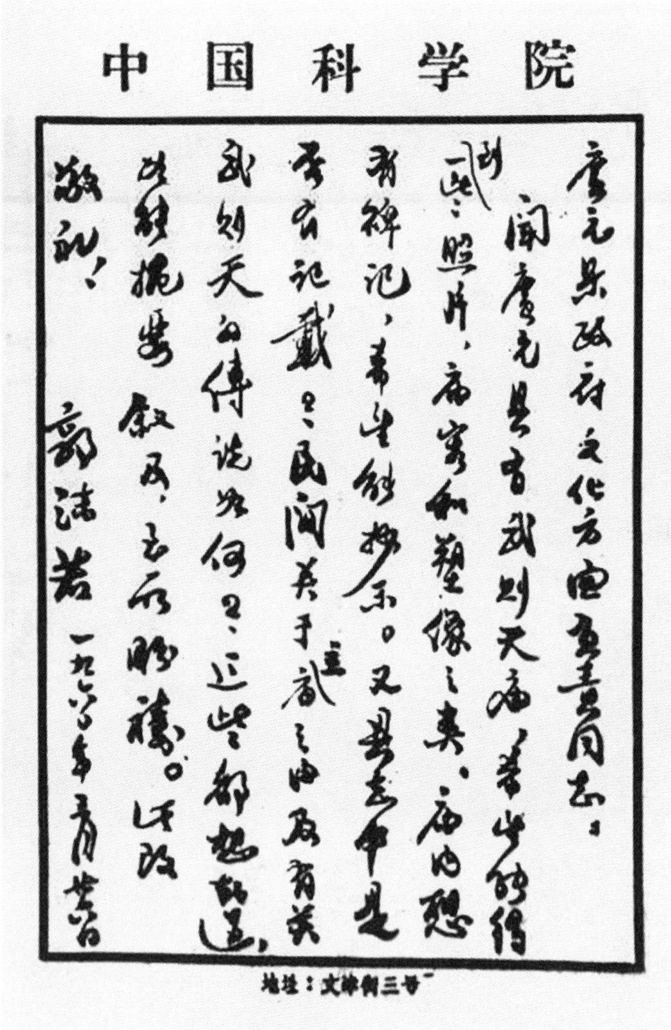

中国科学院

广元县政府文化方面负责同志：

闻广元县有武则天庙，希望能得到照片、庙宇和塑像之类、庙内题刻碑记，希望能抄示。又县志中是否有记载？民间关于武后之事及有关武则天的传说如何？这些都想知道，如能摘要叙及，至所盼祷。此致

敬礼！

郭沫若 一九六〇年五月廿日

地址：文津街三号

翰笙同志：

开幕词改得很零乱，我没有工夫来自行校一遍。请您交给画委的同志仔细打（成铅印），仍请您发出来，请大家审核。

我明天随立群和一部分孩子到北代河去，打算十九日的晚上回来。北代河可通电话。如果需要我早些回来，我也可以早一两天回来。

敬礼！

郭沫若 七、十五

主羣：你是我精神上和肉體上的有力的支柱，我這十幾年來可以說是完全靠着你的支持和鼓勵才維持到現在的。兩人的小兒女在你的愛護和教育之下，我相信一定都能夠堅強地成立，但可太累贅你了。希望要保重你的身體，不要過於憂勞，將來需要你做的事情還很多。我暫時離開了你，也一定要更加保重我自己，除作革命工作的努力之外，不作任何無意義的消耗。我相信我們不久又會團圓的，而且能過着更自由更幸福的生活。望你保重，千萬保重。

你的貞

一九四八年九月二日

目　录

第一章　旧著再版费思量

华岗1952年批评和旧著再版

一

《郭沫若年谱长编》1952年11月6日条目中，新披露了一封郭沫若致陶大镛的信，注明“据郭沫若纪念馆存稿”，《郭沫若年谱长编》虽然摘录了此信的绝大部分内容，但毕竟不完整。全信在《郭沫若研究》2019年第1期披露，兹录如下：

陶大镛同志：

谢谢您给我十一月号的《新建设》，容抽暇细读。

《读七月流火》一文，看了一遍，作者的译文有些地方比我正确些。但关于诗的时代的看法很成问题。他坚持着“三正交替，是上古历史上存在过的事实”这样一个信念，那就什么讨论也无法进行了。请原谅，我不准备直接简覆。原稿谨奉还。

最近翻阅了《新建设》八月号，看到华岗同志的一篇文章说到“我们只要看胡说‘唯心论并不比唯物论更反乎进化，或违背真理’的《历史人物》，居然还在出版，倡导‘马克斯进文庙’的著作，也依然销行市面，就不必再深究了。”他是在指责我，我很感谢。

《历史人物》（一九四七年）一书，我已在今年三月二十日加以改编，我把《屈原研究》加进去，把《王阳明》一篇删去了。因而原序中论到王阳明的一节，涉及唯心论与唯物论的，已经全部删去。现在坊间销行的自六月以来已是新版。

“唯心论有时候并不比唯物论更反乎进化，或违背真理。”这说法诚然是有毛病。我在这儿所说的“唯物论”是机械唯物论，我的意思是唯心论固然是“反乎进化或违背真理”的，但在机械唯物论偏向到极端时，同样“反乎进化或违背真理”。故所以我说“唯心论有时候并不比唯物论更反乎进化或违背真理”。假如说得更明白一点的话，就是“唯心论与极端的机械唯物论同样地反乎进化或违背真理”。我的话已经说得不明白，华岗同志又把“有时候”三个字删去了，前后文也没有提，那就显得我的罪过并不止于“胡说”，而是犯了原则性的大错误了。

《马克斯进文庙》是二十七年前（一九二五年十一月十七日）写的篇滑稽而游戏文章，写作的当时反马克思主义的空气极端浓厚，认为“不合国情”。处在反动的环境里面，采取那样的游戏形式，我觉得在宣传上会更有效些，所以大胆地写出了。当时有朋友误认为我在讽刺马克思主义者，其实在今天看来我是讽刺了我自己。那表明了我在当时对于马克思主义的认识是怎样肤浅。因为是游戏文字，所以我在一九四七年九月编《地下的笑声》时，依然把它收录了。肤浅，不严肃，是千真万确的，但怎么也说不上

“倡导”。但我依然感谢华岗同志，我已经有信通知出版处，请他们把这篇东西抽去。

您要我写文章，请原谅，我现在实在写不出。等一下研究有得的时候再写吧。

此致

敬礼！

郭沫若

十一、六

《新建设》是50年代特别有影响的综合性学术刊物，由费青、吴晗等人发起，1949年9月创刊于北京。编委会负责人费青，编委向达、吴晗、李广田、袁翰青、张志让、费于、费孝通、闻家驷、雷洁琼、樊弘、潘静远、钱伟长、钱端升、严景耀等共15人。毛泽东题写了刊名。

《新建设》的《发刊词》写道：“自从《中建》北平版为国民党反动政权迫令停刊，不久北平解放，我们这批经常为《中建》写文章的朋友们，复各自忙于岗位工作，已有半年多没有提笔写作。”“现在我们已经决定重新试办这本《新建设》。”“《新建设》此后的任务，一方面固然不应疏忽了对于帝国主义和国内反动势力的警惕而将继续揭发其阴谋，但主要的将是为了新民主主义中国的建设而提供我们的意见和方案。”“新民主主义中国的建设，应该从建立新观点、新思想做起，像我们这样的许多知识分子，过去在反动政权下曾以威武不屈、贫贱不移自勉，在思想上亦始终不甘落后，但自解放以来获读毛主席从马列主义和中国革命实际中所提炼而得的正确理论，更目击了一般中共朋友在这个指导理论下的种种艰苦实践，我们的确深深感到有加紧学习的必要。希望这本刊物成为共同学习的园地，来相互鼓励和督促。”①

《新建设》创刊正值全国政协会议召开期间，它被工作人员带到会场，分发给参会的政协委员。毛泽东等党和国家领导人为《新建设》题词。毛泽东的题词为：“随着经济建设的高潮的到来，不可避免地将出现一个文化建设的高潮。中国人被人认为不文明的时代已经过去了，我们将以一个高度文化的民族出现于世界。”②此后，毛泽东经常阅读《新建设》，一直关注着《新建设》的发展。

《新建设》最初为双周刊，到1950年7月，共出版了2卷24期。“我们检讨过去，由于作者、读者和各方面的帮助和爱护，多少有所贡献，但主观努力仍觉十分不够。我们曾征求各方意见，策划改进。研讨的结果，认为《新建设》今后应以普及和提高人民学术为基本任务。为了达成这一任务，我们已与中国社会科学各研究会（即新哲学、新史学、新经济学、新政治学及新法学研究会）取得密切合作，增加编辑委员和常务编辑委员，并决定将综合性的双周刊改为学术性的月刊。一面即行出版，一面还要继续与其他学术团体商取合作。”③编辑队伍扩大到26人，金岳霖、狄超白、郑昕、范文澜、傅彬然、千家驹、胡绳、谢觉哉、储安平、陶大镛等人加入编委会。

---

① 《发刊词》，《新建设》1949年第1期。

② 《新建设》1949年第3期。

③ 《发刊词》，《新建设》第3卷第1期，1950年10月1日。

郭沫若最初在《新建设》发表的文章是刊于1950年第3卷第1期的《中国奴隶社会》，转载自当年6月29日《光明日报·学术》，这是郭沫若在北京大学的一次演讲记录稿。《新建设》1950年第3卷第1期是该刊从双周刊改为月刊后的第一期，这次转载体现了新的编委会对于郭沫若作品的重视。

1951年，郭沫若和《新建设》保持着密切的关系。《新建设》为他和其他史学家关于中国古代社会性质的探讨提供了平台。郭沫若在阅读了该刊第4卷第2期（1951年2月）上范文澜的《关于中国通史简编》后，不同意范文澜的“西周封建说”，特意写作了《关于周代社会的商讨》发表于该刊第4卷第4期（1951年4月）。王毓铨写作了《周代不是奴隶社会》一文。很可能是王毓铨将这篇文章投给《新建设》编辑部后，编辑部送给郭沫若看了。郭沫若认为王毓铨的文章“主要是在驳斥我的说法”，因此写作了《关于奴隶与农奴的纠葛》，同王毓铨的文章一起发表于该刊1951年第5期。对于发表在《新建设》上的这两篇文章，郭沫若是比较重视的，他曾在当年7月16日致尤湘泉的信中说：“关于古代社会的讨论，我最近写了两篇文章，请看《新建设》四卷四、五号。”[①]第二年，他又将这两篇文章都收入《奴隶制时代》中。

在1952年出版的郭沫若的史学论集《奴隶制时代》中，收有《几封讨论古代研究的信》，其中第三封是《复陶大镛先生》。这封信写于1951年5月21日，主要内容是对朱东圃的《释民》发表意见，郭沫若认为该文“以楷书说古文，非是”，故

① 北京图书馆：《文献》丛刊第1辑，1980年。

而“颇难同意”。[①]陶大镛是经济学者，当时正在研究第二次世界大战后社会主义国家的经济。他对这样一个文字学的问题不会有特别的兴趣。我认为，这应该是作为《新建设》编委的陶大镛请郭沫若为《新建设》审稿后，郭沫若给出的审稿意见。郭沫若曾对“民”字有过精彩解读：“臣是竖目，民是横目而带刺。”“竖目表示俯首听命，人一埋着头，从侧面看去眼目是竖立的。横目则是抗命平视，故古称‘横目之民’。横目而带刺，盖盲其一目以为奴征，故古训云‘民者盲也’。这可见古人对待奴隶的暴虐。”[②]故而陶大镛请他审读《释民》这篇稿子也就在情理之中了。

二

我所要讨论的郭沫若1952年11月6日致陶大镛的信首先谈到了他对《读七月流火》的意见：“《读七月流火》一文，看了一遍，作者的译文有些地方比我正确些。但关于诗的时代的看法很成问题。他坚持着‘三正交替，是上古历史上存在过的事实’这样一个信念，那就什么讨论也无法进行了。请原谅，我不准备直接简覆。原稿谨奉还。”看来，《新建设》收到了名为《读七月流火》的稿件，送郭沫若审读，并希望郭沫若以致信作者的方式参与讨论。但郭沫若认为这篇稿件质量不高，

① 郭沫若：《几封讨论古代研究的信》，《奴隶制时代》，新文艺出版社1952年版，第183—184页。

② 郭沫若：《古代研究的自我批判》，《郭沫若全集·历史编》（第2卷），人民出版社1982年版，第41—42页。

不拟公开讨论。这篇文章没有发表在《新建设》上。《文史哲》1957年第2期发表了甘大昕的《读〈七月流火〉》，据我考察，这篇文章正是《新建设》送交郭沫若审读过的《读七月流火》。

郭沫若在信中提到的两点——《七月》译文和其创作时代——都是甘大昕文章讨论的重点。甘大昕解读了《诗经·七月》，对这首诗的创作时间的判定和郭沫若在《由周代农事诗论到周代社会》（写于1944年）中的观点不同。

甘大昕虽然很客气地指出："郭沫若先生，是我生平所最崇拜的一位大学者，他每一种的作品，都成为我精神食粮中的滋养品的"，但他却不客气地挑战了郭沫若的观点：郭沫若认为《七月》作于春秋中叶之后，甘大昕认为作于周初。

郭沫若认为："诗中的物候与时令是所谓'周正'，比旧时的农历，所谓'夏正'，要早两个月。"[①]而据日本学者新城新藏博士的《春秋长历的研究》，鲁文公和鲁宣公时代历法上曾有过重大改变，此后实行的是"周正"。"三正论"并非春秋以前之事实，而是战国中叶之后为修改历法所伪托的，所以这首诗不可能写于鲁文公和鲁宣公之前。

而甘大昕却认为这是首诗写于周初。他说："我想号称'周虽旧邦，其命维新'的周，在开国之初，对于第一等大事的历法，不会不'维新'的，也不至于要等到春秋前半已经成为'礼乐征伐自诸侯出'的时代，才来颁行他'建子'的新

① 郭沫若：《由周代农事诗论到周代社会》，《郭沫若全集·历史编》（第 1 卷），人民出版社 1982 年版，第 421 页。

历法‘周正’的。”他也引用了新城新藏博士的那段话，但他得出的结论恰好与郭沫若相反：“这适足以说明三正交替、正是上古历法上存在过的事实。因在周初，改用‘建子’，实在是一种未经实验，但求‘维新’的新法。”新城新藏博士认为鲁文公和鲁宣公时代历法上曾有过重大改变，甘大昕认为所谓的改变只是研究阶段，并未实行。“到了战国中叶以降，才由‘建子’的‘周正’，实行改为‘建寅’的‘夏正’。这也适足以说明周室日以陵夷，当时‘维新’的‘周正’，在政治上已无力维持下去，‘行夏之时’的时间成熟了。又如果‘建寅’、‘建丑’、‘建子’不被夏商周三代所实施过，那末，秦始皇为什么不‘建子’、‘建丑’、‘建寅’，而偏要去实行在历法上更不高明的十月岁首历的‘建亥’呢？这样看来，郭沫若先生所说的不是适足以说明三正交替，正是史实吗？”①

上古历法是十分精深的学问，但据甘大昕的这段论述，他既没有古文字学的知识，也没有出土文物的支撑，只是想当然地做翻案文章，当然难以让郭沫若折服，故而郭沫若认为他是在坚持“信念”，没办法进行讨论。

三

郭沫若在这封信中重点讨论的，是华岗对于他的《历史人物》及《马克斯进文庙》的批评。

华岗比郭沫若小11岁，但早在1925年就加入中国共产党

---

① 甘大昕：《读〈七月流火〉》，《文史哲》1957年第2期，第9页。

了，党龄比郭沫若早两年。华岗曾担任《新华日报》总编辑、中共中央南方局宣传部部长，是党内的著名学者。中华人民共和国成立后，华岗担任山东大学校长兼党委书记，创办《文史哲》杂志，在学术界有影响。华岗对郭沫若的学术研究早就有过非议。1945年，华岗曾论道："郭沫若先生最近在《十批判书》中，又大做翻案文章，特别攻击墨家，而赞扬儒家，因此有人说郭沫若成了抑墨扬儒论者。其论据既甚牵强，而历史意义也多被颠倒。郭先生是中国数一数二的历史家，又是我所敬仰的革命战士，但是他在历史翻案工作中，常常以出奇制胜，而不以正确制胜，我却期期以为不可。"[①]

华岗这次对郭沫若的批评出自他发表在《新建设》1952年8月号上的头条文章《学习〈共同纲领〉，学习毛泽东思想》。这篇文章分五部分。开篇说明写作背景和目的："在全国人民取得了'三反'和'五反'运动的重大胜利，各界人民都在努力进行思想改造，正在准备进入大规模建设的今天，中国人民政治协商会议全国委员会号召全国人民重新学习《共同纲领》，无疑地有其深切的现实意义。"在简要说明《共同纲领》实施后的成就后，第二部分即认为："然而，表示拥护《共同纲领》的，并不见得都能全面了解《共同纲领》，更不见得都能言行一致地实行《共同纲领》，推行有效也并不等于推行无阻。事实上，三年来我们在推行《共同纲领》的过程中，确曾遇到好些困难与阻挠。这种困难与阻挠不仅来自敌人方面，同时也来自人民民主统一战线的内部。"主要谈的是

① 华岗：《中国历史的翻案》，上海作家书屋1947年版，第37—38页。

“不法资产阶级分子的抵抗和阻挠”。第三部分谈到《共同纲领》在文化战线上遇到的问题：“特别是在文艺阵地、科学阵地和教育阵地上，资产阶级思想意识还占着和目前国家性质极不相称的过大比重”；“有些主持文化教育事业的领导人和工作干部，对于《共同纲领》还缺乏认真和有系统的学习，还不能做到都能正确掌握《共同纲领》的精神与实质来改造自己的主观世界和工作”，“在各种文化教育阵地上，还没有真正贯彻《共同纲领》的文化教育政策，甚至发生抵触与相违背的现象，这有许多事实可以证明”。华岗举出的第二个例子就是郭沫若。“又如《共同纲领》规定：‘提倡用科学的历史观点，研究和解释历史、经济、政治、文化及国际事务’（第四十四条）。而在实际上，反科学与反历史主义的观点，依然充满在各种学术领域。我们只要看胡说‘唯心论并不比唯物论更反乎进化，或违背真理’的《历史人物》，居然还在出版，倡导‘马克斯进文庙’的著作，也依然销行市面，就不必再深究了。”

《共同纲领》即《中国人民政治协商会议共同纲领》，1949年9月29日由中国人民政治协商会议第一届全体会议通过。在宪法还没有制定出来的情况下，《共同纲领》起着临时宪法的作用。在这次会议上，郭沫若当选为全国政协副主席，不久又被任命为政务院副总理、文化教育委员会主任、中国科学院院长，主持文化教育工作。华岗所谓的“还不能做到都能正确掌握《共同纲领》的精神与实质”的“有些主持文化教育事业的领导人”，其中当然就包括郭沫若。华岗在这份有着重要影响的刊物的头条文章中说郭沫若著作中有“反科学与反历史主义的观点”，违背了《共同纲领》第四十四条。这实际上是说郭沫若违背了“宪法”，罪名是很重的，郭沫若不得不辩。

华岗引用的“唯心论并不比唯物论更反乎进化，或违背真理”，出自郭沫若1947年7月21日为《历史人物》所写的《序》，收入1947年8月上海海燕书店《历史人物》。郭沫若在《序》中特意谈到了《王阳明》这篇作品：

> 关于《王阳明》的一篇已经是二十六年前的东西了，收在这儿实在有点不伦不类，或许还会使少数的朋友感到惶惑。那本是为当时泰东书局版的《王阳明全集》所作的一篇序，其后曾经收进《文艺论集》的初版，在改版时，我自己又把它删掉了。但我今天依然把它收集在这儿，一以表示我自己的思想发展过程，又一想在这儿替王阳明说几句公平的话。
>
> 我自己在思想上也是经历过好几度的变迁来的。我信奉过泛神论，甚至实际从事过静坐，因而王阳明在我心目中有一个时期是最崇拜的一个人。今天拿思想的方法来说，他无疑是一位唯心论者，但我也不想学当今的贤者那样，凡是有唯心论色彩的，便一律斥之为反革命。其实评价一个人的思想应该在整个的思想史中寻求它的真实的时代意义。唯心论有时候并不比唯物论更反乎进化，或违背真理。历史是采取着辩证式的发展的，在唯物论流而为琐碎，锢没性灵的时候，每每有唯心论起来加以挽救。在这样的变革时期，我们本着矫枉不妨过正的观点，毋宁是应该赞扬

> 唯心论的革命性的。王阳明在思想史上的地位无疑是以一个革命者的姿态出现的。一反程朱之徒的琐碎，想脱去一切学枷智锁，而恢复精神的独立自主性，这毋宁是值得我们赞美的。我们不要在他所说的“致良知”的一些暧昧的形而上学的言语上去拘泥，我们请在他的注重实践，提倡“知行合一”，“事上磨练”上去做工夫吧。说明了这些，我敢于坦白地承认，我在今天依然是敬仰着王阳明的。

这段文字中讨论的《王阳明》，原题为《伟大的精神生活者王阳明》。文章完成于1924年6月17日，最初作为序言收入上海泰东图书局1925年1月初版的《阳明全集》。这篇文章包括正文和《精神文明与物质文明》《新旧与文白之争》《王阳明的教育说》《静坐》等四篇附录。郭沫若在正文中讲述了自己和王阳明接触的过程，以及他所理解的阳明学说的特点。郭沫若留学时期曾十分悲观，王阳明的作品拯救了他，给他展现了一个奇异的世界。郭沫若说他对王阳明学说“是以彻底的同情去求身心的受用”，他认为王阳明的一生有两个特色：“不断地使自我扩充”和“不断地和环境搏斗”；王阳明的思想核心是“万物一体的宇宙观”及“知行合一的伦理论”，“王阳明所解释的儒家精神，乃至所体验的儒家精神，实即是孔门哲学的真义。”

《伟大的精神生活者王阳明》又收进上海光华书局1925年12月初版的《文艺论集》。这篇文章在1929年7月出版的《文艺论集》第4版中改题为《儒家精神之复活者王阳明》，删去附论。在1930年8月《文艺论集》第5版中，这篇文章被删去了。此后它一直没有出现在郭沫若的作品集中，直到1947年编辑《历史人物》，才改题为《王阳明》收进来了。

《历史人物·序》中关于《王阳明》的这段话对于理解郭沫若有关中国哲学史的观点十分重要。他并不拘泥于“唯物”“唯心”的机械划分，而是将一种思想放到特殊的历史背景之下，考察它是否具有“革命性”。“唯心论有时候并不比唯物论更反乎进化，或违背真理。”“有时候”这个限定词让郭沫若的论述充满了辩证色彩。华岗在引述时漏掉了“有时候”这个限定词，也没有提到前后文，从而歪曲了郭沫若的本意，这让郭沫若感到“那就显得我的罪过并不止于‘胡说’，而是犯了原则性的大错误了”。

郭沫若在这段论述中用了辩论的语气，他在赞美王阳明时自觉不自觉地感到了“当今的贤者”的压力，这样的“贤者”当不止华岗一人。

《历史人物》于1951年2月在海燕书店出至第5版，印到11000册。1951年6月，改由上海新文艺出版社出版新一版，印数为“11001—14000册”；12月，出新二版，印到17000册。1952年3月，郭沫若对《历史人物》进行改版[①]，抽掉《王阳明》，加入此前以单行本印行的《屈原研究》，并于3月20日写了“改版说明”：

---

① 李晓虹老师在《从版本变化看郭沫若心中的王阳明》（《郭沫若学刊》2012年第3期）中从此前半年的三次检讨所带来的“思想压力”讨论到了郭沫若1952年3月改版《历史人物》时删掉《王阳明》的原因，值得参考。

> 本书初版编成于一九四七年七月，当时把一九二一年写的《王阳明》一篇也收录了，实在是有点不伦不类。现在我把这篇删除了，同时把《屈原研究》一书改版收入。这样，在自己的研究程序和思想发展上，比较能成一个段落。
>
> 由于有这样的改动，因此我把原序中提到《王阳明》的一节也删去了。

这就是郭沫若在致华岗信中所说的“把《王阳明》一篇删去了”。改版后的《历史人物》于1952年8月在上海新文艺出版社作为“新三版”印行，印数为“17001—21000册”。华岗的文章在当月就发表了，他在写作时不可能看到《历史人物》“新三版”。

1959年，《沫若文集》第10卷出版，这一卷收录了《文艺论集》。郭沫若在1958年11月25日为该卷写了《前记》，谈到这次《文艺论集》的版本：“现在所依据的是初版本，但把《中国文化之传统精神》和《国家的与超国家的》两篇删去了。而补充了改版本所增加的两篇。《中国文化之传统精神》和我后来关于中国古代的研究大有径庭，错误观点甚多；《国家的与超国家的》则因为无政府主义的倾向太浓厚了（年轻时，我有一个时期也曾倾向于无政府主义），故不愿意再使谬种流传。”《文艺论集》初版本中的《伟大的精神生活者王阳明》收入《沫若文集》并改题为《王阳明礼赞》，郭沫若专门用一段文字讨论这篇文章：

> 王阳明是一位唯心论者，是有定评的。我对于他曾经礼赞过。他在中国的思想史乃至日本的思想史上曾经发生过很大的影响。我觉得他的“知行合一”，特别是“事上磨练”，是侧重实践的。这和他的唯心论的世界观是一个不能调和的矛盾。在我看来，他的思想是没有想通。我现在仍然保留下《王阳明礼赞》这一篇文章，以表明我三十多年前在唯心和唯物之间摇摆的思想历程。我当时的思想也是没有想通的。[①]

此外，《沫若文集》对这篇文章做了一定的修改[②]，注重对王阳明评价的分寸感，将“伟大的精神生活者”“儒家精神生活的复活者”等句子都删除了。

四

《马克斯进文庙》是郭沫若1925年11月17日写作的历史小说，最初发表于上海《洪水》半月刊第1卷第7期（1925年12月16日出版）。这篇小说以诙谐的语气写下了马克思进文庙后与孔子的对话，以此说明马克思主义和儒家思想间的相似处。通过对话，孔子和马克思都发现对方的学说符合自己的思想，共

---

① 郭沫若：《前记》，《沫若文集》（第10卷），人民文学出版社1959年版，第1—2页。

② 参考林甘泉、蔡震主编《郭沫若年谱长编》（第1卷）（中国社会科学出版社2017年版，第293页）对《王阳明礼赞》的修改情况所做的简要说明。

产社会和“大道之行、天下为公”不谋而合，孔子是马克思在东方的“老同志”。

在五四反传统声中，郭沫若对儒家却频频致敬，体现了他当时独特的思想状态。小说发表后，大夏大学陶其情首先反对。他将文章寄到《洪水》编辑部，作为《洪水》的编者，郭沫若写了一封复信，加了一个按语，与陶其情的文章一起发表在《洪水》第1卷第9期（1926年1月16日出版）。郭沫若在按语中说，小说发表后，“我想反响一定会来。有的会说我离经叛道，有的会说我迷恋国糟，我对于孔子信徒和马克斯信徒两方面都是不会讨好的。不过我也顾不得这些，我想在现在漆黑一团的思想界，由我那篇文章能够发生出一点微光来，那也是我所引以为欣慰的了。”陶其情认为：马克思主张“废除遗产”，而孔子重视“传统观念和家族制度”；孔子是“德治主义”的“国家主义”，并非“大同主义”。郭沫若答复说当时学界并没有充分翻译介绍马克思著作，原始儒家的思想也缺乏研究，所以对比两人的思想学说是有难度的；又说：“我对于孔子的思想自信还相当有点研究，我不是盲目地崇拜他的人，他是怎样我还他怎样，我也并不是要借他的光来抬高马克斯，我也并不是要借马克斯的颜料来把孔子画成红脸，他是怎样我还他怎样，这是我研究孔子的态度，也就是我们研究一切学问应该取的态度呢。”

《马克斯进文庙》最初收入创造社出版部1928年5月初版的《水平线下》。《水平线下》“是很驳杂的，有小说，有随笔，有游记，也有论文。”[①]全书分为《水平线下》和《盲肠炎》两部，“第二部的《盲肠炎》便大多是‘五卅’以后的关于社会思想的论争。这儿在前本预计着还有更多的述作要继续发表的，但在1926年的三月我便南下从事于实际的工作去了。”[②]《马克斯进文庙》收录在《盲肠炎》中，位置介于《双声叠韵》与《不读书好求甚解》之间。不久，该书又以《水平线下（全集）》为题在联合书店出版。而新兴书局和现代书局出版的《水平线下》则不包括第二部《盲肠炎》，当然也就没有收录《马克斯进文庙》。《盲肠炎》的单独出版要等到20年后。1947年，群益出版社出版了《盲肠炎》单行本，这就是创造社出版部1928年《水平线下》的第二部分，当然也就收录了《马克斯进文庙》。郭沫若为该书写了《题记》：“我在那时候，不仅在思想上生出了一个转机，就在生活上也生出了一个转机。当我的思想得到了一个明确的方向之后，我有一段时期是想留在文艺界工作的，从以前的浪漫主义的倾向坚决地走到现实主义的路上来。在这儿所收的属于《水平线下》的一部分，便是代表着转换过程中的写作。”[③]

《盲肠炎》在群益出版社出版4个月后，郭沫若在海燕书店初版的新编集子《地下的笑声》也收录了《马克斯进文庙》。郭沫若在该书的《序》中说：“这儿把以前写过的一些小说样的东西搜集在一道。有的写在二十多年前，有的写在今

① 郭沫若：《序引》，《水平线下》，创造社出版部1928年版，第1页。
② 郭沫若：《序引》，《水平线下》第2页。
③ 郭沫若：《〈盲肠炎〉题记》，《盲肠炎》，群益出版社1947年版，第4页。

年；有的是寓言，有的是写实；有的是历史故事，有的是身边杂事，或者可以命名为《五花八门集》吧。”[①]在郭沫若看来，《马克斯进文庙》应当属于寓言。《地下的笑声》初版正文490页。1949年8月、1950年2月、1951年5月，《地下的笑声》在海燕书店又印刷了三次，总印数达到8000册。

1951年12月，上海新文艺出版社出版了《地下的笑声》新1版，这个版本我没有找到。我找到的是1953年2月的新3版。这一版的印数为“12501—15000”，正文480页，比海燕书店版少了10页，抽掉的正是《马克斯进文庙》。但《序》没有修改，也没有新写序言说明抽掉《马克斯进文庙》的原因。1953年7月，《地下的笑声》在新文艺出版社进行第二次重印，正文480页，版权页标示“根据海燕书店一九四七年十月纸型重印”，“本次印数4500册”，“累计印数19500册”。此后，《地下的笑声》不断重印，到1957年10月第11次重印时，总印数已达56560本。1959年，《地下的笑声》编入作者亲自编订的《沫若文集》第5卷，也没有收录《马克斯进文庙》。

可见，尽管郭沫若辩解道，当年之所以写作《马克斯进文庙》，是因为“处在反动的环境里面，采取那样的游戏形式，我觉得在宣传上会更有效些，所以大胆地写出了。”但自华岗批评后，在郭沫若生前，《马克斯进文庙》就再也没有收录进他的任何集子。

---

① 郭沫若：《序》，《地下的笑声》，海燕书店1947年版，第1页。

五

陶大镛在收到郭沫若的信后十分重视，迅速给郭沫若写了回信。这封信现存郭沫若纪念馆，全文披露于《郭沫若研究》2019年第1期，兹录如下：

敬爱的郭老：

您十一月六日的信，收读了。《读〈七月流火〉》一文，内容虽略有可取之处，但过于“冷门”，我已婉退作者了。

关于本刊八月号刊出华岗同志的一文，经过情形是这样的：因全国委员会号召学习《共同纲领》，我就“抓”作者，大家都忙，后来拍电报商请华岗同志执笔，他稿子寄到时，已到签字付印阶段，我匆匆过了目，也来不及转中宣部，就付印了。看到《历史人物》这几句话时，我也稍微犹豫了一下，主观上一直认为是指的吴泽的《历史人物的评判问题》一书（足见我的粗枝大叶和浅薄！）等刊物印了出来，送胡绳同志去看，他立刻指出了这个错误，认为华岗同志的态度，几乎“讽刺”，并不是进行批评和自我批评。我当时也向胡绳同志作了自我检讨，这责任，主要还是应该由我来负。后来，我们先后收到三、四个读者来信，都指出华岗同志不是“与人为善”，我们将来信转给了华岗同志，他也作了答覆。像科学院方面，就曾有漆宗英、陈勉勤和黎泽伟三位同志联合来信，也指出了华岗同志的错误。我社在覆函中，都作了检讨，并保证不犯同样的错误。

郭老，广大读者和我一样，都是热爱和尊敬您的，我个人特别感到不安，请您一定原谅我，可以吗？如您同意，我想再作如下的处理：

①在十二月号，作如下改正：

"八月号第三页、上栏、第八行'我们只要看……'到第十行'再加深究了'这几句，应删。"

② 我将您给我的信（十一月六日的这封），再寄给华岗同志一阅，使他也能够进一步了解您说那几句话的意义，我相信，他也一定会诚恳接受的。

现在，我把读者的来信，附您一阅，您就可看出大家对您的热爱了。

您公务太忙，就请过些时候再给本刊撰文吧！再过一个礼拜，怕您又要率队飞维也纳了吧？

专此即致

最敬礼！

大镛

1952/11/12

我并没有查找到陶大镛在《新建设》1952年12月号上的更正。但最近，我在广州崇正2019秋季拍卖会《新建设·楚图南·陶大镛文献资料》中发现郭沫若1952年11月13日，也即收到陶大镛此信后的复函，此函由于立群书写，兹录全文如下：

陶大镛同志：

十二日信奉悉。我的信，您要送华岗同志，我同意。但华岗同志原文，我以为最好不要删。批评应当尊重，矫枉正无妨过正。此致

敬礼！

郭沫若

十一、十三

陶大镛应该是听从了郭沫若的意见，所以《新建设》1952年第12期就并没有按原计划刊登更正。“批评应当尊重，矫枉正无妨过正。”这是郭沫若对待批评的一贯态度。

张治中与《洪波曲》的修改

我在参与编辑《郭沫若全集补编·书信编》的过程中，发现了郭沫若纪念馆馆藏的两封郭沫若致张治中书信，这两封书信曾被张治中公布过，而且也有学者做过解读。但我通过对这两封书信及相关附件的仔细考察，发现已有解读对关键材料缺乏把握，结论偏于一端。考察这两封书信引发的《洪波曲》的修改，有助于我们理解晚年郭沫若为什么反复且大量修改自己的作品。

一

这两封书信涉及1938年11月的长沙大火。对于这场大火，郭沫若在《抗战回忆录》中描述了他所知道的情况。《抗战回忆录》最早于1948年在香港《华商报》副刊《茶亭》连载。后经修改以《洪波曲——抗战回忆录》为题连载于《人民文学》1958年7月至12月号。

1958年12月，《洪波曲——抗战回忆录》在《人民文学》最后一次连载，连载内容为该书第十三章至第十六章，以及郭沫若为该书写于1948年和1950年的两篇《后记》。第十三章至第十六章的内容为郭沫若所经历的1938年10月武汉撤退前后至1938年底撤退到桂林的情况。第十五章标题为《长沙大火》，写郭沫若在长沙大火前后的经历。郭沫若带领三厅在撤退途中经过长沙，长沙当时在湖南省政府主席张治中的管辖之下。郭沫若回忆说，11月11日清晨，张治中本来答应给他们六辆卡车，但等到半夜都没有给，于是他们只好自己想办法。于是三厅兵分两路，一部分人步行到湘潭，另一部分人去等火车。12日清晨，在周恩来亲自部署下，三厅人员开始撤退。当天早上9点，周恩来和陈诚、张治中通了电话，张治中告诉周恩来“风平浪静，风平浪静！”周恩来把这话告诉郭沫若，大家都以为至少在三厅人员和物资全部撤退前的当晚会平安无事。晚上12点，剩下的行李只有第三队的小部分和第四队的全部。但在13日凌晨1点，城里起了火。郭沫若问为什么放火，回答说是敌人杀过了汨罗江，奉张主席的命令放火。郭沫若带人狼狈逃出了城，遇上同样狼狈的周恩来和叶剑英。周恩来对放火十分愤慨。经过整顿，15日，三厅大部分人员在衡山会合。17日，三厅又奉命指派洪深、田汉等人回长沙参加善后工作。19日，郭沫若、冯乃超带人回长沙支援。三厅工作人员在长沙掩埋尸体、安抚居民、恢复交通，做了很多事情。几天后，善后工作逐渐告一段落，他们将工作移交给地方行政人员，继续撤退。

郭沫若在题为《长沙善后》的第十五章第六节中对张治中进行了严厉谴责，前四段如下：

放火烧长沙，是张治中、潘公展这一竿子人的大功德。他们是想建立一次奇勋，摹仿库图索夫的火烧莫斯科，来它一个火烧长沙市。只可惜日本人开玩笑，没有出场来演拿破仑。撇下一摊大烂污，烧了百多万户人家，更烧死了未有统计的伤病兵和老弱病废的市民，到底谁来负责呢？

在行政上的处分是——十八日枪毙了三个人，警备司令酆悌，警备第二团长徐崐，公安局长文重孚。三个人死的时候都大喊冤枉，大骂张文伯！

长沙人对于张文伯也是不能原谅的，事后有人做了一副对联和匾额来讥讽他，流传得很广。匾额是“张皇失措”，对联是“治湘有方，五大政策一把火；中心何忍，三个人头十万元。”在这里面把“张治中”三个字嵌进去了。“五大政策”记不清楚，“十万元”是国民政府对长沙市民的抚恤金。少得太可怜了。

“三个人头”委实也太便宜，然而张治中又何尝是“张皇失措”呢？他完全是贪图功名，按照着预定计划在行事。他把陈诚蒙着了，十二日的当晚甚至扣留了陈诚的交通车，他把周公蒙着了，竟几乎使周公葬身火宅。他满以为敌人在进军，这样他便可以一人居功而名标青史，结果是一将功未成而万骨枯。张治中实在该负责任，就是做秘书长的潘公展也该负责任，而军事当局却容赦了他们！这不是说明：他们的计划是得到了那位当局的批准的吗？[①]

---

① 郭沫若：《洪波曲——抗战回忆录（续完）》，《人民文学》1958年12月号，第121—122页。

二

张治中读了《人民文学》1958年12月号后，认为郭沫若在《长沙大火》中的叙述与实际情况不符合。1959年1月9日，张治中给郭沫若写了一封长信。

在简短问候之后，张治中切入主题，引用了我上面引用的部分文字后说："您这种对我残酷无情的描述是与当时事实完全不符合的。不知您真是不知实情而出诸猜测，还是对我别有成见呢？"

张治中接着叙述了他所经历的长沙大火经过。1938年1月12日上午9点左右，也就是郭沫若叙述中的周恩来从张治中口中得到"风平浪静"四个字的时候，张治中接到蒋介石的文侍参电："限一小时到，长沙张主席：密。长沙如失陷，务将全城焚毁，望事前妥密准备，勿误！中正文侍参。"同时，蒋介石侍从室主任林蔚给张治中打长途电话："我们对长沙要用焦土政策！"张治中对湖南有感情，不忍心将长沙付之一炬。但当时舆论认为武汉没有实行焦土抗战，徒然资敌。因为舆论的压力，张治中不得不服从命令，将任务交给长沙警备司令酆悌执行。下午4点，张治中看了酆悌的焚城准备纲要后告诉他，这个计划最好备而不用，如果迫不得已，在敌人逼近时，须先放紧急警报，等人民离开市区方得开始行动。13日凌晨2点过，刚刚就寝的张治中被唤醒，副官报告城内起火。张治中总结没有按计划放火的原因："警察擅自撤岗，文重孚局长擅离职守，市内谣言蜂起，甚至说敌人已逼近长沙只有几里地了，其次执行放火的警备第二团官兵沉不住气，没有等到放警报就开始行动了。”

郭沫若认为酆悌等三人临死大骂张文伯，张治中在信中先更正了他的字“是白不是伯”，接着说：“我不知道您从那里听来的？绝没有此事。相反地，他们是服罪而死的，是在蒋介石亲来长沙领导下的临时军事法庭判决的。”

郭沫若认为张治中把陈诚蒙住了，扣了陈诚的交通车，因此陈诚主张枪毙张治中。张治中辩解说：“这也是与事实不符的。不仅他和我住在一处，焦土的事早和他商量过，火起时我根本还在睡梦之中，谈不到蒙着他；同时您想一个手无寸铁的文官能够和敢于扣留战区司令长官的交通车吗？至于陈诚说主张枪毙我，更没其事。”

郭沫若认为张治中把周恩来蒙蔽了，几乎使周恩来葬身火海。张治中说：“更与事实不符。十二日晚上我还和恩来先生通过电话，请他在十三日中午吃饭谈话。大火后我发表告民众书，恩来先生还字斟句酌地为我修改了许多地方。我绝没有欺骗过朋友，更没有存心陷害过朋友。”

郭沫若提到嵌有“张治中”三字的对联。张治中认为他在湖南做了很多开明的工作。“您试想，在当时充满地主、官僚、豪绅势力下的湖南，我要进行社会改革，要重用学生青年，要和中共合作，能不招致他们的反对吗？像这付匾额对联，不是代表地主、官僚、豪绅的知识分子写的吗？”

在对上述内容辩驳后，张治中说：“我虽然就这件事做了实况的说明，但是我到今天还不能不说，这是我毕生内疚神明、耿耿于心的一件事，任何人说我应负一定的责任，我绝不推诿，但是您说我是‘想建立一次奇勋’、‘贪图功名’、‘一人居功而名标青史’，我实在接受不了。您的话冤枉人也未免太过分、太厉害了！”

张治中接下来又说明了他1938年11月11日并没有答应过要借郭沫若卡车，也并没有“把群众封锁着”，他与《救亡日报》的停刊也没有关系。写到这里，张治中郑重提醒郭沫若：

第一，您是一位负盛名、有权威的大作家大诗人，您于一九五八年五月九日在《洪波曲》写的前记中说：“就请读者把这看成为历史资料吧”；既是“抗日战争回忆录”，既是“历史资料”，如果您对一个人一件事实的描写失掉真实性，对作品的价值有没有影响呢？

其次，您现在是中共党员，而我是民主人士。您在人大是副委员长，在政协是副主席，我都是常务委员，解放后我们同事十年之久了，您的大作虽写于一九四八年，而在一九五八年五月您“把旧稿整理了一遍”，再次发表，把我描写成这样一个人，试想，站在党员对党外人士的立场，同事十年的立场来说，这能说是合适的吗？

接着张治中引用了毛泽东《论联合政府》中关于国民党性质和成分的分析，他认为：“我在国民党反动集团中，是不是一个‘进步的民主分子’，我自信是的，而许多平素相知的朋友们也会说是的。但在您的笔下，我却成了这个反动集团的

‘贪图功名’的‘党老爷’‘官老爷’了，这怎能叫我不喊冤叫屈呢？”

在书信最后，张治中猜测了他和郭沫若的“结怨”可能是他在抗战时期接替陈诚担任军委会政治部部长时撤销了郭沫若领导的文化工作委员会。张治中说，是他主张建立文化工作委员会的，刚开始和郭沫若相处得挺不错。后来“谣言”纷起，文化人纷纷离开重庆到香港、南洋。张治中设宴劝大家不要走。郭沫若却在香港报纸发表文章讽刺：“要使文化人不走，最好每人送飞机票一张，庶使近者悦而远者来。”张治中对此不快，认为有话应该当面说，这是文工会被撤的部分原因。“但是在撤销之后我又感到懊悔，感到自己太冲动，太粗率，内心很不安，总觉得对不起您和左翼文化界朋友们。”张治中多次向郭沫若表示歉意，但“我觉得这些表示都没能够消除您对我的余恨。您的《洪波曲》是一九四八年在香港写的，当时您对我余恨未消的心情我是能理解的，但在一九五八年再次在北京《人民文学》发表时是不是就应该有所不同了？现在您对我如果能够高抬贵手、笔下留情，不但对您无损，而且适足以表示您的共产主义高贵品质和雅量，而在我，则感激不尽了。”“至于您是不是应该在《人民文学》上作一个更正，又如印行单行本是不是应该加以删改，这就听您的善意斟酌了，我是不敢提这个要求的。”“郭老！希望您原谅我，消除过去的芥蒂，让我们和好如初吧！”

三

郭沫若接到张治中1月9日来信后，于1月10日即写了回信，全文如下：

文白先生：

您的长信接到，《洪波曲》中有得罪处，很抱歉。请您注意那里面的一句话："他们的计划是得到了那位当局的批准的"，那就是说主要该由蒋介石负责，而您们是执行命令罢了。谢谢您把当时蒋的指令告诉了我，证明我的猜测没有错。您不幸的是在蒋下边并和潘公展共事，我说"放火烧长沙是张治中、潘公展这一竿子人的大功德，他们想建立一次奇勋……"，并不专指您一个人。

您提到您解散文工会事，很有历史意义。但我相信事情不那么简单。我去年在北戴河曾对您说过，希望您写些回忆之类的东西，我现在也向你建议，希望您大胆地写出，对于搞历史的人是有帮助的。

《洪波曲》准备出单行本，也将收入《沫若文集》，我想把你的长信作为附录，想来可以得到您的同意。请您赐复。

我是毫无芥蒂的，以往的历史并不是您我之间个人的问题。同样我也希望您原谅。

敬礼！

郭沫若

一九五九年一月十日

这封信的手迹不是郭沫若的，而是他的两位秘书抄录的。抬头和正文前两段，是王廷芳抄录，正文后两段和署名落款，是王戎笙抄录。张治中生前口述、余湛邦综合整理的《长沙大火真相详记》[①]也披露了这封信的全部内容。据此可知，这封信的原稿应该存于张治中处，郭沫若的秘书抄了一份存档。《长沙大火真相详记》在全信录用时，漏录了郭沫若信中的着重号。

张治中的复信郭沫若纪念馆没有收藏，《长沙大火真相详记》收录了，兹录于此：

沫若先生：

您的一月十日复信收到了。

首先，谢谢您说"《洪波曲》中有得罪处，很抱歉。"实不敢当了。但我对您信中所说，其中还有提出商榷的地方。

第一、您特别强调"他们的计划是得到了那位当局的批准的"那句话，并且加以解释，说是"主要该由蒋介石负责，而您们是执行命令罢了。谢谢您把当时蒋的指令告诉了我，证明我的猜测没有错"。现在，我想和您说：您的猜测还是错了。为什么？因为如果是我拟的计划而蒋加以批准，这就变成我主动而蒋被动了。而事实上是蒋主动而我被动的，这显然有

① 张治中生前口述、余湛邦综合整理：《长沙大火真相详记》，中国人民政治协商会议长沙市委员会文史资料研究委员会编《长沙文史资料》（第2辑），1985年。

实质上的差别。因为我根本没有什么“计划”由蒋“批准”的，您那样解释逻辑上似乎是说不过去的。

第二、您说：“您不幸的是在蒋下边和潘公展共事”，又说：“放火烧长沙是张治中、潘公展这一竿子人的大功德。他们想建立一次奇勋……并不是专指您一个人”。我也想告诉您，这点也与事实不符。当时潘公展到职才一个月，他在大火前一天就和各厅厅长、省府人员撤往沅陵了，此事他根本不知道。

您的大作《洪波曲》将印单行本，并收入《沫若文集》，想把我给您的长信作为附录，我当然同意。

您说：“我是毫无芥蒂，以往的历史并不是您我之间个人的问题。同时我也希望您原谅。”这太好了，这是您的雅量，我应对您表示崇高的敬意。

敬礼！

张治中

元月十四日

郭沫若收到张治中来信后，于1959年1月18日写了复信。这封信我们存有两件：一件是郭沫若的亲笔稿，一件是秘书王廷芳的抄件。郭沫若的亲笔稿用的是“中国科学院”的信笺，左上角有郭沫若手书的“阅后退还。”字样。亲笔稿应该是寄出去了，郭沫若没打算收回来，所以秘书抄了一封存底。但张治中读后却退还了，郭沫若于是在信上写了这几个字作为标记。抄件和手稿文字有出入，亲笔稿全文如下：

文白先生：

我十一日离京曾往上海一行，今晚回京。读到了您十四日给我的信，我非常高兴。谢谢您同意把您的长信作为附录，并蒙进一步指出了我的一些错误。您的信实在是很可宝贵的史料。

此致

敬礼！

郭沫若

一九五九年一月十八日

四

郭沫若为将张治中的长信作为《洪波曲》的附录做了一些准备。在郭沫若纪念馆馆藏资料中，随郭沫若这封信一起存放的，有一份郭沫若手写的《附录》。这份附录，以往讨论这一事件的研究者都没有见过，但特别重要，兹录如下：

本书第十五章《长沙大火》第六节《长沙善后》中，对于火烧长沙的原因系出于推测，有失实的地方。经张治中将军来信指正，并蒙允许将原信作为附录一同发表，我非常感谢。张将军的原信中揭发了非常宝贵的材料，希望读者同志们注意。

1959年1月19日

这附录本有题为《关于长沙大火的真相》的标题，但这一标题被郭沫若修改时划掉了。

郭沫若这一手迹被打印下来，郭沫若在打印稿上又做了修改，第二行的“经张治中将军来信指正”的“经”字改为“现”，第三行“发表”后面的逗号改为句号，删去“我非常感谢。张将军的原”十一字。第四行“非常宝贵的”改为“有关的重要”五字。

在同一页上，接着排的就是张治中1959年1月9日给郭沫若的长信。该信第一段文字：“您已入党，在您是再度做了光荣的共产党员，我首先向您表示诚挚的祝贺。”被郭沫若划线删除，段末写有“（前略）”字样。

但百花文艺出版社1959年4月出版的《洪波曲》并没有收录张治中这封长信，而是在正文中做了修改[①]，最为突出的是第十五章第六节前四段的修改：

---

① 百花文艺出版社编辑董延梅在《郭老和他的〈洪波曲〉》（《君子兰的情意：编书忆旧》，百花文艺出版社 1991 年版，第 9 页）中说：“在市版协召开的一次会上，原百花社长林呐同志说《洪波曲》出版后，国民党元老张治中先生曾写来一封信，说明长沙大火的一些情况，让转给郭老。郭老看后嘱作为《洪波曲》附录再版时发表。还没有来得及发表，‘文革’已经开始，林呐同志收藏的夹着这两封信的《洪波曲》被造反者抄去。‘文革’后归还书时，信却不见了。”杨建民《郭沫若　张治中论争“长沙大火”》（《党史纵览》2005 年第 4 期）从其说。杨建民另有文章《〈洪波曲〉问世引发的一场论争》（2019 年 3 月 20 日《中华读书报》）和前文相差不大，不再另述。但此处回忆显然有误，张治中写信在《洪波曲》出版前，且原信保存在郭沫若纪念馆。郭沫若已经按照周恩来的指示对《洪波曲》进行修改，不会嘱咐出版社再版时收进。

放火烧长沙，是国民党人在蒋介石指使下所搞的一大功德。他们是想建立一次奇勋，摹仿库图索夫的火烧莫斯科，来它一个火烧长沙市。只可惜日本人开玩笑，没有出场来演拿破仑。撒下了一大摊烂污，烧了百多万户人家，更烧死了未有统计的伤病兵和老弱病废的市民，到底谁来负责呢？

在行政上的处分是——十八日枪毙了三个人，警备司令酆悌，警备第二团长徐昆，公安局长文重孚。

长沙人不了解真实情况，颇埋怨省主席张文白。事后有人做了一副对联和匾额来讥讽他，流传得很广。匾额是“张皇失措”，对联是“治湘有方，五大政策一把火；中心何忍，三个人头十万元。”在这里面把“张治中”三个字嵌进去了。“五大政策”记不清楚；“十万元”是国民政府对长沙市民的抚恤金。少得太可怜了。然而冤有头，债有主，埋怨张文白是找错了对头。张文白和其它的人只是执行了蒋介石的命令而已。据我们后来所得到的确实消息，张文白在十二日上午九时，曾接到蒋介石的密电，要他把长沙全城焚毁。因此关于长沙大火的责任应该由蒋介石来负，连“三个人头”认真说都是冤枉了的。①

对照原文和修改稿，可见改动幅度相当大。原文将火烧长沙归罪于“张治中、潘公展这一竿子人”，修改后的文字归

① 郭沫若：《洪波曲》，百花文艺出版社 1959 年版，第 213 页。

罪于“国民党人”这一宽泛的能指。修改稿删除了“三个人死的时候都喊冤枉，大骂张文伯！”原文在提到嵌有“张治中”三字的对联时，认为“长沙人对于张文伯也是不能原谅的”，修改稿变成了“长沙人不了解真实情况，颇埋怨省主席张文白”。修改稿还删除了张治中扣留陈诚车，蒙蔽陈诚、周恩来的文字，删除“张治中实在该负责任”，增添了张治中出示的蒋介石电文，并认为“埋怨张文白是找错了对头。张文白和其它的人只是执行了蒋介石的命令而已”。可见郭沫若几乎完全采纳了张治中的意见，放弃了自己的观点。

五

郭沫若的本意是不修改自己的文字，仅将张治中的长信作为附录。郭沫若在《附录》中说“对于火烧长沙的原因系出于推测，有失实的地方”，并没有说完全失实，但从修改文字来看，他几乎完全否定了自己对于长沙大火原因的推测。从他写作附录到《洪波曲》修改出版，其间隔仅仅三个月，这三个月时间究竟发生了什么，让他几乎完全改变了自己的观点，并放弃了自己最初的打算呢？

张治中在《长沙大火真相详记》中提到的事，当是郭沫若放弃自己打算的原因。张治中说，郭沫若给他写了第二封信后不久，他们见面了。郭沫若“握住我的手说：‘真对不起，请恕罪！’这样，事情也就过去了。然而此事使我深感不安，据我事后从党的负责同志口中得知，事情还是不知怎地让周总理知道了，郭老因此受到了批评”[1]。张治中的表述，得到了郭沫若女儿郭平英的印证。郭平英老师在2018年12月27日和我讨论这两封信时说：周总理干预了，要求郭沫若修改，这事应该就过去了，但是后来张治中在回忆录中还反复提及。[2]

也就是说，郭沫若在1959年完全采纳张治中的意见修改《洪波曲》，其实不是他的本意，而是接受了周恩来的意见。周恩来不仅是郭沫若的直接领导，而且从团结民主党派人士这一政治高度来看，对于周恩来的意见，郭沫若必须接受。

但从学术的角度来说，郭沫若的处理办法其实更为可取。郭沫若在1948年为《抗战回忆录》写作的《后记》中说：“资料是很缺乏的，当年的日报和杂志一份也没有。从前偶尔也记过一些日记，但都散佚了，有的又不在身边。因此，唯一的资料差不多就是全凭自己脑子中所残留的记忆。就像挖煤的那样，每天从自己的脑子里尽量的挖，然而存煤实在有限，挖出来的又多只是些碎屑，没有斤两，这也是很大的一件苦事。”[3]正因为如此，他对自己回忆录一直抱着虚怀若谷的态度。在群益出版社1951年拟出版的《抗战回

---

① 张治中生前口述、余湛邦综合整理：《长沙大火真相详记》，《长沙文史资料》（第2辑）第31页。

② 此外，杨建民在《郭沫若　张治中论争“长沙大火”》中说：“论争长沙大火的事，还是让周恩来及中央有关部门知道了。国家机关党务领导和统战部门领导先后找到张治中，认为郭沫若这样写是不大合适的，并希望郭沫若改正。可同时认为张治中信上的措辞也厉害了一些。”虽然没有标明出处，但可供参考。

③ 郭沫若：《后记》，《抗战回忆录》（样本），群益出版社1951年版，第253页。

忆录》中，郭沫若将冯乃超的《浠水前线》作为附录收入。“错误的地方也很多。如记乃超《到浠水》的一节为了偷懒，没有仔细询问，把乃超的手记增益了一下而弄得和事实不符。有乃超的一篇《浠水前线》（《小说》第五期）可以补正，务请读者一读。还有些时日上的差池也是在所难免的，希望朋友们指摘，以便将来更正。”[①]他想将张治中的长信作为附录，其实也是延续将冯乃超《浠水前线》作为附录的做法。只是在1959年及以后的《洪波曲》版本中，连《浠水前线》也删除了。

不修改自己的作品，将不同意见和不同表述作为附录，郭沫若有他自己的特殊考虑。当张治中第一封信向他解释文工会解散的缘由并请求他的原谅时，郭沫若回信说：“您提到您解散文工会事，很有历史意义。但我相信事情不那么简单。”也就是说，在郭沫若看来，张治中的回忆也不一定可靠。

张治中的《长沙大火真相详记》发表后，据我所见，讨论张治中、郭沫若关系以及《洪波曲》修改因由的文章大都据张

① 郭沫若：《后记》，《抗战回忆录》（样本）第254页。

治中的表述立论。[①]这是有偏颇的。他们至少没有看见当事人张耀辰的口述。

张治中给郭沫若的长信中说："大火后负责执行责任的酆悌、徐昆、文重孚三人都被枪毙。您说：'三个人死的时候都喊冤枉，大骂张文伯（是白不是伯）'。我不知道您是从那里听来的？绝没有此事。相反地，他们是服罪而死的，是在蒋介石亲来长沙领导下的临时军事法庭判决的。当然，我对他们之死，在道义上负一定的责任，因为他们是我的部下，最少要负当时思虑不周、监督不严的责任。"但据参与案件审理和判决的当事人张耀辰回忆说："刑前，我宣读判决书，酆即俯首就

① 陈守宁在《缘起"文夕大火"的是是非非——〈洪波曲〉之修订隐情》（《书屋》2015年第10期）中讨论张治中致信导致《洪波曲》修改这一事件后论述道："后来，《洪波曲》在天津出版，内容删改了不少，措词语气也有了变动，但是日本出版的日文版还是沿用了《人民文学》的稿子，这就使事情以讹传讹地传到国外去了。"郭静洲、熊卫国在《张治中与郭沫若　赤诚相待传佳话》（《文史春秋》2001年第3期）中认为："郭沫若在写《洪波曲》时，材料缺乏，但要适应报纸连载，他在写此文时，只得每天从自己脑子里挖点东西。加之他对张治中主湘，尤其对'长沙大火'感到气愤，才写出上述的内容，经过这次信件交流，郭沫若才了解到当时的真实情况，后来在《洪波曲》单行本出版时，作了一些必要的改正。"高信在《〈洪波曲〉余波》（《书房写意》，上海远东出版社2009年版，第75页）中说："郭老在《人民文学》刚发表完《洪波曲》，即收到了张治中先生的信，两位曾存在'历史的芥蒂'的老朋友，紧锣密鼓地（10天左右）相互辩难后，郭老对《人民文学》发表稿断然作了更符合历史事实的修改，方才出版单行本和收入《沫若文集》。"可见这些论述都认为张治中说的是事实，而郭沫若先前的叙述不真实。这其实都存在一定的偏颇。

缚，并低声对我哭诉说：‘张主席太对不起人啦。’事后有人分析：张治中在火案发生之后，曾要酆负责承担一切，张允从旁缓容，担保不判死刑。刑场在扫把塘附近的丛山里。在赴刑场的路途中，酆一语不发，文重孚、徐昆则高声谩骂‘张治中不是人’，‘他是湖南人的魔王’，等等，直到临刑，尚未绝口。”[①]张耀辰是案件审理的当事人，他的叙述和郭沫若的叙述是一致的，所以我们不能说郭沫若后来的修改更符合“真实情况”。张治中对郭沫若最初的叙述矢口否认，可能是真不知情。

张耀辰的回忆提醒我们，张治中的回忆其实也应该相对化。张治中、郭沫若都是长沙大火的亲历者，他们根据各自的经历和见闻回顾历史，都有史料价值。长沙大火是复杂的历史事件，事起仓皇，大部分证据和证人都被焚掉，不能再发出声音，活着的任何个人在当天的见闻都有一定的局限性，加上事后追忆，难免有所遗漏。在这种情况下，将当事人的回忆和口述都保存下来，让后人去分析判断，即按照郭沫若的办法，将双方的书面文字都公之于世，这才不失为历史学家的态度。

但当代史之所以难治，就在于当事人都活着，出于各种利益考虑，很多人不愿意那些于自己不利的文字出版。《洪波曲》出版的一波三折，及其不得不然的修改，就是显例。

《洪波曲》初刊时名为《抗战回忆录》，连载于香港《华商报·茶亭》1948年8月25日至12月5日。1950年11月1日至12月

---

① 张耀辰：《长沙大火案审理经过》，《长沙文史资料》（第2辑）第50页。

3日，《抗战回忆录》再次连载于上海《文汇报》副刊，尽管仅就重新发表出来的文字已经修改了161处[①]，但仍然因为有人反对而没有连载完毕。编辑柯灵回忆说："1950年，我在《文汇报》工作的时候，《洪波曲》还没有出版单行本，我征得郭老的同意，开始在《文汇报》作为头版专栏，连续刊载。但不久有关领导部门就提出了意见，认为文章里涉及许多民主人士，为了统战关系，不宜继续发表。这种考虑，当然是不无理由的。但在报刊连载的作品，突然中途停刊，习惯上谓之'腰斩'，对作者是很大的打击。在新社会里，还会使群众猜疑作者出了什么问题。我非常为难，感到对郭老不好交代。硬着头皮去和郭老情商，没想到他也就同意了。同样的雍容自若，默无一言。但我同样不信他心里没有任何想法。"[②]

《抗战回忆录》在《华商报》连载后，于立群做了剪报，郭沫若在于立群剪报的基础上结集编校，交给群益出版社的吉少甫。吉少甫编好发排，已经做出了样书。在正式开印之前"接到时任上海宣传部副部长的姚溱的电话，他说，此书有些内容涉及统战政策和统战人物，比较敏感，暂时停止出版。后来，我又接到时任国家出版总署办公厅主任的胡绳的电话，直接转达了同样的内容。据说，后来是胡绳在北京与郭沫若当面谈了具体意见，郭老作了修改，1958年7月起才在《人民文学》杂志上连载修订稿。"[③]《抗战回忆录》没有出版，仅出了几

① 韩诚：《一波三折的〈洪波曲〉》，《新文学史料》2017年第1期。
② 柯灵：《心向往之——悼念茅盾同志》，《上海文学》1981年第6期。
③ 吉少甫：《郭沫若与中后期群益》，《郭沫若与群益出版社》，上海百家出版社2005年版，第207—208页。

本样书，幸运的是，郭沫若纪念馆存有一本样书。相比于《抗战回忆录》（样书），《人民文学》上的连载版本修改达上千处之多。

《洪波曲》在《人民文学》连载后，郭沫若本不打算再修改了，但张治中的抗议信被周恩来知晓，为了政治形势的需要，郭沫若不得不再次修改，这样才于1959年4月在百花文艺出版社出版了单行本。

后人在评论郭沫若修改自己的作品时，往往认为郭沫若是为了权变而主动修改的，其实每部作品的修改因由各不相同，不能一概而论。像《洪波曲》这样涉及众多知名人士的现代历史叙述，又是由郭沫若这样有着广泛影响的名作家写出来的，必然牵涉面广，即便作者地位再高，他个人也无法决定《洪波曲》的命运。

古文字学著作的修订重版

1928—1937年，郭沫若流亡日本，他的主要精力用在了中国古代社会和古文字学、考古学的研究上，尤其以古文字研究成就最为卓著。1931—1939年间，他先后出版了《甲骨文字研究》《殷周青铜器铭文研究》《两周金文辞大系》《金文丛考》《金文余释之余》《卜辞通纂》《古代铭刻汇考四种》《两周金文辞大系图录》《古代铭刻汇考续编》《两周金文辞大系考释》《殷契萃编》《石鼓文研究》等12部著作。郭沫若在甲骨文释读上使用残辞互证、断片缀合等方法，考释出很多甲骨文字，为甲骨文字创立了独具特色的科学体系；他在金文研究上采用标准器研究法，对西周之器按时代、东周之器按国别分类，将存世青铜器铭文整理成为一个科学的系统，使其成为有用的史料。这些古文字学著作在学术界产生了重大影响，郭沫若成为公认的甲骨四堂和金文研究大师。

20世纪30年代，这些著作大都由东京文求堂书店印行，发行量一般就500本，到达大陆的不多，读书界查找不易，加之随着学术的进展，郭沫若的有些论断需要重新调整。中华人民共和国成立后，郭沫若这些著作的重版提上了日程。

一

《甲骨文字研究》是郭沫若研究古文字的最初一部著作。他在1929年写的《序言》中说："余之研究卜辞，志在探讨中国古代社会之起源，本非拘于文字史地之学，然识字乃一切探讨之第一步，故于此亦不能不有所注意。且文字乃社会文化之一要征，于社会之生产状况与组织关系略有所得，欲进而求其文化之大凡，尤舍此而莫由。前者余既有《卜辞中之古代社会》以专论之，其关于文字考释之事者则汇集而为兹编，而所录固互为表里者也。"①表明了他研究古文字的初衷和目的。1949年后，因为"朋友们打算把它再印一次"，郭沫若重编了《甲骨文字研究》，"原书是由十七篇考释所集成的。我现在剔去了九篇，另外把一九三四年写的《释勹勿》一篇（曾收入《古代铭刻汇考续编》）加进去了。"②新版的《甲骨文字研究》1952年由人民出版社出版，相比于1931年版，删去了《释寇》《释作》《释攻》《释封》《释南》等九篇。该书又作为中国科学院考古研究所考古学专刊甲种第十号于1961年在科学出版社重印。

1954年，人民出版社重印了郭沫若的《殷周青铜器铭文研究》《石鼓文研究》《金文丛考》等三部著作。

---

① 郭沫若：《序》，《甲骨文字研究》，大东书局1931年版，第1页。

② 郭沫若：《重印序言》，《郭沫若全集·考古编》（第1卷），科学出版社1982年版，第7页。

郭沫若在研究甲骨文时，对于青铜器铭文也注意起来。“关于铭文，则凡已见著录者，自赵宋以至近代，大抵均已寓目。目验既多，则心犀自启。”1930年夏天，郭沫若将“平时于金文中所略有心得者，费一阅月之力，成文凡十有六篇”[①]，集成《殷周青铜器铭文研究》，于1931年在上海大东书局出版。此书在铭文考释上颇有创获，比较有代表性的为确定毛公鼎之年代。关于毛公鼎，以前研究多以为其时代为周初，但郭沫若根据形制，认为是周宣王周平王时代的器物。像这样新鲜的说法还有不少。1954年，郭沫若“接受友人的意见，将本书重印，以促进古代研究工作，并藉以表明我在进行古代研究工作时是作过应有的准备的。”20多年后回过头来看这部著作，郭沫若说：“这是我研究金文工作的初步成果，其中有些新颖的见解和预见，但也有很多不成熟的甚至错误的说法。”对于这些错误，重印时“无法进行彻底的修改，故只能在可能范围内加以删削。例如，旧有考证《公伐郐锺》一篇，因该锺铭文乃伪刻，已被剔除，而仅存其关于林锺、句鑃、鉦、鐸诸说，即其显著的一项。其余则仅在附注中略加后案，以揭示其错误而已。”[②]此外，重版还增加了郭宝钧致郭沫若的一封信作为附录。1954年，《殷周青铜器铭文研究》在人民出版社出版。1961年，该书作为中国科学院考古研究所考古学专刊甲种第七号由科学出版社出版。

---

① 郭沫若：《序》，《殷周青铜器铭文研究》，大东书局1931年版，第1页。

② 郭沫若：《重印弁言》，《郭沫若全集·考古编》（第4卷），科学出版社2002年版，第5—6页。

1954年出版的《金文丛考》和1933年出版的《金文丛考》在内容上差别较大。郭沫若在写于1952年的《金文丛考》的《重印弁言》中说：

> 在《大系》之外，关于金文的研究，我还有过一些零散的著述，一九三二年五月曾集成为《金文丛考》，其秋成《金文余释之余》，一九三三年秋成《古代铭刻汇考》，翌年春成《古代铭刻汇考续编》。后二书中均包含有金文研究的部分。这些书，在二十年前，都曾先后在日本东京印行。所印册数无多，每种只有五百部，输入国内者为数必更少。闻坊间倚为奇货，治史者颇感不便。朋友们因有重印的要求，我便趁这个机会作了一番整理。
>
> 这儿所呈献出的《金文丛考》是把原有的《金文丛考》《金文余释之余》《古代铭刻汇考》和《续编》中的金文部分汇集起来的，略略有些删改和补充，但是在骨干上大体仍旧。主要的原因是二十年来没有什么显著的器物出土，因而我的见解也还没有多么大的改变和补充。

1954年版《金文丛考》包括1932年版《金文丛考》、1932年版《金文余释之余》，1933年版《古代铭刻汇考》之第二部分《金文续考》及1934年版《古代铭刻汇考续编》中的金文部分。但1932年版的《金文余释之余》中的《答〈两周金文辞大系商兑〉》，《金文续考》中的《新郑古器》等都被删除了。

新增《释亡乍》等文。

此外，在1954年版《金文丛考》的《重印弁言》中，郭沫若还回顾了他当初研究古文字的“心理过程”：

> 在这里，我想附带着叙述两件我自己的心理过程，一件是我所怀抱的挑战的意识，另一件是我所冒犯的沉溺的危险。
>
> 我要向谁挑战呢？我准备向搞旧学问的人挑战，特别是想向标榜“整理国故”的胡适之流挑战。从前搞旧学问的旧人，自视甚高，他们以为自己所搞的一套是“国粹”，年青一代的人不肯搞了，因而以裂冠毁裳、道丧文弊为慨叹。因此，我想搞一点成绩出来给他们看看。结果证明：所谓“国粹”先生们其实大多是伪古董。虽然道貌岸然，而对于古代文物大多全在门外。
>
> 胡适之流，代表买办阶级的所谓“学者”们，在当年情况，更自不可一世。胡适曾大言不惭地这样说过：“今年（一九三六年）美国大选时，共和党提出格法诺·兰登来打罗斯福——有人说：你不能拿没有人来打有人。我们对于左派也可以说：你不得拿没有东西来打有东西。只要我们有东西，不怕人家拿没有东西来打我们。”这位标准的买办学者，你看他是怎样盲目而无知！因此，我就准备拿点他们所崇拜的“东西”来“打”这个狂妄的家伙。结果呢？我们今天也已经看得很清楚，那自称“有东西”的家伙究竟

有的是什么东西了！

但我也冒犯了相当大的危险。一个人陷在日本，更拖着一家六口，生活的压迫，有时候几乎令人喘不过气来。搞旧东西在日本既有市场，也不免借此以觅取有限的生活资料。旧东西也是有它的麻醉性的，愈深入便愈易沉沦。在当年就曾有朋友为我耽心甚至对我失望，以为我会“玩物丧志”。我自己也感觉着有这样的危险，觉得愈搞愈琐碎，陷入了枝节性的问题，而脱离着预定的目标。这倾向，在这部《丛考》中便可以看出。特别是《金文丛考》标题叶的背面，用古文字题了这样的几句，是相当感伤的：

“大夫去楚，香草美人。
公子囚秦，《说难》《孤愤》。
我遘其厄，媿无其文。
爰将金玉，自励坚贞。”

是时代拯救了我，是毛泽东主席所领导的人民革命拯救了我，使我临到了沉溺的危境，而没有遭遇到灭顶之灾。

在今天说来，这样的危险是消灭了。整个社会涨满着积极进取的创造精神，语云：“蓬生麻中，不扶自直”，人们可以有所恃而深入虎穴，亦有所恃而必得虎子。本书之敢于重版问世，即以此故。[①]

① 郭沫若：《重印弁言》，《郭沫若全集·考古编》（第5卷），科学出版社2002年版，第10—14页。

秦代石鼓文，以明代安国收藏的三种北宋拓本最古，分别为“先锋本”“后劲本”“中权本”。郭沫若最早一版的《石鼓文研究》（收入《古代铭刻汇考》中）是根据“后劲本”拓片写成的。郭沫若自称这篇文章在《古代铭刻汇考》诸文中“所费劳力最多”①，但毕竟所见资料有限。日本学者河井荃庐珍藏有明代锡山安氏所藏石鼓文的“先锋”“中权”“后劲”三种善本拓片照片的全貌。1936年，郭沫若从刘体智处获得甲骨拓本二十册，并以此与河井荃庐的三种石鼓文拓本照片交换阅读。郭沫若据此修改《石鼓文研究》，于1939年在商务印书馆作为“孔德研究所丛刊之一”出版。后来河井荃庐死于美军的东京轰炸，其所藏石鼓文资料下落不明。如若不是郭沫若《石鼓文研究》发表了“先锋本”拓片，这一善本可能人们再也看不见了。

1954年，《石鼓文研究》由人民出版社重印，郭沫若在《重印弁言》最后一段为考证辩护：“考证乃研究工作必经之初步阶段，如能实事求是，可不失为作进一步研究之坚实基础。为考证而考证，乃划地自限，然较之饱食终日无所用心者终胜一筹，较之为反动而考证者更不可同日而语。近人颇有全盘否定考证之倾向，似不免惩羹而吹齑，因噎而废食，故附论及此。”②这是针对时弊的。

郭沫若认为石鼓文作于秦襄公八年（公元前770年）。1958年，唐兰在《故宫博物院院刊》第1期发表《石鼓文年代考》，认为石鼓文作于秦献公十一年（公元前374年）。郭沫若注意到

---

① 郭沫若：《序》，《古代铭刻汇考四种》，文求堂1933年版，第1页。

② 郭沫若：《重印弁言》，《郭沫若全集·考古编》（第9卷），科学出版社2002年版，第17—18页。

唐兰的最新成果，但他觉得唐兰的证据并不充分。故《石鼓文研究》仍于1959年再版，郭沫若为这一版所写的《三版小引》中说：“余仍维持襄公八年说，以待更有力之反证。”①

二

在《金文丛考》的《重印弁言》中，郭沫若还说，《金文丛考》“和《两周金文辞大系》是姊妹篇，它们是相辅相成的。更严格一点说，应该是《大系》为主，《丛考》为辅”。《大系》即《两周金文辞大系》，其与《两周金文辞大系图录》及《两周金文辞大系考释》之关系，郭沫若有过说明：

> 金文则自北宋以来，零星出土，出土情况多已泯没，伪器甚多，千余年来虽有不少著录，而体系未能建立，作为史料遂有不少的困难。因此，我在继续研究金文的途中，便把重点集中到东西二周，把传世相当重要的金文辞，依时代与国别赋予以一定的条贯。一九三二年一月出版的《两周金文辞大系》便是这项研究的结穴。
>
> 《大系》出版后继曾加以整理和补充，一九三四年乃成《两周金文辞大系图录》及《考释》。《图录》考察到一部分器物的图象，以便由花纹形式以推定年代。《录》系原器名辞的拓本或古刻本。《考

① 郭沫若：《三版小引》，《郭沫若全集·考古编》（第9卷）第6页。

释》亦较初版详审，初版今已作废。《图录》及《考释》不久即将重印，在今天看来，依然不失为一部比较良好方便的工具书。想研究周代金文的人是不能离开它的，想研究中国古代的人同样是不能离开它的。[①]

看来，郭沫若对《两周金文辞大系图录》和《两周金文大系考释》十分重视。郭沫若在《两周金文辞大系》序言中认为，青铜器铭文研究中最难者为考订铭文年代，以前的研究“每专以后代历术以事推步，近时海内外承学之士尤多作大规模之运用者。”但郭沫若认为，殷周古历与后世历法不同，当时尚不能确切推算，即便周王在位之年份，也多有异说，因此以后世历法推算并不可靠。他的办法是：“专就彝铭器物本身以求之，不怀若何之成见，亦不据外在之尺度。盖器物年代每有于铭文透露者”，“据此等器物为中心以推证它器，其人名事迹每有一贯之脉络可寻。得此，更就文字之体例，文辞之格调，及器物之花纹形式以参验之，一时代之器大抵可以踪迹”。“本此诸法，余于西周文字得其年代可征或近是者凡一百六十又二器，大抵乃王臣之物。其依据国别者，于国别之中亦贯以年代，得列国之文凡一百六十又一器，器则大抵属于东周。”“综合两周彝铭，其年代国别之可征或近是者，凡得三百二十又三器，于存世之器虽未及十分之一，大抵乃金文辞中之菁华也。倏忽相

① 郭沫若：《重印弁言》，《郭沫若全集·考古编》（第5卷）第6—7页。

凿而浑沌果死，幸莫如之。”[1]《两周金文辞大系图录》及《考释》成就卓著，在学界影响很大。正如《郭沫若全集》编者所说：“作者开创性地创立了标准器断代法，并按年代和国别分类，将‘一团混沌’的传世青铜器，第一次变成完整的体系。使著录的青铜器铭文，既成为有系统的编年史料，又成为有系统的国别史料。”[2]这两部著作如此重要，郭沫若对其再版也十分慎重。同时，由于学术的进展，学界发现：“《大系考释》还有待充实修订，特别是新的铜器不断出土，不仅需要大量的增补，有些本身就直接涉及《大系考释》中断代、分国以及某些具体的解说。”[3]故而，这两本书的修订再版提上了日程。郭沫若也积极和学界商议进行。

1955年10月30日，郭沫若致信尹达：

尹达同志：

送来各书已收到。此等书，我处已有，《卜辞通纂》也有。日前已面谈，《卜辞通纂》及《殷契萃编》不拟作什么添改，如科学出版社决定印，只须校勘一下错字即可付印。两周金文则拟作相当的添补。容庚前次写给我的备忘录，如尚在，请退

① 郭沫若：《序文》，《郭沫若全集·考古编》（第8卷），科学出版社2002年版，第12、14、15、17页。

② 《第八卷说明》，《郭沫若全集·考古编》（第8卷）。

③ 黄盛璋：《永不能忘的忆念——悼念郭沫若院长》，《社会科学战线》1978年增刊。

还我。要着手添补，须搜集一些书籍和拓片，日前容庚来访（他参加文字改革会议，似尚在京），我曾向他提及，他有意来作短期间的帮忙。我感觉我们科学院用人，似乎没有高教部和其他部门来得现实。好些人，我们怕用的，而高教部和其他部门却使用了。短期使用尚有可用的人，于原则性想来不至于有多大的妨碍。请考虑。

容的《金文编》，听说已交科学出版社审查，他拟再费两年工夫来补充，我觉得先照原样印行，两年后再印新版，似乎也可以。杨树达的金文著作（问题甚多）既可印，此书作为工具书有它的价值。

关于出国事，日前刘大年同志见告，翦老希望早邀约大家谈谈，我觉得很好。政治、学术、生活、礼品等各方面都须得早作准备。我建议，请冯乃超同志早来北京，望你们催促一下。

太史公行年问题，我写了一点小稿子，送您看看，看后似可转《新建设》之类的刊物。本来想写一篇大东西，小稿是开头一小节，但目前来不及写了。

敬礼！

郭沫若

十、卅[1]

---

① 《郭沫若书信集》（下），中国社会科学出版社1992年版，第186—187页。据手稿校订。

“关于出国事”，指的是郭沫若率领中国科学家代表团于1955年底访问日本。所以，《郭沫若书信集》将此信系于1955年，无误。

10月31日，郭沫若在给尹达的信中再次说：“关于两周金文辞的增补，容愿帮忙，我欢迎。可以省些力量来做别的事。”[①]

《郭沫若书信集》中还有一封郭沫若致尹达的信谈到容庚愿意帮忙的事。该信写道：

尹达同志：

容庚先生近来和我通了两次信，对于《两周金文辞大系图录》作了仔细校对和补充。该书，人民出版社有意重印，但尚未着手。性质太专门，似以改由科学院出版为宜。您如同意，我想把它作为一所的出版物。该书拟即请容庚核校补充。他的两信及资料附上，请一阅。

《卜辞通纂》、《殷契萃编》、《石鼓文研究》似均宜改由科学院出版。如您同意，请与人民出版社接洽一下。《卜辞通纂》与《殷契萃编》似可托于省吾校补。

敬礼！

郭沫若

十一、一[②]

---

① 《郭沫若书信集》（下）第188页。

② 《郭沫若书信集》（下）第173页。

《郭沫若书信集》将此信系于1954年。我初读时即有疑问：为什么郭沫若1954年11月1日和尹达谈容庚愿意帮忙整理《两周金文辞大系图录》与《两周金文辞大系考释》，1955年10月30日、10月31日还在谈这件事？1954年谈的是容庚“作了仔细校对和补充”，而1955年谈的却是“容愿帮忙”，“校对和补充”在先，“愿意帮忙”在后，逻辑上似乎有些问题。既然这封系年存疑的信件谈到“容庚先生近来和我通了两次信”，要是能找到这两封信并确定其时间，那么这封系年存疑的书信的时间也就能确定了。

2014年，黄淳浩先生曾让我们前往他家扫描一批他当年编辑《郭沫若书信集》时所使用的书信资料，令人惊喜的是，这批资料中就包括容庚写给郭沫若的这两封信，这两封信不见著录。兹从手迹复印件录入如下：

沫若院长左右：

《两周金文辞大系》先校得图编一部分，奉上，余续奉。增补一事，须得左右自定，他人不能代庖。列国器较易，若有意增补，庚当代拟一目呈正，庚所见只是著录之器，新出器所见甚少，盍与于思泊一商，当有所增益。思泊亦一可用之材，憔悴京华，左右可否加以延揽？彼所望不大者也。图录有一部分器为潘氏攀古楼所藏，庚前曾向潘氏借得二三十器收入《彝器通考》中。闻潘氏藏器捐赠上海博物馆，似可致函索取照片。整理大系，庚于课余为之，不需经费，如需照图片，所费亦甚有限，不必计较。敝藏栾书缶、陈侯午敦二器拓呈鉴定，陈侯午敦失盖形状与周氏所藏十四年器同，今归华南师范学院矣。

此致

敬礼！

容庚

九月十三日

沫若院长左右：

大著《两周金文辞大系》校毕，寄呈请教正。书中并未引用《青山庄清赏》，惟《清赏》中有一江之器似当补入，兹录于下。如不引用，可于诸家著录目中将《清赏》一书除去，而补入《双古双剑誃古器物图录》二册（于省吾著）。

孙叔师父壶（青三九）

隹王正月初吉甲戌，邛立宰孙叔师父乍行具，釁釁无疆，子子孙孙永宝用之。（立作太，疑读为大）

容庚敬上

十月廿五日

我不仅见到了这两封信，而且见到了第二封信的信封。信封上有邮戳。月日是“十月廿五”，年份中第一个阿拉伯数字是“5”，第二个阿拉伯数字中间部分漫漶，但上部有一横，横下左边是一竖，这就只能是“5”。能确定“十月廿五”的信写于1955年，那么郭沫若写给尹达的那封包含“容庚先生近来和我通了两次信”内容的信也就写于1955年，而不是《郭沫若书信集》所认为的1954年。由此推得，容庚的另一封信也写于1955年。

从上述容庚写于1955年秋天的两封信来看，容庚已经着手校订完成《两周金文辞大系图录》。他趁机进言，希望郭沫若能够“延揽”于省吾，并告知上海博物馆有潘氏攀古楼旧藏。而于省吾在1955年从故宫博物院调入吉林大学担任教授。这一调动，可能在容庚提议之前就已经定下来了。郭沫若在1955年10月31日致尹达的信中提到“《卜辞通纂》与《殷契萃编》似可托于省吾校补”，当是采纳了容庚意见。后来于省吾也确实在《卜辞通纂》与《殷契萃编》的校补上帮了忙。

容庚信中提到的《青山庄清赏》，乃日本学者梅原末治编撰，出版于1942年。容庚建议补录其中的《孙叔师父壶》，但修订后的《两周金文辞大系图录考释》并没有收录该器。容庚建议，如果不收录，则删去《青山庄清赏》，而郭沫若也没有删除。容庚建议的《双古双剑誃古器物图录》二册，郭沫若补充进来了。

在接连三天给尹达写信提到请容庚帮忙校订《两周金文辞大系图录》及《考释》之后，郭沫若带领中国科学家代表团访问日本，无暇顾及整理旧作。

1956年2月27日，郭沫若致信尹达：“容庚寄来的整理文件已粗略审阅了一下，缓日拟集中些力量来着手。”[1]从1956

① 《郭沫若书信集》（下）第190页。

年夏天开始，郭沫若在容庚等人整理材料的基础上，开始亲自修订。但其间应酬较多，进展不大。中国科学院考古研究所研究员陈梦家等人也对郭沫若修订《两周金文辞大系图录》及《考释》给了帮助。10月19日，郭沫若致信陈梦家："叠次承您送了好些青铜器的资料来，谢谢您。应酬事太多，大系被拖延，补录尚未着手。回想当年，一人单干，效率甚速，有不胜今昔之感。"[①]但10天之后，郭沫若的工作差不多就完成了。10月30日，郭沫若在《两周金文辞大系图录考释》的《增订序记》中再次感叹："余受学术界怂恿，久有意增订再版，但以牵于他务，不能专力于是。今岁夏间，避暑于北戴河，始着手整理，仓促未能竣事。迄今秋暮，免臻于成，迟暮之感，在所难免。"[②]

10月31日，郭沫若致信尹达："两周金文辞大系图录及考释整理好了，送您审阅。补录有待，期于年内完成之。""考释照原印，但本子放大，求其统一。"[③]1957年2月13日，郭沫若致信中国科学院地理研究所研究人员黄盛璋："'大系'近曾略加校补，当由科学出版社出版。本拟作'补录'，将近年新器补入，顾至今未能竟事。你如有意加注，自是善事。"[④]但黄盛璋这一工作没有开展。3月26日，郭沫若致信出版社吴

① 《郭沫若书信集》（下）第210页。

② 郭沫若：《增订序记》，《郭沫若全集·考古编》（第7卷），科学出版社2002年版，第6页。

③ 《郭沫若书信集》（下）第197页。

④ 据手迹复印件，来自黄盛璋《永不能忘的忆念——悼念郭沫若院长》（《社会科学战线》1978年增刊）。

宜复："附上编制《两周金文辞大系图录及考释》用原稿样子两份，请即照印为荷。望能于最短时期内印出，以便进行工作。"[①]可能是由于涉及制图等事，出版周期较长。1957年12月，由《两周金文辞大系图录》和《两周金文辞大系考释》修改合订的《两周金文辞大系图录考释》方作为中国科学院考古研究所考古学专刊甲种第三号在科学出版社出版。郭沫若在《增订序记》中说：

> 《两周金文辞大系》初版以一九三二年一月印行于日本。其后二年，一九三四年秋，汇集铭文拓本、摹本或刻本，并尽可能附入器形照片或图绘而成《两周金文辞大系图录》。又其后一年，别成《两周金文辞大系考释》，于文辞说解加详，于是初版遂作废。
>
> 《图录》与《考释》虽未能尽善，要不失为研究周代金文应有之工具书。唯据日本文求堂主人言，印行各仅五百部，流入国内者为数当更有限。闻坊间传为奇货，搜购颇不易，研究金文者引以为不便。
>
> ……
>
> 此次增订，拓本多经选择更易，务求鲜明。摹本刻本，凡能觅得拓本者均已改换。器形图照亦略有

① 此函由李晓虹老师据拍卖公司拍卖图录录入。该函无写作年份，李晓虹老师认为：《两周金文辞大系图录考释》1957年12月由科学出版社出版，此函写作时间应为1957年。

增补，而于著录书目则增补尤详。关于图书照片之搜集，端赖考古研究所各同志之协助，其翻检移易则黄烈同志一手之烈也。

新出重器若干种，本拟增入，但以变动过大，成书不易，终于作罢，故原书大抵一任旧贯。

回忆往年羁旅日本时，曾有蔚为图象学之雄心。事隔二十年，旧业已荒。仅此增订之本如无诸同志协助，亦难观愿成。感谢之余，颇增惶悚。[①]

著作出版后，难免还有些不足。1958年4月1日，郭沫若致信日本学者樋口隆康：

樋口隆康先生：

三月十五日急函奉悉。承指正《两周金文辞图编》55图之误，改正改正。致误之由，系沿《支那古铜精华》，当即加以更正。

敬礼！

郭沫若

一九五八、四、一[②]

① 郭沫若：《增订序记》，《郭沫若全集·考古编》（第7卷）第5—7页。

② 樋口隆康（1920—2015），日本考古学家。据手迹复印件，原件藏郭沫若纪念馆。

三

郭沫若曾两次在致尹达的信中提到《卜辞通纂》与《殷契萃编》这两部甲骨文字著作。第一次是1955年10月30日，郭沫若说："日前已面谈，《卜辞通纂》及《殷契萃编》不拟作什么添改，如科学出版社决定印，只须校勘一下错字即可付印。"第二次是在1955年11月1日，郭沫若说："《卜辞通纂》与《殷契萃编》似可托于省吾校补。"两封书信虽然相隔仅一天，但郭沫若主意有所变化，说明他一直在琢磨《卜辞通纂》与《殷契萃编》再版之事。

《卜辞通纂》于1933年在文求堂出版，"就传世卜辞择其菁萃者凡八百片，分干支、数字、世系、天象、食货、征伐、畋游、杂纂八项而排比之。干支录多数之干支表，本非卜辞，然以卜辞每卜几均有日辰，诸表适为判读之键，故首出之。纪卜之数亦几于每卜必有，其中有特异之文字为自来所遗误者；又其十以上之数有其固有之表现法，同为判读卜辞之基础智识，故以数字次于干支。世系在定夺卜辞之年代与历史性。卜辞乃盘庚迁殷至帝乙末年徙沫之物，帝王之名讫于文丁，世系之排比即由文丁以至于夒，倒遡而上以入于神話之域。夒即帝俊，亦即帝嚳，乃天帝而非人王，故以天象次于世系。天时之风雨晦暝与牧畜种植有关，故以食货次之。食货为人类社会之基础，殷代社会之真相具在此中。殷时已驱使奴隶从事生产事业，奴隶得自俘虏，故以征伐次之。征伐与畋游每相因，卜辞中尤多不别，故以畋游次之。余则零辞散简汇为杂纂以殿于后，大抵以属于抽象事项者为多”①。1958年，《卜辞通纂》作为中国科学院考古研究所考古学专刊由科学出版社出版。这次重版，“作者加了一些校语和注释，在文字考释方面吸收了专家的一些意见。科学出版社的编辑加工记录，经作者逐条审阅后，或作校勘，或作注释，并重编了索引。在专家们的协助下，对一些不甚清晰的拓片及照片，或更换新拓，或附摹本”②。

《殷契萃编》出版于1937年，是郭沫若在文求堂出版的最后一本著作。该著源于刘体智将所藏甲骨拓片二十册送郭沫若，郭沫若“择取其一五九五片而成兹编。视诸原著虽仅略当十之一，然其菁华大率已萃于是矣”③。1965年，《殷契萃编》作为中国科学院考古研究所考古学专刊甲种第十二号由科学出版社出版，新版添加了索引。

据于省吾回忆：“一九五六年在北京举行全国考古工作会议期间，容庚、唐兰、商承祚和我到郭老家又畅谈良久。随后，科学院考古研究所委托我校阅《卜辞通纂》和《殷契萃编》，这是郭老在日本出版的两部专著，准备重印。一九五八《殷契萃编》出版时，我为他提供的一些管见，有的录在书眉上。这本书的索引是傅学苓同学所编写的。”④“一九五八

---

① 《述例》，《郭沫若全集·考古编》（第2卷），科学出版社1983年版，第33—34页。

② 《第二卷说明》，《郭沫若全集·考古编》（第2卷）。

③ 郭沫若：《序》，《郭沫若全集·考古编》（第3卷），科学出版社1983年版，第5页。

④ 于省吾：《忆郭老》，《悼念郭老》，三联出版社1979年版，第416页。

《殷契萃编》出版时”中的“《殷契萃编》”当为《卜辞通纂》。郭沫若在该书最后也曾申明：“本书索引系科学出版社傅学苓同志所制。有此，对于阅者和研究者会增加不少便宜。对傅同志的忘我劳动表示谢意。”[①]

① 《郭沫若全集·考古编》（第2卷），末页。

第二章　新著撰写密相商

难找的《管子集校》参考书

一

1954年4月19日，郭沫若致信马非百，谈的是《管子》研究：

非百先生：

您的《管子轻重篇新诠》已由尹达同志转致，我正翻阅。其中有些意见很好。我现在在校补许维遹与闻一多两氏合著的《管子校释》稿，决定摘取您的好的意见作为后案补入，想您当能同意。您所参考过的书籍，有好些我尚未见到。如王绍兰的《管子说原稿》、范希增的《管子集证》、何如璋的《管子析疑》（此书已去函上海征询）、金廷桂的《管子参解》、尹桐扬的《管子新释》、宋枏的《读管子寄言》、石一参的《管子今诠》、黄巩的《管子新编》、钱文霈的《地数篇释》等，有的是未刊本，您是怎样得到阅读机会的？假如您手中有藏书，可否借我一阅？

您的新诠，写法稍嫌散漫。您既采取旧式的逐节逐句解释法，议论过长，有些喧宾夺主的形势。我建议：您另外写成一篇综合的研究——即是写成论文形式，似乎更便于发挥些。请您考虑。

敬礼！

郭沫若

四、十九[1]

郭沫若在这封信中谈到他正在“校补许维遹与闻一多两氏合著的《管子校释》稿”。《管子》一书汇集秦汉之际诸子百家学说，是战国秦汉学术的宝藏，更是研究秦汉思想的重要资料。但“《管子》书号称难读，经历年代久远，古写本已不可复见。简篇错乱，文字夺误，不易董理”[2]。抗战时期，许维遹以戴望《管子校正》为基础，加以扩充，成四十万字的《管子集校》。稿本三分之一为闻一多所校释。闻一多被国民党特务暗杀后，集校工作中途辍止。孙毓棠也校对过其中的一部分，但也没有完成。1953年11月，闻一多夫人将稿子交给中国科学院，希望能够组织专人整理出版。郭沫若代表中国科学院接受了这个任务。

许维遹、闻一多囿于时代条件，工作很不完善。郭沫若拿到稿子后发现，许维遹、闻一多“所参考之书籍不多。以《管子》板本而言，除光绪五年影刻宋杨忱本外，陆贻典校刘绩《补注》本、十行无注本、明刻朱东光《中都四子》本、明

① 手迹见马非百《管子轻重篇新诠》，中华书局1979年版。

② 郭沫若：《管子集校·叙录》，《郭沫若全集·历史编》（第5卷），人民出版社1984年版，第3页。

刻赵用贤《管韩合刻》本，均所未见”。“诸家原书或未刊稿本及民国以来各种述作，许、闻二氏亦多未及见，故其征录未能该遍，而其案语亦往往已为前人所道。纂述体例不甚严密，征引旧说漫无时代先后，因之说解之发展无从追寻，而孰为因袭，孰为雷同，亦无从辨别。”[①]要将这一稿本整理完善，还需要相当大的工作量。

郭沫若接受任务后，召集冯友兰、余冠英等学者商议，大家答应分头去做。但到截稿时间，有些人还没有动笔，交来的稿件质量也参差不齐。郭沫若尽管十分繁忙，但他认为这个工作很有意义：

> 此项工作，骤视之实觉冗赘，然欲研究中国古史，非先事资料之整理，即无从入手。《管子》书乃战国、秦、汉时代文字之总汇，其中多有关于哲学史、经济学说史之资料。道家者言、儒家者言、法家者言、名家者言、阴阳家者言、农家者言、轻重家者言，杂盛于一篮，而文字复舛误歧出，如不加以整理，则此大批资料听其作为化石而埋没，殊为可惜。前人已费去不少功力，多所校释，但复散见群书，如不为摘要汇集，读者亦难周览。有见及此，故不惜时力而为此冗赘之举。[②]

① 郭沫若：《管子集校·叙录》，《郭沫若全集·历史编》（第5卷）第15—16页。

② 郭沫若：《管子集校·叙录》，《郭沫若全集·历史编》（第5卷）第18页。

郭沫若决定单独完成《管子集校》。《管子集校》的第一步工作是尽可能找齐《管子》版本。郭沫若给马非百的信，最重要的就是咨询《管子》的参考书。他在这封信中提到的“王绍兰的《管子说》原稿、范希增的《管子集证》、何如璋的《管子析疑》（此书已去函上海征询）、金廷桂的《管子参解》、尹桐扬的《管子新释》、宋枏的《读管子寄言》、石一参的《管子今诠》、黄巩的《管子新编》、钱文霈的《地数篇释》”等著作，除范希增的《管子集证》“稿本亦不知下落”①，宋枏的《读管子寄言》未曾引用外，其余各书，都成为《管子集校》的重要参考。

马非百的《管子轻重篇新诠》是一部著作，郭沫若建议马非百“另外写成一篇综合的研究——即是写成论文形式”。马非百接受了建议，写成《关于〈管子·轻重〉篇的著作年代问题》，发表在郭沫若担任编委会召集人的《历史研究》1956年第12期。这显然是对马非百的一次学术提携。对于郭沫若的《管子集校》，虽然马非百在1980年认为“可以商榷之处甚多”②，但也赞许为：“此书体例严密，规模宏大，所见版本之多，参考历来校勘书籍之广，不仅是以前学者所未曾有，而且也是解放以来第一部博大精深的批判继承祖国文化遗产的巨

① 郭沫若：《管子集校》，《郭沫若全集·历史编》（第5卷）第32页。

② 钟祥财：《马非百论〈管子·轻重〉的一批信函》，2013年3月17日《东方早报·上海书评》。

大著作。”[①]后来有学者认为郭沫若在《管子》研究中抄袭马非百，实属无中生有，已有学者辨析[②]，此不赘述。

二

郭沫若在《〈管子集校〉所引校释书目提要》中说：“王先谦《管子集解》稿本，近得杨树达氏协助，已由中国科学院历史研究第一所收购。此书‘集解’仅据戴望《管子校正》略加翦裁，分别录入原书文句下，甚少发明。戴氏错误亦未釐正。王氏高足苏舆、陈毅二人间有案语增补，已择尤入录。”[③]此处简要叙述了他得以见到《管子集解》的过程以及他对该书的评价，其寻书具体经过如下。

郭沫若从杨树达《积微居小学述林》卷七中读到《王葵园先生管子集解序》一文，于是在1954年3月12日致信杨树达询问《管子集解》的下落：

遇夫先生：

大著《积微居小学述林》已由院印出，想已达览。昨晚翻阅，得读《王葵园先生管子集解序》一

① 马非百：《对〈管子集校〉及所引各家注释中有关〈轻重〉诸篇若干问题之商榷》，《郭沫若研究文献汇要》（第10卷），上海书店出版社2012年版，第166页。

② 廖久明：《郭沫若〈管子〉研究“剽窃”马非百〈管子轻重篇新诠〉考》，未刊稿。

③ 郭沫若：《管子集校》，《郭沫若全集·历史编》（第5卷）第32页。

文，谓为“未刻稿”，不知此书俟后已刊行否？如尚未刊行，科学院可以考虑印出。又《易牙非齐人考》中言雍巫即易牙，不知另有据否？《管子·小称篇》有棠巫，亦称常之巫，与易牙为二人，雍巫恐系棠巫也。《历史研究》已出，想已寄达。足下近寄来金文一种，拟编入第二册中。专此，顺颂

近安。

郭沫若

三. 十二

《管子集解》一书，无论已否刊行，亟愿一读，拜恳斡旋。[①]

王葵园，即王先谦，清代著名学者。杨树达回复说原稿已被王家后人售出，不知下落，答应帮忙寻找，但在郭沫若集中精力校注《管子集校》的一年多之内都没有消息。

郭沫若一边等着杨树达的消息，一边完成了《管子集校》的初稿。1954年7月14日，郭沫若致信尹达，希望调任林圃随同他去青岛协助完成《管子集校》。

尹达同志：

我决于十六日伴立群赴青岛休养。拟请任林圃同志同去，在一个月中可将《管子校释》的工作告一段落，以免我回京后再搞。又任同志乃山东人，对我们

① 《积微居友朋书札》，湖南教育出版社1986年版，第118—119页。

的生活上也会有帮助。特此，征求您的同意。

敬礼！

郭沫若

七月十四[1]

这次调动应该是成行了，任林圃对《管子集校》多有帮助。《管子集校》中部分文字释读以“任林圃按”的形式将任林圃的意见表达出来。任林圃和张德钧一样，是《管子集校》没有署名的共同撰稿人之一。

郭沫若预计1954年8月就能将《管子集校》校完，但这一工作持续到了当年10月。10月20日，郭沫若致信尹达：

尹达同志：

十二日信接到。丁、杨稿俟三五日内阅后奉还。

《管子集校》大体上搞好了，我送给您。您看，是否可以作为一所的丛刊之一。如可付印，可让任林圃同志司校对，我也想在三校上自校一遍。

脚已好了百分之八十光景。

敬礼！

郭沫若

十．廿

此书本冯友兰介绍来院，出版时希望通知许、闻家属，盖指版税问题也。冯信一并附上。[2]

---

① 《郭沫若书信集》（下）第171页。

② 《郭沫若书信集》（下）第172页。

从这封信可以看出，《管子集校》初稿在1954年10月已经完成，即将进入出版前的校对阶段。1954年12月，郭沫若看到叶华有一篇谈《管子》版本的文章，于是致信陈梦家询问情况：

陈梦家同志：

信悉。《文物周刊》中颇有可取的文字。陈小松是谁？你知之否？“取徵五兮”徵字之释，可惜在此册中未见，可能在四十期中，你处如有，亦望借我一阅。阅后当妥为送还，望释虑。又有叶华谈《管子》版本者，此人亦曾识否？如知其去向，尚望见告。

敬礼！

郭沫若

十二、七[①]

“叶华谈管子版本者”，指的是叶华发表在《文物周刊》1947年上的《〈管子〉版本之源流》一文。

1955年夏天，王先谦《管子集释》稿本终于有了下落。几经交涉，郭沫若于7月8日致信尹达：

尹达同志：

附上彭元瑞函，请一阅。所谈原稿，系王先谦《管子集释》原稿。该书尚未印行，杨树达（遇夫）曾为之序。因散失，近始探得下落。我建议历

① 《郭沫若书信集》（下）第201页。

史第一所把它买下，我急想参考。似可请杨遇夫先生为中介，较为牢靠。可寄三百二十元（说明邮资在内）去，请遇夫先生点验原稿无误后，再成交易。寄款时可同时给彭君一信。书到后，望即送我处，以快先睹。

此致

敬礼！

郭沫若

七、八

我写了一信给杨遇夫先生，如同意，请加封将款一并附去。

郭沫若 又及。[1]

郭沫若致尹达信中所附彭元瑞函写道：

院长办公室负责同志：

您室六月六日大函读悉，问项在陈君回我信中。兹并陈鉴不赘。郭老回国，请与一商为要。款寄我交，虑不妥善，款与稿均交杨遇夫先生，他点捡稿完善不错，再交我款。望寄款时，同时一信告我为盼。

敬礼！

彭元瑞

六月廿二日

---

① 《郭沫若书信集》（下）第183页。

附陈君信一纸

回信请寄“长沙文星桥新十八号”。[1]

彭元瑞信中的“陈君”即陈秉常，是彭元瑞的学生，他从王先谦后人手上购得《管子集释》稿本，由于生活贫困，急于出手。彭元瑞所附“陈君信”如下：

瑞师：

我事屡承费神，至感至谢。管稿当日只求如何收集不散，现则如何得一妥地保存，实无待价而沽之意。今必问数多少，当日所付有钱有谷，综计三百十五元稍零，仍不敢决定需要多少，随郭公估给收去可也（不仅费外不要，即费内少给亦可，我无力保存，惟有速速脱手为是。）（前日之言即是此意）。贱病医嘱以转地疗养为宜，拟作破釜沉舟之举，往南岳小住。值此百端困顿之时，安敢有此一妄动耶，一叹。稿过长时带上，余面陈。此问：

道安

秉常谨上，六月十五日[2]

据《积微翁回忆录》1955年7月14日条，“郭沫若书，言《管子》书已找到，托余为介，与彭元瑞交涉，价三百二十

① 据手迹复印件，来自黄淳浩先生处。

② 据手迹复印件，来自黄淳浩先生处。

元，书为陈秉常藏之。”三百二十元大概不久寄给了杨树达。杨树达收款之后，将此款交给彭元瑞，并从彭元瑞处得到《管子集释》稿本。8月4日，杨树达致信郭沫若：

鼎堂先生：

惠书奉悉，七月二十八日书稿款寄到，随即通告前途，昨日彭君托人将王书稿付来。书凡二十四卷，二十三册，二三两卷共一册，书面字王老亲笔。确是昔年王世兄委托作序时见示原物，已于昨日下午包好用双号奉寄。藏主陈君现不在省，彭君为陈经手。渠为明责任，希望得一收到书稿复缄。如先生太忙，请令办公厅作一缄见告何如？拜颂

撰安

杨树达

五五、八、四

读文件知有《管集校》不久出版，想系大著，不知何时可令快读。[1]

郭沫若收到王先谦《管子集释》稿本后，于9月6日致信杨树达：

遇夫先生：

八月三日赴北戴河，昨日始返京，得读八月四日

---

① 据手迹复印件，来自黄淳浩先生处。

手札，并得王葵园《管子集解》，甚为快幸。《管子集校》一书系许维遹、闻一多遗业，余为之校补，较原稿增多一倍，现正校对中，今年或可望出版。王书来，恐又将有所增益矣。

敬礼！

郭沫若

九、六[1]

9月9日，郭沫若给尹达写信："杨树达先生已将王先谦《管子集释》稿本送来，现暂留我处，以备《管子集校》之校补。现将杨信送上，我已回信。杨信只言收到稿款，未言多少。如有必要，似可请他补写一收据。（在我看来，对这些老先生似可不必如此严格。）"[2]10月12日，郭沫若读完《管子集释》后致信尹达："王先谦《管子集解》已用毕。谨送还，此书费钱太多，用处不大。"[3]露出失望之情。

杨树达与《管子集校》之关系，不限于作为历史研究所第一所和陈秉常交易王先谦《管子集释》的中介，还对《管子集校》提供了专业意见。据《积微翁回忆录》1955年9月23日条目："访郭鼎堂。出《管子集校》校样，谈经过，赠《石鼓文研究》一册。郭生于光绪十八年壬辰，今年六十四，颇有老态。以校样见付，嘱提意见。"10月31日条目："郭鼎堂得余

① 《积微居友朋书札》第121—122页。

② 《郭沫若书信集》（下）第184页。

③ 据手迹复印件，来自黄淳浩先生处。

《管子集校校语》，复书云，当尽量采纳余所说。”[①]

三

通过不断寻找，郭沫若先后收集到17种宋明版的《管子》。在搜集《管子》版本的同时，他还搜集到自朱熹以来有关《管子》校注、研究著作近50种。仅从搜集到的版本数量和相关研究成果来说，郭沫若在资料占有上就远远超越了学界前辈。尽管郭沫若搜罗的资料早已超迈前人，但还是有一些《管子》研究的著作没有看到，他在《管子集校》中表示了遗憾。比如丁士涵《管子案》，郭沫若在“戴望《管子校正》”条目下说，该书“同治十二年刊行。收罗诸家校释，颇为繁富。丁士涵说即见此书中，丁氏专著遍求未得，恐未刊行。”[②]又如《管子》的宋刻墨宝堂蔡潜道本在清代中叶就已失传，郭沫若十分遗憾：“宋刻另有墨宝堂蔡潜道本者，清代学者，如孙星衍、黄丕烈、戴望均曾见之，其书已不知去向。”[③]“宋本有墨宝堂蔡潜道本，已不知去向。闻有影钞本，未见。”[④]

① 杨树达：《积微翁回忆录　积微居诗文钞》，上海古籍出版社2006年版，第407、410页。

② 郭沫若：《管子集校·〈管子集校〉引用校释书目提要》，《郭沫若全集·历史编》（第5卷）第27页。

③ 郭沫若：《管子集校·叙录》，《郭沫若全集·历史编》（第5卷）第5页。

④ 郭沫若：《管子集校·〈管子集校〉所据〈管子〉宋明版本》，《郭沫若全集·历史编》（第5卷）第24页。

上海学者潘景郑知晓墨宝堂蔡潜道本影抄本的下落："《管子》宋本凡二：一为绍兴二十二年瞿源蔡潜道宅刊十三行二十三字本，一为隆兴二年张嵲序十二行二十四字本。蔡本旧藏吾邑任蒋桥顾竹君家，原缺卷十三至十九，黄尧圃得之，后归汪氏艺芸书舍，汪氏书散，未知流落何处？陈硕甫先生曾据赵用贤本校录，又为王怀祖先生假钞汪本，对校之余，曾作《辩误》一卷。陈校今在涵芬楼，王氏藏本辗转归吾家。"①

郭沫若应该是主动给潘景郑写了信。6月，潘景郑将陈奂校《管子》的钞本和丁士涵《管子案》残稿寄给郭沫若，并随书附了一封信。此信尚未查找到，内容不详。郭沫若得书后十分高兴。1956年7月2日致信潘景郑：

景郑先生：

六月廿六日复书奉悉。承惠假陈奂校《管子》钞本及丁士涵《管子案》残案二种，亦已于今日到手，谢谢。二书俟细读后璧赵。专复顺致

敬礼

郭沫若

七、二②

---

① 潘景郑：《著砚楼书跋》，转引自林申清《郭沫若遗札及其〈管子集校〉》，《郭沫若学刊》2000年第3期。

② 林申清：《郭沫若遗札及其〈管子集校〉》，《郭沫若学刊》，2000年第3期。

9月9日，郭沫若将两书奉还潘景郑，并随书附了一封短信：

景郑先生：

承惠假陈奂手校《管子》抄本及丁士涵《管子案》残本，暑间曾携往北戴河校阅，以杂务牵累，未能竣事。日前始得勘校毕，谨将原书璧还，深致谢意。各书卷头曾略题数语，想当不讥为佛头着粪也。墨宝堂本颇闻有在苏联之说，如信然，日后或可得一见。专此顺颂

秋安。

郭沫若

一九五六年九月九日[①]

从信中可见，郭沫若为这两书都做了较长题跋。所题陈奂校《管子》钞本文字如下：

余为《管子集校》，收罗板本颇多，独墨宝堂宋本未见，引以为憾。此本即钞自墨宝堂本，并经陈奂手校，校录以遗高邮王氏，有钤印可证。潘君景郑远道惠假，得细阅一过，弥补遗憾，良堪感荷。原书本缺自十三卷至十九卷，黄丕烈曾据陆贻典校宋本补入，俾成全帙。此钞本即据黄所校补本，而陈复曾以

① 林申清：《郭沫若遗札及其〈管子集校〉》，《郭沫若学刊》，2000年第3期。

刘绩补注本对校。此可见前人之勤，与其用心之仔细。陈氏经校后，更以转赠王氏，曩时学者间友谊之敦厚，深可足令人感动。凡此均足师法，固不仅为学术研究增添一份善本而已。潘君实善体前修之懿行者，谨志此数语璧还，用申谢意。

郭沫若

一九五六年九月九日①

所题丁士涵《管子案》残稿，现存上海图书馆，两页。2016年，我随郭平英老师去上海图书馆查找资料，她查到了丁士涵《管子案》残稿和安正书堂《管子》，并将郭沫若的题记复制。兹录郭沫若所题丁士涵《管子案》残稿如下：

《管子案》残稿，蒙景郑君假阅，确甚可贵。稿曾经陈奂手定，稿中朱书即陈氏笔迹。戴望亦曾过目，有案语数处。然《管子校正》中所采丁说，与此稿不尽相符。有为稿本中所无者，盖采自《管子注》，惜彼书已毁，不可复见耳。稿中颇有胜义为戴所遗漏者，亦有丁误而戴亦同误者，足征戴之功力远不及丁。丁书残毁，殊可惜也。然残愈于毁，宜加倍珍护。

一九五六年九月九日郭沫若识。

① 原书未见，转引自林申清《郭沫若遗札及其〈管子集校〉》，《郭沫若学刊》2000年第3期。

郭沫若为存世《管子》题词，不止于上述两篇。在《管子集校·叙录》的第四部分，郭沫若提到上海市历史文献图书馆藏安正书堂《管子》，自注为："此书之存在，蒙叶玉华同志提示，並蒙上海市历史文献图书馆寄阅，俾得解决一重要公案，特此志谢。安正书堂本经借阅后，余曾题记其上，认为重刊本木牌墨记价值连城，自信语非夸诞。"[①]安正书堂《管子》现存上海图书馆，郭沫若题记共两页，行书竖行，长期不为学界所知。兹录如下：

我处亦有十行无注本《管子》，无前题后跋，以此本相校，款式字迹全同，唯第二十四卷末叶无"太岁癸巳孟春安正书堂重刊"木牌墨记。既云"重刊"，则安正书堂本实为无墨记本之复刻。莫友芝所见者当为无墨记本，故言"似元明间刻"。冒广生以为"稍误"者（见卷末冒跋），其实甚有见地。盖安正书堂为明刘宗器书林之堂名，其所刻书见诸著录者，最早为宏治[②]十七年（一五〇四），最迟为万历三十九年（一六一一）。冒广生云"此癸巳不知为嘉靖为万历"，信然，然亦无能断言非宏治前宪宗成化九年（一四七三）之癸巳。安正堂本既以无墨记本为母本而重刊，则在当时必已视为难得之古本，故则认

① 郭沫若：《管子集校·叙录》，《郭沫若全集·历史编》（第5卷）第9页。

② 宏治：郭沫若题记安正书堂《管子》（现存上海图书馆）原件（三处）均作"宏治"，实为"弘治"。

此无墨记本为元明间所刻，殊属妥当。安正堂本行间每有空白处，其在无墨记本则为黑印。盖无墨记本木板留下待刻之字未刻，而安正堂重刊时未为补入，且无待刻之意，故化为空白也。此点亦足证二本之先后。十行无注本之母本乃刘绩补注本，即削去其注仅为白文者（说详《管子集校》余所著《叙录》），则彼刘绩可知断非清人所拟定之宏治刘绩。余以为刘绩乃辽人，补注乃辽刻本，今又得一佳证矣。刘绩所据本当系古抄本，其文字与宋本有出入。刘绩及其补注因此安正堂本而得以定其年代，则此安正堂本之一木牌墨记可谓价值连城矣。此本或已为海内孤本，望其善珍藏之。

一九五五年五月廿六日上海市历史文献图书馆邮寄此书来京，在灯下翻阅一过，书此以召来者。郭沫若。

在这段题词中，郭沫若通过对安正堂本《管子》的考察，更加确定了他对“补注《管子》者当即辽人刘绩”[①]的判断。

此外，我2018年在广州参加鲁迅纪念馆主办的中国博物馆文学专业委员会年会时，得以见到臧伟强先生的藏品，其中有郭沫若在致马非百的信中提到的民国时期商务印书馆出版的石一参的《管子今诠》。这本书上恰好有郭沫若的题词：

---

① 郭沫若：《管子集校·叙录》，《郭沫若全集·历史编》（第5卷）第7页。

此书甚为独断，任意割裂原文，点窜字句，可取之处甚少。

郭沫若 一九五五年一月得此。

四

《管子集校》1956年在科学出版社出版后，曾经引起争议。郭沫若在《叙录》中认为：“《管子》板本，今所能见者，以宋杨忱本为最古。”“杨忱本载有张嵲《读管子》，文中有‘绍兴己未’，即宋高宗绍兴九年（公元一一三九年），而杨忱《序》题记‘大宋甲申’。考绍兴己未之后，宋孝宗隆兴二年（公元一一六四年）为甲申，宋宁宗嘉定十七年（公元一二二四年）为甲申，再次一甲申则为元世祖二十一年，南宋之亡已五年矣。此只题‘大宋’而不题年号，当为元世祖二十一年之‘甲申’无疑。《序》中特重尊王攘夷之义，正寓有亡国之痛。书盖开刻于宋亡之前，而序则草成于宋亡之后，仍目为‘宋本’，固无不可。”[①]也就是说，郭沫若认为杨忱应该是宋末元初人。

1957年4月25日，《光明日报·史学》第106号刊载朱理惺、黄明合著的《关于杨忱和杨刻〈管子〉的问题——读郭老〈管子集校·叙录〉后记》，对于杨忱的生活时代提出了和郭沫若不一样的观点。当天，郭沫若给《光明日报·史学》编辑

① 郭沫若：《管子集校·叙录》，《郭沫若全集·历史编》（第5卷）第4、5页。

部写了一封信，不同意朱理惺等人的观点：

> 他们认为序管子的杨忱可能即是北宋的大理寺丞杨忱。这的确是一个揭发。但问题是古今人同姓同名之例颇多，例如补注管子的刘绩，在典籍中就可以找到四位。朱、黄两先生无疑也注意到了这一点，他们所下的结论是很审慎的。他们是在“如果可以设想这个杨忱就是刻管子并且写了序文的那个人”的悬拟之下进行推断的，因而在推断中也就包含着了两个“似乎”的字眼。
>
> 真的，如果“刻管子并且写了序文”的杨忱就是死于北宋嘉祐七年（1062）的那个杨忱，而书后却收进了文中有“绍兴己未”（1139）字样的南宋张嵲《读管子》，那倒真是有点不可思议了。
>
> 在我看来这也是同姓同名的一例，不必即是一人。如果确是一人，也可以这样设想：是“绍兴己未”以后的书贾杂收了杨忱序和张嵲文。但如果这样，板本究竟是何时刻的，也就无法断定了。
>
> 关于杨忱其人的问题，上海复旦大学王欣夫先生也注意到了。他有一篇文章我曾经看过，不久可能在《学术月刊》上发表。他在朱、黄二先生的引证之外，还从板心刻工姓名上找出了另外一些证据，即是刻工姓名多与其他宋板刻工姓名相同。这证据看来是更充实的，但我依然怀疑。因为根据王先生的揭发，我更疑心刻工姓名是堂号而不是每一个人的专号。

> 板本问题，我看最好还是暂时寄放着，听其并存吧。我说“书盖开刻于宋亡之前”，本有一个“盖”字，我自己也并非视为定论。即使杨忱序的管子果真刻于南宋初叶，和我的揣想相差仅140年左右。寿命长的人仅仅经历了一代而已。[①]

郭沫若虽然不同意朱理惺等人的观点，但对自己的观点也不十分确定，在材料不足的情况下，他暂时存疑，这体现了他治学的严肃态度。

① 郭沫若：《一封信》，1957年5月9日《光明日报》。

“《蔡文姬》应该说是一部集体创作”

一

郭沫若纪念馆保存有一封未曾付邮的信。这封信是郭沫若写给周恩来的，谈到了历史剧《蔡文姬》的创作缘起：

总理：

一月廿六日陪墨西哥客人到广州后，因孩子们在春假中到了广州，我便留下把剧本《蔡文姬》写出了。二月三日动笔，九日晚脱稿。兹寄上清样本五册，请饬交陈总和周扬同志各一册。如有暇审阅，请提示意见，不日回京后再修改。这个剧本是通过蔡文姬替曹操翻案。这个主题是根据主席和您的提示。去年十一月有一天晚上我们在鸿宾楼吃晚饭，陈总亦在座。我坐在您的旁边，您曾向我说，不妨写一个剧本替曹操翻案。案是翻了，但翻得怎样，有待审定。立群来沪就医后，比在北京时似乎好些，但仍时有波动。拟明日乘车北上，打算在曲阜和济南参观一二日后即返京。

敬礼！

郭沫若

一九五九年二月十六日夜[①]

---

① 据手迹复印件，原件藏郭沫若纪念馆。蔡震《四时佳气永如春》（2016年2月16日《中国社会科学报》）曾披露。

郭沫若提到的“主席”的提示，指的应该是在1957年11月，郭沫若与毛泽东、胡乔木等人共进晚餐。毛泽东说：“诸葛亮用兵固然足智多谋，可曹操这个人也不简单。唱戏总是把他扮成个大白脸，其实冤枉。这个人很了不起。”[①]周恩来也对这个话题有兴趣，所以在1958年11月建议郭沫若“不妨写一个剧本替曹操翻案”。这引起了郭沫若的高度重视。1958年12月，郭沫若开始酝酿话剧《蔡文姬》的创作。

1959年1月7日，针对胡适、郑振铎、刘大杰等人在文学史中所认定的《胡笳十八拍》非蔡文姬所作的观点，郭沫若写作了《谈蔡文姬的〈胡笳十八拍〉》进行驳论。他认为，无论从这首诗的风格，还是思想感情上来说，都是可能出现在汉末的，而且朱熹等人都承认这是蔡文姬所写，郑振铎、刘大杰的怀疑是没有道理的。郭沫若坚决相信《胡笳十八拍》“一定是蔡文姬作的，没有那种亲身经历的人，写不出那样的文字来”。他高度评价这首诗：“那是多么深切动人的作品呵！那象滚滚不尽的海涛，那象喷发着融岩的活火山，那是用整个的灵魂吐诉出来的绝叫。”“实在是一首自屈原的《离骚》以来最值得欣赏的长篇叙事诗。”[②]

1959年2月3日至9日，郭沫若花了7天工夫，在广州完成了《蔡文姬》剧本初稿。剧本以曹操派人从南匈奴将蔡文姬迎接回汉朝撰述《续汉书》为情节线索。第一、二幕场景

① 李越然回忆、权廷赤整理：《外交台上的中国领袖》，解放军出版社1989年版，第157页。

② 郭沫若：《谈蔡文姬的〈胡笳十八拍〉》，《郭沫若全集·文学编》（第8卷），人民文学出版社1987年版，第98、97、96页。

设置在南匈奴，围绕蔡文姬的去留问题展开矛盾冲突。蔡文姬是著名学者蔡邕的女儿，多才多艺，尤其擅长赋诗弹琴，她因为汉朝战乱被左贤王带到南匈奴，为左贤王生下了一儿一女。如今曹操派遣使臣来接她归汉。单于和右贤王都同意了。蔡文姬希望带回儿女，但左贤王执意不肯。曹操使臣董祀向蔡文姬说明了曹操和好匈奴、广罗人才、力修文治的政策，藏于屏围后面的左贤王才明白这并不是来宣扬武力的，于是和董祀结成生死之交，并痛快地催促蔡文姬归汉。第三幕在长安郊外，蔡文姬在蔡邕墓畔悲伤过度，董祀劝她要以天下人的哀乐为哀乐。第四幕在邺下。副使周近向曹操状告董祀，说董蔡二人在归汉途中深夜相会，行为不检点，且董祀将朝廷命服及曹操所持佩剑赠给左贤王，这层关系不明不白。蔡文姬向曹操说出了实情，曹操追回杀董祀的命令，给董祀加官晋爵。第五幕距离第四幕已有八年了。左贤王战死，两个孩子终于回到汉朝与蔡文姬团聚，曹操将蔡文姬许配给董祀。剧本随着情节的发展穿插进《胡笳十八拍》的诗句，充满了浓郁的诗意。

从郭沫若致周恩来的信可以看出，《蔡文姬》的主题是替曹操翻案。郭沫若也曾明白表示："我写《蔡文姬》的主要目的就是要替曹操翻案。曹操对于我们民族的发展、文化的发展，确实是有过贡献的人。在封建时代，他是一位了不起的历史人物。但以前我们受到宋以来的正统观念的束缚，对于他的评价是太不公平了。""曹操对当时的人民是有过贡献的，对民族的发展和民族文化的发展也是有过贡献的。""人民是最公正的。凡是有功于人民的人，人民是会纪念他的。”[1]在这个剧本中，曹操用重金将蔡文姬从匈奴赎回来，让她继承父亲的志业，帮助撰述《续汉书》，体现了雄才大略的君主气魄。

但剧本对于曹操的文韬武略多从董祀等人的口中侧面刻画。而该剧的主要人物并非曹操，而是蔡文姬。后来郭沫若在观看该剧首演时，一边流泪一边说：“蔡文姬就是我啊。”剧本中最有意味的是第三幕蔡邕墓畔蔡文姬和董祀的对话。蔡文姬在归途思念孩子，形容憔悴。她深夜弹琴唱歌：

> 我与儿呵各一方，
> 日东月西呵徒相望，
> 不得相随呵空断肠，
> 对萱草呵忧不忘，
> 弹鸣琴呵情何伤？

董祀听到歌声后，劝说蔡文姬。他认为现在天下太平、鸡犬相闻、锋镝不惊，“几年前有多少人流离失所，妻离子散，你不曾替他们悲哀，而你现在却只怀念着你一对平安无事的子女。你的心胸为什么那样狭窄呢？”“请你把天下的悲哀作为你的悲哀，把天下快乐作为你的快乐，那不是就可以把你个人的感情冲淡一些吗？”蔡文姬从董祀的话中惊醒：“你的话说得真好，这对于我要算是起死回生的良药”，“我今后要听你

---

① 郭沫若：《蔡文姬·序》，《郭沫若全集·文学编》（第8卷）第4、8页。

的话，尽量减少个人的悲哀”。

郭沫若在《蔡文姬》的《序》中说：“其中有不少关于我的感情的东西，也有不少关于我的生活的东西。不说，想来读者也一定觉察到。在我的生活中，同蔡文姬有过类似的经历，相近的感情。”①郭沫若在写这个剧本时，想起了他20多年前“别妇抛雏”的往事。为了抗战建国，他悄悄离开安娜和5个孩子，乔装回到国内。后来婚姻发生变故，他跟安娜和5个孩子再也不能在同一个屋檐下生活了。他内心深处对他们充满了愧欠，这种愧欠并没有随着时光的流逝而减淡。但另一方面，祖国建设事业蓬勃发展，作为在科学文化战线上担当重任的郭沫若，又岂能陷入儿女情长不能自拔呢？蔡文姬听从董祀的劝告，从个人悲情中醒悟过来，这也是在社会主义建设时代郭沫若对个人情感的压抑和升华。

2月17日，郭沫若给《收获》主编巴金、靳以写了一封短笺：“剧本清样已印出，谨请审阅。”②这个剧本正是《蔡文姬》。2月13日，《蔡文姬》初稿完成后第四天，郭沫若就来到上海。2月14日，他约《收获》主编巴金、靳以谈《蔡文姬》，决定将《蔡文姬》交《收获》发表。2月17日向两位主编送剧本清样，就是履行承诺。

郭沫若给周恩来的信写在送剧本清样的前一天。但写好后发现《蔡文姬》打印稿错字太多，他还要留待修改，于是

① 郭沫若：《蔡文姬·序》，《郭沫若全集·文学编》（第8卷）第3页。

② 《郭沫若致巴金、靳以》，《中国现代文学馆馆藏珍品大系·信函卷》（第1辑），文化艺术出版社2009年版，第97页。

信和稿子都没有寄出去。他花工夫做了仔细修改。2月20日，郭沫若回到北京。21日，他将《蔡文姬》打印稿分送周恩来、陈毅、周扬，并写信请他们提意见。只是这些信件我尚未查找到。

二

1959年2月21日下午，郭沫若约请北京人民艺术剧院负责人曹禺来家谈《蔡文姬》。在这一过程中，郭沫若又修改了剧本。北京人民艺术剧院拿到剧本准备排演，由北京人民艺术剧院第一副院长兼总导演焦菊隐担任导演。“接到了剧本，用我们的行话来说，导演便开始了‘艺术构思’。剧中潜藏着的浓厚的诗情画意，剧中人物深刻复杂的内心世界的变化，作家澎湃如潮的热情，一再激发着导演的创造幻想。”“为了把《蔡文姬》排演成一个别具风格的优秀剧目，在党组织和导演焦菊隐的领导下，我们掀起了一个学习历史、地理、文学以及古代人的生活习惯、古代人的绘画、雕刻的热潮。这一切都为排演工作打下了坚固的基础。”①

3月1日。郭沫若致函曹禺、焦菊隐，指出《蔡文姬》中需要修改的四处。

① 李醒：《〈蔡文姬〉排演琐记》，1959年6月2日《文汇报》。

曹禺、菊隐同志：

剧本有四处，须改正如下：

	误	正
1. 17页倒5、6行	你看，他公然自名为冒顿……	（删去）
2. 17页倒4行	是他自己命名的吗？	他命名为“冒顿”，是有用意的吗？

3. 27 页 1、2 行之间加入如下两小节：

（文姬忽然昂头怒目，四向盘旋，放声大呼：“天呵，你是有眼睛的吗？上帝呵，你是存在的吗？你为什么这样折磨我们！？”返复数遍。）

（胡儿关心其母，但须照顾赵四娘，处于两难之中。赵四娘问胡儿：“伊屠知牙师，你快去扶着你母亲！”胡儿奔赴母侧，加以扶持。胡女号哭。）

4. 51 页倒 5 行“错误是人所难免的。”下加一句：“我也犯过不少错误。”

郭沫若

三、一①

由于我没有查找到《蔡文姬》的最初稿本，因此不能对照比较。但在1959年发表在《收获》第5期的版本（下文简称《收

① 《郭沫若书信集》（下）第277—278页。

获》版）和文物出版社1959年4月[1]出版的初版本（下文简称初版本）中，这几处都改过来了。

3月5日下午，郭沫若与曹禺谈《蔡文姬》，并同到萃华楼共进晚餐。3月11日，郭沫若作《跋〈胡笳十八拍〉画卷》，指出南京博物院的这幅画卷"由其风格觇之，或系临摹宋人画本"，"所画匈奴习俗及山川风物，纯出于想像，不必有何确凿根据"。画后所附《胡笳诗》，"盖据郭茂倩《乐府诗集》，字句多夺佚"。[2]考释画卷对于剧本很重要，因为剧本中的人物衣冠、风俗习惯、地貌风物，除了从文献上参考外，另外一种重要参考就是传世画作和出土文物。很多传世画作真伪难辨，年代难考，郭沫若在这方面下了很大一番功夫。

3月14日，郭沫若完成《替曹操翻案》。当时，农民起义成为史学研究的热点，农民起义领袖被认为是推动历史前进的英雄人物。郭沫若需要解决曹操跟黄巾起义的关系，以及由曹操发动的民族战争和民族融合的问题。《替曹操翻案》开篇便说："曹操打过东汉末年的农民起义军——黄巾，这是历史事实。这可以说是曹操一生中最不光采的一页。"但曹操打败黄巾起义后，改编起义队伍，实行屯田政策，使这些农民出身的起义者有了粮食和土地，能够活下去，从而客观上实现了起义的目的。此外，"曹操平定乌桓是反侵略性的战争，得到人民的支持"；"关于曹操杀人问题，应该根据历史事实重新考

① 该剧5月1日才定稿，文物出版社署4月，可能是将日期往前署了，而实际出版日期在5月之后。

② 郭沫若：《跋〈胡笳十八拍〉画卷》，1959年3月29日《光明日报》。

虑”；“曹操对于民族的发展和文化的发展有大的贡献”。所以郭沫若认为，“曹操冤枉地做了一千多年的反面教员，在今天，要替他恢复名誉”。[①]

对于三国人物的翻案，郭沫若从抗战时期就开始了。1943年，郭沫若写了《论曹植》。自钟嵘以来，历代都有很多人对曹丕持批评意见，而对曹植却抱有较多的同情。郭沫若却认为曹植恃宠骄纵、自尊自大、目中无人，而曹丕多才多艺、同情人民、虚怀若谷。曹植在政治上“只是出于一味的私心，以一家一姓的安全为本位，实在是最庸俗不堪的陋见”[②]；而曹丕“如令宦人为官不得过诸署，禁母后预政，取士不限年资但纠其实，轻刑罚，薄赋税，禁复仇，禁淫祀，罢墓祭，诏营寿陵力求俭朴等等，处处都表示着他是一位旧式的明君典型”[③]。即便在文学上，曹植虽然作品多，“然而抒情化、民俗化的过程在他手里又开始了逆流。他一方面尽力摹仿古人，另一方面又爱驱使辞藻，使乐府也渐渐脱离了民俗。由于他的好摹仿，好修饰，便开出了六朝骈丽文字的先河。这与其说是他的功，毋宁是他的过”[④]；而曹丕“是文艺批评的初祖。他的诗辞始终是守着民俗化的路线。又如他的《燕歌行》二首纯用七言，更是一种新形式的创始。特别是他的气质来得清，委实是陶渊

---

① 郭沫若：《替曹操翻案》，《郭沫若全集·历史编》（第3卷），人民出版社1984年版，第457、463、465、470、474页。

② 郭沫若：《论曹植》，《郭沫若全集·历史编》（第4卷），人民出版社1984年版，第125页。

③ 郭沫若：《论曹植》，《郭沫若全集·历史编》（第4卷）第126页。

④ 郭沫若：《论曹植》，《郭沫若全集·历史编》（第4卷）第130页。

明一派田园诗人的前驱者”[1]。所以在《蔡文姬》中，曹植并没有出场，而曹丕却作为曹操身边敢于进言、持重正派的形象出现了。

《替曹操翻案》写出两天之后，郭沫若完成了《再谈蔡文姬的〈胡笳十八拍〉》。他从丁廙《蔡伯喈女赋》和曹丕的同题残文中，判定了蔡文姬的年龄和《胡笳十八拍》的真实性。

1959年3月17日，郭沫若再次致函正在负责排练《蔡文姬》的曹禺、焦菊隐：

曹禺、焦菊隐同志：

《蔡文姬》中“杨训”一角请改名为“周近”。凡说白中提到“杨司马”的地方均请改为“周近司马”。

此致

敬礼！

郭沫若

三、十七[2]

从这封信可以看出，在最初的稿本中，担任反派角色的是“杨训”，直到《蔡文姬》已经开始排练的3月17日，郭沫若才将其改为“周近”。

① 郭沫若：《论曹植》，《郭沫若全集·历史编》（第4卷）第130页。
② 《郭沫若书信集》（下）第279页。

3月24日，郭沫若到北京人艺看《蔡文姬》一、二幕排练。5月1日，郭沫若完成了《中国农民起义的历史发展过程——序〈蔡文姬〉》，文章在肯定曹操贡献的同时，也指出了曹操的缺点。差不多同时，他收到了朋友们对于《蔡文姬》的修改意见。5月2日，郭沫若致信阳翰笙、田汉、曹禺、焦菊隐、周扬：

翰笙、寿昌、曹禺、菊隐各位同志并转周扬同志：

您们改的剧本，我仔细斟酌了几遍，认为改得很好。我很感谢您们。

特别是以下几点，我觉得改得特别好。

①把呼厨泉单于的性格改来和右贤王去卑有别，很好。

②对周近的处理，让蔡文姬来讲情，加以宽宥，使得面面圆到。

③第五幕让蔡文姬说出在三年前早已知道左贤王的壮烈之死，而感到哀痛，三年后心境平复了，改得很好。

④《贺圣朝》一诗改为《重睹芳华》（这是我改定的名称），不仅更富有诗意，而且和全剧情调更合拍。

这些都改得很好。当然其他的删改都好或都有必要，您们费了苦心的。凡所删改，除极少处无关宏旨的地方，我都尽量采纳了，只是在笔调上略略修改了一些，以求全剧笔调和风格的统一。

有几处我觉得可以商量，维持了原状。

①曹操对周近提到亲自南下、征讨孙刘那一节，我觉得以不加为佳。因赤壁之战，曹操南下是在建安十三年十二月，比剧中情事早八个月，那样的军事行动，曹操是深谋远虑的人，不会对一位屯田司马（县令下的小官）先行透露。

②关于赵四娘之死的那一节，我觉得不好让赵四娘自己说“已经把你们抚养大了，……我死也瞑目了”，事实上胡儿还是童子，胡女还只十来岁。让赵四娘自夸自赞，也觉得有损这个性格。所以未采纳。

《重睹芳华》一诗，寿昌改得好，但我把字句又调整了一番。原辞中的“周公”可能又使人发生某种联想，所以我改成了“宰辅”。

其它我就不必一一叙述了。请您们再斟酌一下吧。

我已把改本分交收获社和文物出版社。因为我不日出国，如您们还有大的改动就请直接通知二社。如果改动不大，我看出版本和舞台本是可以有些不同的，似乎可以让它们出版了。

敬礼！

郭沫若

五月二日[1]

① 《郭沫若书信集》（下）第282—283页。据《郭沫若研究》第二辑校订。

这封信很重要，说明当时文化界和戏剧界的主要人物，包括中宣部副部长、中国作家协会副主席周扬，全国文联秘书长阳翰笙，中国剧协主席田汉，北京人民艺术剧院院长曹禺，北京人民艺术剧院副院长焦菊隐，都参与到《蔡文姬》的修改之中。所以郭沫若曾说“这部《蔡文姬》应该说是一部集体创作”①。

《贺圣朝》在剧本的临近结尾部分，起着点题的作用。这首诗改为《重睹芳华》，涉及全剧主题的变化。虽然我没有看见原稿，但当时参与排演的欧阳山尊在文章中详细说明了这一改动。郭沫若《贺圣朝》原诗如下：

天地再造呵日月重光，
扫荡兼并呵诛锄豪强。
乌丸内附呵匈奴来王，
武功赫赫呵文采泱泱。
万民乐业呵四海安康，
渡越周秦呵遐迈夏商。
哲人如天呵凤翥龙翔，
天下为公呵重见陶唐。

这首诗是对曹操的评价，导演和演员在排演过程中觉得不是很妥当。“想通过《蔡文姬》这个戏来给曹操作出全面的

① 郭沫若：《蔡文姬·序》，《郭沫若全集·文学编》（第8卷）第12页。

鉴定和全面地为他翻案，是不可能也不需要的。剧名既是《蔡文姬》，就仍应以文姬这个人物为主，描述象她这样多才多艺的女子，经过了由乱入治的年代，最后找到了发挥才智的机会和幸福的生活的悲欢离合过程。至于要不要替曹操翻案，怎样翻和翻到什么程度这些问题，则应让历史学家和学术界的同志们通过争鸣来解决。因此，对于剧中一些对曹操过分歌颂的词句（包括《贺圣朝》），就须要进行一些削弱和删改。”[①]演制组把这一意见告诉了郭沫若，郭沫若同意他们的观点，但他要出国参加重要会议，他亲自改来不及了。演制组改了一些词句，至于这首诗，在他们看来，也必须要改的，于是请田汉重写一首。田汉很快就写出来了：

丁年出塞呵泪洒琵琶，
一十二载呵毡帐寒沙。
巍巍周公呵吐哺握发，
明珠赎我呵重睹芳华。
思儿念女呵声咽胡笳，
所幸今日呵胡汉一家。
天下儿女呵皆我娇娃，
春风吹花呵红遍天涯。

郭沫若回国后，演制组把这个修改本请他审阅。他在给演

① 欧阳山尊：《从〈贺圣朝〉到〈重睹芳华〉》，1959年5月24日《文汇报》。

制组的上述信件中称赞田汉改得好，但觉得个别字句还需要调整，尤其是周公容易让人想到周恩来。于是，他不仅在剧中把这首诗的名字从《贺圣朝》改为《重睹芳华》，而且还对该诗做了较大的修改：

妙龄出塞呵泪湿鞍马，
一十二载呵毡幕风沙。
巍巍宰辅呵吐哺握发，
金璧赎我呵重睹芳华。
抛儿别女呵声咽胡笳，
所幸今日呵遐迩一家。
春兰秋菊呵竞放奇葩，
熏风永驻呵吹绿天涯。

当天，郭沫若还给曹禺、焦菊隐写了一封信。

曹禺同志并转焦菊隐同志：

刚才谈到的剧本45页蔡文姬的台辞中所增加的几句（左贤王赞成她回来撰修《续汉书》云云），仍请保留。但在第三行曹操的台辞中“蔡文姬夫人”下请加下面几句话，这样就把文姬归汉的任务更突出了。

“我们迎接你回来的用意，正是你所说的那样，大家都期待着你能够回来，帮助撰修《续汉书》。你知道，这是你父亲伯喈先生的遗业呵。就跟前朝的曹大家班昭继承了她父亲班彪的遗业，帮助她哥哥班固撰修《前汉书》一样，你也应该继承你父亲的遗业，帮助撰修《续汉书》。这件事，我们改天再从长商议。现在，我看你是太疲劳了。”

敬礼！

郭沫若

五、二[1]

给曹禺转焦菊隐的信中所增加的那段在第四幕之中，从这封信推断，当天稍早些时候，郭沫若给曹禺、焦菊隐还有一信谈《蔡文姬》修改，只是现在这封信我还没有找到，因此不能做出分析。

《收获》版和初版本的全剧末尾均署写作时间为“一九五九年二月九日脱稿于广州　一九五九年五月一日定稿于北京”。而上述两封信中所谈到的修改，在《收获》版中就已经有了。有可能是郭沫若已经在5月1日的最后定稿中加上了这段文字，但第二天才写信告诉曹禺、焦菊隐等人他所做出的修改。也有可能他是在5月2日做出修改，但日期署成了5月1日。

5月21日，《蔡文姬》作为向国庆十周年献礼节目由北京人民艺术剧院在首都剧场公演，67岁的郭沫若流着泪看完了演出。5月24日，郭沫若致信导演焦菊隐：

① 《郭沫若书信集》（下）第280页。

焦菊隐同志：

《蔡文姬》五幕第一场谈到赵四娘之死的地方，想添改几句：

加上这几句——

胡女：她在前年的夏天，得了伤寒症，死了。

文姬：（惊愕）她死了？

胡女：是的，她死了。前年夏天是我先得了伤寒症，四姨婆衣不解带地照拂我。我好了，四姨婆就病倒了。大家都说，是我的病传给了四姨婆，四姨婆是为我而死的。

这里略有修改——胡儿：四姨婆临死时对我说："妹妹还小，……"

加上这一句——文姬：四姨婆为你们真是献出了自己的性命，（淌下眼泪），是我没有尽到责任。

有朋友提意见：终场时，大家喊了"千秋万岁"之后即可闭幕，舞队不必再起舞。请考虑。

又有人说：舞者都换成女的，似乎更好一些。因铜雀台歌舞伎是女的。亦请考虑。

敬礼！

郭沫若

五、廿四[1]

第二天，郭沫若再次致信焦菊隐：

① 《郭沫若书信集》（下）第284—285页。

焦菊隐同志：

第五幕董祀与卞后之间没有交代。在曹操及卞后等将下场之前请加几句。在“董中郎，你也陪着谈谈”之下加入

“（忽有所悟）好，你来见见我的夫人。（向卞后介绍）这就是长安典农中郎将董祀。

董祀：（向卞后敬礼）董祀恭候王后万福！

卞后：（答礼）辛苦了。你就请留下吧，改天我们再请你谈谈长安的风土民情。

董祀：是，遵命。”

郭沫若

五、廿五[①]

这两处，都是《收获》版和初版本中所没有的，1978年2月，《沫若剧作选》在人民文学出版社出版时，将这两处修改都添加了进去。

5月29日，《人民日报》发表评论说：

剧本在描写她的悲剧感情上，有着深刻的感人力量。扮演蔡文姬的朱琳，通过蔡文姬所作《胡笳十八拍》的经过，以及她归汉后求见曹操维护被陷害的董祀的正义行动，比较完美地塑造了这个女诗人的形象。此外，整个演出，在向戏曲传统学习上作了新

① 《郭沫若书信集》（下）第286页。

的尝试。舞台形象的创造，和音乐的配合，也都是优美的。最近中国戏剧家协会和北京市文联邀请首都文艺界座谈话剧《蔡文姬》，大家认为《蔡文姬》的演出，非常激动人心，但也有些同志认为，剧本写文姬归汉的理由还不够充分。[①]

6月2日，《文汇报》刊发文章评论《蔡文姬》：

首先从剧本分析，作者发挥了高度的想象力，信手拈来，指挥如意，使用历史资料，随心所欲，左右逢源，但却如“杜少陵诗，无一字无来历”。同时，作者一面坚定了为曹操翻案的历史观点，一面又深切切合当前民族政策，予人以一定政治感染。在这些方面，也完全体现了厚古薄今的时代精神。总观全剧，就是一首感情非常充沛，用意温柔敦厚，风格却又瑰丽美婉，体裁则是洋洋洒洒的长诗。至于舞台画面色调的和谐古艳，那又是一幅唐、宋名家画的著色《文姬归汉图》。它凌驾了过去的《虎符》，向前跃进不止一大步。而好处更在从神韵上从形象上无论巨细都在继承着古典戏曲的民族传统。并有所发扬。[②]

① 黎西：《郭沫若的新作〈蔡文姬〉》，1959年5月29日《人民日报》。

② 景孤血：《写在看话剧〈蔡文姬〉后》，1959年6月2日《文汇报》。

1959年6月21日，郭沫若再一次观看《蔡文姬》的演出，当天给导演焦菊隐写信：

焦菊隐同志：

今天看了《蔡文姬》的日场，想到几点意见，提供您考虑。

①第四幕第一场曹丕写好饬令之后，可照饬令念一遍，再递交曹操签署。

②同幕第二场，曹操签署之前，不妨再念一遍，或仔细看一遍，再签署。因二令均与人命有关，在舞台处理上慎重些，较为合理。

③第五幕闭幕时有舞无歌，仍嫌寂寞，似可把“春兰秋菊”以下四句重唱一遍。

敬礼！

郭沫若

六、廿一[①]

这些地方涉及演出的实际效果，可见郭沫若对于演出也比较在行。1959年11月5日，当《蔡文姬》演出到一百场时，郭沫若致信北京人民艺术剧院曹禺等人，表达了他的感谢：

曹禺、焦菊隐、欧阳山尊、赵起扬同志：

多谢您们亲切的来信，《蔡文姬》今晚已演到第

① 《郭沫若书信集》（下）第287页。

一百场，我也同样感受到高度的愉快。

这样的成绩是您们和全体演员同志、全院工作同志，在党的总路线光辉照耀之下，鼓足干劲、力争上游的结果，我应该向您们致衷心的祝贺。由于同志们的努力使我也分享到荣幸，我应该向您们致衷心的感谢。

我今晚因为要招待科学院的苏联和兄弟国家的专家，共同纪念十月革命四十二周年，恐不能分身前来和各位同志见面，但我很愿意亲自见到您们。

祝您们都健康，并祝全体演员同志及全院工作同志由一个胜利获得更大的胜利！

郭沫若

十一、五[1]

从围绕《蔡文姬》的书信可以看出，在演出过程中，北京人民艺术剧院和郭沫若保持密切合作，不断改进《蔡文姬》的剧本质量和舞台效果，获得了很大的成功。正如当时的观众所说："看了北京人民艺术剧院演出郭沫若同志写的《蔡文姬》，这真无愧是大手笔。剧本好、导演好、演员好，包括服装、布景等在内，看过之后，无论是从学习、欣赏的角度上，都使人如入宝山、虚往实归。"[2]通过郭沫若和演职人员的共同努力，《蔡文姬》最终成为北京人民艺术剧院的保留剧目。

---

① 《郭沫若书信集》（下）第302页。

② 景孤血：《写在看话剧〈蔡文姬〉后》，1959年6月2日《文汇报》。

值得一提的是，天津市京剧团杨两明、张胤德将《蔡文姬》改编成了京剧，在改编过程中得到了郭沫若的指点。改编本于1960年7月在北京宝文堂书店出版。《前言》写道："郭沫若同志的话剧《蔡文姬》，由北京人民艺术剧院在1959年演出以后，极受欢迎，一时满城争谈《蔡文姬》。我们看过了演出之后，觉得这个抒情诗剧，盛情奔放，语言铿锵，观众不自觉地被带进了诗的境界。导演和演员在剧本处理和人物的塑造上，采用了传统的戏曲表演方法，更加深了诗的意境，因此产生改编《蔡文姬》的动机。""写完后，寄给郭沫若同志看。郭沫若同志在百忙中抽暇看了一遍，并提出了宝贵意见。指出了一些缺点，修改了某些不恰当的词句，这给我们很大鼓舞。"此外，鉴于改动较多，郭沫若还建议他们不必标明"约略依据原著改编"的字样。[①]

① 《前言》，《蔡文姬》，北京宝文堂书店1960年版。

《武则天》的创作与修改过程

一

1959年6月29日，郭沫若离开北京赴河南、山西、陕西三省，开始为期两个星期的考察。7月1日，郭沫若到洛阳考察龙门石窟、白马寺等地。龙门石窟西山南部有奉先寺石窟，郭沫若在这里有新的发现：

> 奉先寺木建部分已毁，唯雕像尚完整。岩上刻有《大卢舍那象龛记》，乃开元十年（公元七二二年）所刻。其文有云“以咸亨三年（公元六七二年）壬申之岁四月一日，皇后武氏助脂粉钱二万贯。……至上元二年（公元六七五年）乙亥十二月卅日毕功”。案咸亨三年，武后年四十九岁，助脂粉钱建雕像，较之清慈禧太后以海军费建颐和园者，有上下床之别。[①]

这个发现让郭沫若很开心，他写了一首《访奉先寺石窟》，咏道：“武后能捐脂粉费，文章翻案有新篇。”[②]此

① 《郭沫若全集·文学编》（第4卷），人民文学出版社1984年版，第46页。

② 郭沫若：《访奉先石窟》，《郭沫若全集·文学编》（第4卷）第38页。

后，他开始酝酿话剧《武则天》。

酝酿期间，郭沫若曾致信吴晗讨论武则天。11月12日，吴晗复信郭沫若：

关于武则天的谈话，因为《戏剧报》硬催，只好硬着头皮去谈。其实没有读过什么书，也没有准备，只凭过去谈过的东西，凭印象乱谈一场。承夸奖，只好向你老实坦白。

工作计划是有的，只是没有开始。

我想，把两唐书、《资治通鉴》关于武则天的记载（包括有关列传的记载），统统辑在一起，按年编列。

再进一步把唐人笔记、文集的有关材料，以至宋元明清的都分别年代附入，搞成一个长编。

按年代编列是有重要意义的，因为据我的印象，唐人骂武则天的少，颂扬的多，而宋以后，由于礼教作祟，便骂的多了。

从当时当地的人的看法来评价武则天，要比戴了有色眼镜的人的看法更近真实一些。

这么想，但一时动不了手。一，因为最近身体坏了，睡不了觉，有点恍恍忽忽。二，正在搞《李朝实录》中之中国史料，几百万字的大书，随看随付印，每本都要自己最后覆看，腾不出手。三，我是个单干户，没有助手。这些事不能我在政府工作的秘书做。袁震同志可以帮我做，但她这一时期也陷在《李朝实录》中了。因此，只好再等个个月，把这件工作结束了，才能动手搞这个。

书过去读过不少，事情也知道不少。翻开看如对故人，很熟，但不翻看，就记不起来了。因此，很抱歉，不能介绍什么资料。

相信再过半年，我可以把这本长编送给你指教。

国内研究武则天的人，没有听说过。两周前到天津南大讲了几次，也谈到武则天。会后他们说，今后敢讲武则天了，原来去年，他们是不敢讲的。

由此可见这一问题必须研究清楚。我希望你能挂帅，号召一下，我可以作些具体工作。

还有，南大也迫切要求你能去讲一次，打打气，要我转达。

旬日后可能到外地休养，到西安看看半壁坡，再到成都，桂林，能睡了就回来。[①]

吴晗关于《武则天》的谈话，指发表在《戏剧报》1959年第20、21期上的《历史真实与艺术真实》。这篇文章是中国戏剧家协会和北京市文联于1959年10月16日联合举办的越剧《则天皇帝》座谈会记录。记录包括吴晗、尚钺、翦伯赞、吕振羽四人的发言。越剧《则天皇帝》由吴琛、王文娟、孟云棣创作，上海越剧院二团于1959年6月首演于上海艺术剧场。演出后受到文化界的高度关注。吴晗在座谈会上谈了三个问题：“一、历史与历史戏剧的关系；二、武则天的历史地位；三、

---

① 据手迹影印件，藏郭沫若纪念馆。

关于《则天皇帝》这部戏。”他认为历史剧应该遵循“历史真实”，现实主义与浪漫主义相结合；他肯定武则天的历史地位；认为《则天皇帝》是部好戏，但是，“有矛盾，但没有高潮”，“戏太平”[①]。从吴晗回信来看，吴晗计划研究武则天。半年后，吴晗在读完郭沫若的《武则天》后说：“本来，我正在研究武则天，用充分的史实肯定武则天在历史上的地位。这个工作牵涉面很广，引用史料很多，得要几个月工夫才能完成。”[②]吴晗认为为武则天编长编很有意义，这一工作由他的夫人袁震完成了。1960年9月24日，吴晗兑现了承诺，给郭沫若写信：“袁震同志写的《武则天年谱》，送上请教正。”“她化了七个月时间才写成初稿。因为武则天统治了四十五年，私事和国事是不可分的，特别是在边疆问题方面，牵涉较多，也最费力气。”“乞拨冗指示。”[③]吴晗希望把武则天研究清楚，并提出由郭沫若“挂帅，号召一下”。郭沫若当仁不让，写下了话剧《武则天》。

吴晗提到的研究武则天的参考书，郭沫若也进行了广泛查阅。“我看了不少关于武则天的材料。《旧唐书》、《新唐书》、《资治通鉴》、《全唐诗》、《唐文粹》、《唐诗纪事》等书中，凡有关武则天的记载和她自己的著作，我大抵查看过了。”关于《则天皇帝》，郭沫若不仅读到了吴晗等人在座谈会上的谈话，还找到剧本仔细读过了，他对这个剧不大满

---

① 《历史的真实与艺术的真实》，《上海戏剧》1959年第20期。

② 吴晗：《谈武则天》，《人民文学》1960年第5期。

③ 据手迹影印件，原件藏郭沫若纪念馆。

意。“近人的研究和剧作，我也尽可能找来看过。拿剧本来说，有宋之的的话剧剧本《武则天》和上海越剧团的越剧剧本《则天皇帝》。”他对近人的这两种剧作都不满意。宋之的的剧本“是想替武则天翻案，但他却从男女关系上去翻，并明显地受了英国奥斯卡·王尔德的《沙乐美》的影响，让武则天以女性来玩弄男性。这，似乎是在翻倒案了。”而越剧剧本“在描绘上虽然避开了男女关系，但同样没有根据更多的史料而仅凭主观的见解。”同时，这两种剧作“都从武后在感业寺为尼时写起，一直写到晚年。这种传记式的写法是难于写好的。两种剧本的剧情和人物多出虚构，并都把武后写成为一个失败者。这是违背历史事实的。”[①]郭沫若写作的《武则天》与上述两剧有所不同。

1959年12月24日，郭沫若写成《武则天》的初稿。为了避免《则天皇帝》主题不集中、没有高潮的缺点，追求人物、事件、地点的统一，郭沫若将时间集中在武则天55—61岁这六年间，地点局限在洛阳，以徐敬业叛乱为剧本的中心事件。在郭沫若笔下，武则天体念民间疾苦，同情人民大众，政治上选贤任能，广开言路之门。她待人诚恳亲切，甚至感化了被她杀害的上官仪的孙女上官婉儿，使得后者能够发挥才干，忠心为国家服务。在她的治理下，唐朝的户籍差不多增加了一倍，经济繁荣，文化昌盛，为开元盛世奠定了坚实基础。《武则天》的戏剧矛盾冲突主要依据张鷟的《朝野佥载》。郭沫若歌颂武

---

① 郭沫若：《我怎样写〈武则天〉？》，《郭沫若全集·文学编》（第8卷）第229—230页。

则天的雄才大略，并设置了裴炎这样的反面典型。以裴炎为代表的士族，只是为了篡夺最高统治权，从来不考虑老百姓的实际利益，他们的造反也只能走向末路。值得注意的是，郭沫若将初唐四杰之一的骆宾王设置成反面人物，在他看来，骆宾王文人无行，畏难苟安，虽然一副怀才不遇落拓不羁的样子，却总想一夜间飞黄腾达，于是参与了徐敬业和裴炎的阴谋。郭沫若引用裴行俭的话："士之致远，当先器识而后才艺。"认为骆宾王虽然讨伐武则天的檄文写得好，"但不是站在人民的立场说话，而是赤裸裸的争夺政权"，所以他是"徒有才艺而无器识"[1]。郭沫若塑造骆宾王这一人物形象时，应该是有所针对的。无论在哪个时代，都有许多文人只顾自己的名利安逸，从不去想人民的福祉。在郭沫若看来，这样的文人应该否定。值得注意的是，关于骆宾王的结局，郭沫若并没有依据正史记载，而是参考《唐诗纪事》等材料，给骆宾王留了一条活路。

1960年1月10日至14日，郭沫若完成了《武则天》的第一次修改。修改稿送请了很多朋友提意见。1960年1月29日，田汉给郭沫若写信谈读后感，并请郭沫若把《武则天》给《剧本》月刊发表：

> 春节在医院一口气读完大作《武则天》，读到第一场上官婉儿被天后的公正精诚的态度所感动的时候，我也感动得流泪。

---

① 郭沫若：《我怎样写〈武则天〉？》，《郭沫若全集·文学编》（第8卷）第240页。

你抓住武则天政治上最成熟，精力也还正旺盛的中年以后的一个阶段，处理她怎样克服当时一个以裴炎为首的政治阴谋，并就“吊民伐罪”的意义批评了骆宾王，对今天教育意义极大。

当然，也还想在细读之后提些意见，首先某些过于现代的语言和接近今天思想批判的概念，似可作适当修改，这在您是很容易的。

这个剧本因为曾同《剧本》月刊凤子同志等专访过您，跟您要求过，想请您允许交《剧本》月刊发表。我想您是乐于支持这个刊物的。

拙作《文成公主》彩排系初步征求意见性质，您很忙，因而还没能听到您的意见。今晨总理看了一下做了指示并组织了以周扬同志为首的五人小组解决修改工作，日内出院当争取您的帮助。①

田汉诚恳地希望郭沫若将《武则天》交给《剧本》发表，但后来《武则天》首发在《人民文学》上。这跟陈白尘的尽力争取有关。在田汉写作此信的两天前，陈白尘致信郭沫若：“顷接大作《武则天》清样稿，至为兴奋！您在一九六〇年实现了‘开门红’了！容今夜拜读。春节趋府拜年时，当面陈读后所感。惟此剧发表之权请即赐给《人民文学》（前次《蔡文姬》未能在《人民文学》发表，是我们的一大损失）！务恳俯

① 田汉：《致郭沫若》，《田汉全集》（第20卷），花山文艺出版社2000年版，第129—130页。

准是幸。”[1]郭沫若可能当即就答应了陈白尘，《剧本》约稿居后，所以没有成功。

田汉谈到了他的《文成公主》，由周恩来组织了以周扬为首的五人小组修改，这充分体现了历史剧在当时所受到的重视。后来《武则天》也有“五人修改小组”，但除齐燕铭外，其余人员名单不详。

2月下旬，郭沫若两次修改《武则天》，突出了武则天的人民性，具体表现在增加均田制的内容和武则天广开言路的措施。这些修改保留在发表于1960年《人民文学》5月号的初刊文中。

第一幕增加裴炎关于武则天保护均田制的如下台词：

> 她死死地保护着均田制，就说不上有太宗皇帝的风格。开国初年，由于地广人稀，施行了权宜的均田制。男子十八岁以上给田一百亩，十分之二为永业田，十分之八为口分田。老病残废者给田四十亩，寡妻妾给田三十亩；老病残废及寡妻妾而当家作主者，加田二十亩，五分之二为永业田，五分之三为口分田。永业田，身死可以传授后人，口分田由官家收回转给别人。在太宗皇帝时，永业田可以自由买卖，甚至口分田得到允许也可以买卖。近年来武后却违反太宗皇帝的遗规，连永业田的买卖都加以禁止，认为是“杜绝豪强兼并的途径”。其实人的勤惰贤愚不等，才能有高有低，平均划一是不合理的。[2]

① 据手迹影印件，原件藏郭沫若纪念馆。

② 郭沫若：《武则天》，《人民文学》1960年5月号，第83页。

第二幕第二场增加了骞味道和武则天、唐高宗关于“建言十二策”的讨论，首先就提到了保护均田制，武则天说：

> 劝课农桑说得太笼统，应该改为保护均田，严禁永业田和口分田的买卖。朝廷早就在这样做了。田亩的买卖如果不禁止，会逐渐集中到豪强兼并之徒的手里。因此，贫者愈贫，富者愈富，豪强兼并之徒还会凌驾朝廷而上，均田制也就会破坏了。①

关于武则天“广开言路”的措施主要通过增加骆宾王、上官婉儿、骞味道等人的对白表达出来。第一幕新增骆宾王的台词：

> 当今天下，告密之风盛行，无论是耕田的人、打柴的人，都可以到京城里来告密，沿途受五品官的待遇，谁也不敢阻拦。告密核实，封官赐禄；告密失实，并不反坐。这就是她所说的“广开言路”，真是亘古未有的奇事呵！②

第二幕第一场新增上官婉儿的台词：

> 天下的老百姓，无论是耕田的农夫或者砍柴的樵夫，有话都可以到京城里来说，沿途受到五品官的待

① 郭沫若：《武则天》，《人民文学》1960年5月号，第99页。
② 郭沫若：《武则天》，《人民文学》1960年5月号，第83页。

遇，谁也不准阻拦。在以前的朝代曾经有过这样的事吗？任何人都可以推荐人才，自己也可以推荐自己，不分门第，不问资历，只要有才干的人就超级录用，像我自己就是一个很好的例子。在以前的朝代曾经有过这样的事吗？[①]

在第二幕第二场中新增的“建言十二策”的讨论中，有如下对白：

骞：第五件是：避免大兴土木，节省劳役，免防农耕。……第六件是广开言路。……第七件是杜绝谗口。

武：这第七件不好。既然要广开言路，又要杜绝谗口，那么谁还敢说话呢？我看应该重申一遍，天下的人都可以到京城来告密，沿途受五品官的待遇，不许阻拦。告密核实者受上赏，不实者无罪。[②]

3月6日，戏剧家李伯钊给郭沫若写信谈他读《武则天》后的意见。“您的大作《武则天》我一口气读完了。真佩服您的冲天干劲，祝贺您在创作上获得新的胜利。我缺乏历史智识，对武则天的历史资料毫无研究，读您的剧本等于给我上了一堂生动的历史课，受到了教育与启发。歌颂武则天我完全赞成而且很成功。我以为武则天当时之所以能够站住脚，群众爱戴

① 郭沫若：《武则天》，《人民文学》1960年5月号，第92页。
② 郭沫若：《武则天》，《人民文学》1960年5月号，第99页。

她，相信她必定是个具有若干民主思想的帝王。不过最好不要给人一种错觉，好像武则天是人民的皇帝。我这极不成熟的意见供您参考。信回得迟了一些，乞谅。”[①]

3月11日，吴晗将《武则天》校改本寄给郭沫若，提出了一些意见。“大作拜读，有些个别意见，已签注，供采择。”“李孝逸是宗室淮安王神通子，《旧唐书》六十，《新唐书》七十八有传。非高祖曾孙。”[②]当天，郭沫若复信吴晗：“《武则天》校改本已收到，谢谢您。”“李孝逸是淮安王李神通之子，李神通是高祖李渊从父弟。李渊之祖为太祖李虎，故李孝逸为太祖曾孙，没有错。‘宗室’二字不好用，听戏者会听成‘忠实’，所以我在剧本中都避免了。”[③]

李孝逸是《武则天》中的人物，第三幕第二场武则天告诉上官婉儿她应对裴炎、徐敬业等人的方案时说：“我已经任命左王钤卫大将军李孝逸为扬州道大总管，领兵三十万兼程南下，给徐敬业一个措手不及，先发制人。”[④]裴炎觉得李孝逸是个障碍，建议武后调开：“陛下在长安时派遣了李孝逸将军为扬州道大总管，领兵三十万南下。李孝逸是太祖的曾孙，又有大兵在手，万一他和徐敬业合流，那就天下大乱了。”[⑤]吴晗认为李孝逸“非高祖曾孙”。郭沫若因此给吴晗写了这封信。《武则天》剧本正式发表时，郭沫若注释道：“李孝逸之

① 据手迹影印件，原件藏郭沫若纪念馆。
② 据手迹影印件，原件藏郭沫若纪念馆。
③ 据手迹影印件，原件藏郭沫若纪念馆。
④ 郭沫若：《武则天》，《人民文学》1960年5月号，第112页。
⑤ 郭沫若：《武则天》，《人民文学》1960年5月号，第113页。

父淮安王李神通乃唐高祖李渊从父弟。神通之父郑王李亮与李渊之父世祖李昞为兄弟。亮与昞为太祖李虎之子，故李孝逸为太祖之曾孙。”[1]这应该是来自吴晗等人质疑的启示。

吴晗返回的《武则天》“签注本”，郭沫若寄给了周扬。另外寄给周扬的，还有林默涵看过并有批注的《武则天》稿本。3月15日，周扬复信：

> 《武则天》修改本，看了一遍，觉得比初稿充实了。您的历史剧的特点，总是热情洋溢，褒贬分明，即使读者观众不完全同意您对一些历史事件和人物的看法，也仍然要被您的剧本所吸引和打动。对于武则天，加以肯定颂扬，大多数观众是会接受的，只是剧中表现她的革新政治的措施仍嫌少一点（也许剧中不易表现，同时当然也不应将她过于理想化），对以裴炎为代表的反面人物的描写，有些地方似乎稍嫌漫画化。为了增加戏剧性，把裴炎写成一个阴险而可笑的阴谋家，是可以的，但我想不妨把他写得更认真一些，他虽有个人野心，但不易看出来，他的旗帜是维护李氏皇家正统，他代表了整个世家贵族的力量，这样，武则天和反武派之间的斗争，就有了更现实的基础和更强烈的意义，而不致显得反对武氏的只是一个少数人的阴谋复仇集团，那样斗争的内容和意义就反而缩小了。不知您以为何如？

---

① 郭沫若：《武则天》，《人民文学》1960年5月号，第113页。

江七装鬼一场，虽有戏剧性，但易使人联想到夜审潘洪的场面，同时上官婉儿的捉弄，也容易给人以不够庄重、厚道的感觉。在现实斗争中，对付敌人，是可以不择手段的，但在舞台上表现时，却要讲究手段，显得堂堂正正，才能博得观众的全部无保留的同情。

语言的现代化，是难免的，如果用唐代的话来对白，恐怕没有人能听懂了，只是有些表现现代概念的术语或流行语，如“事后诸葛亮”之类，得以避免为好。

以上意见，不一定对，仅供您参考。我觉得此剧可即交剧院排，排出来看了有哪些地方不妥，不顺，还可再改。①

可能是因为周扬的意见，1960年3月中旬，《武则天》开始在人民艺术剧院边排练边修改了。

3月23日起，郭沫若为了“更多地接触武后的业绩”，到陕西乾县游览了乾陵等地，写下了《游乾陵三首》。3月25日，郭沫若回到北京。26日，他给四川省广元县政府文化方面负责同志写信：“闻广元县有武则天庙，希望能得到一些照片，庙容和塑像之类。庙内想有碑记，希望能抄示。又县志中是否有记载？民间关于立庙之由及有关武则天的传说如何？这些都想

① 据手迹影印件，原件藏郭沫若纪念馆。

知道，如能扼要叙及，至所盼祷。”[①]

早在2月10日，刚从重庆考察完毕回到北京不久的郭沫若致函翦伯赞：“我写了《武则天》一剧，送上一部，请提意见，以便修改、定稿。”[②]

4月14日，翦伯赞将《武则天》的意见反馈给郭沫若。

> 承寄尊著《武则天》剧本初稿，我以很大的兴趣读了三次，从历史的角度读了一次，从政治的角度读了一次，又从戏剧的角度读了一次。从历史的角度看，您替武则天翻了案，这一点，我举双手赞成。从政治的角度看，您塑造了一个政治野心家，伪君子，现实意义很大。从戏剧方面看，您写的剧本，总是富有诗意，这个剧本又是一首很好的史诗。如果说，我对这个剧本也有一点意见，那只是我觉得您给与武则天的人民性大了一些，上官婉儿的觉悟性高了一些。
>
> 武则天压服了唐朝的贵族地主阶级，把唐朝的政权放在更广阔的中小地主的基础上，这对于当时的人民是有利的。但是无论如何，武则天的活动是要受到她的阶级性的限制的，您虽然注意了这一点，但在我看来，您给与这位女皇的人民性还是多了一些。
>
> 您大概很喜欢上官婉儿，因而您对她越想越美，

① 郭沫若：《致广元县政府文化方面负责同志》，《郭沫若研究》（第12辑），文化艺术出版社1998年版，第267页。

② 《郭沫若书信集》（上），中国社会科学出版社1992年版，第548页。

越写越好，以致令我也跟着您去喜欢她。上官婉儿在政治上的确是转了一个大湾，从反对武则天转向拥护武则天，拥护她政治上的敌人，但她的转变是不是完全因为看到武则天替人民做了一些好事所感动，还是带着一些替自己寻找政治出路的动机，剧本中只是强调了前者，这就显得她的觉悟性高了一些。

徐敬业发动的反对武则天的军事叛变，是贵族地主集团的反动，应该加以贬斥，但徐敬业和武则天之间的矛盾，是封建统治阶级内部的矛盾，您把参加这个叛乱的骆宾王说成是“怎么配穿戴衣冠”，似乎太言重了。

另外，有些措词，也值得考虑。例如您说：“隋朝二十八年的江山是被宇文化及在一天晚上搞掉的。”这句话，我看有语病，可能观众会说您太强调了个人在历史上的作用。又如您说唐高宗欣赏肇论是因为肇论的作者出身微贱，一个皇帝而欣赏出身微贱的人的作品，也有些难以理解。此外还有一些现代语如“重新做人”之类，我以为最好改一下。

您在这个剧本中，已经充分地运用了与武则天有关的史料，我还想在资料方面提供一点线索。听说泰山有武则天立的封禅碑，碑文里有不少的字是武则天创造的新字，如能找到这个碑文看看，至少可以说明武则天在文字改革方面的供献。

还有《旧唐书·则天皇后本纪》及《薛怀义传》都说武则天统治时期，有沙门伪撰大云经，薛传并谓“怀义与法郎等造大云经，陈符命，言则天是弥勒下生，作阎浮提主，唐氏合微。”敦煌曾发现唐写本大云经，王国维曾作《唐写本大云经疏跋》（见观堂集林卷21），这件事说明了当时的僧侣也是歌颂武则天的。

听说您对剧本的初稿已略有修改，希望看到您这个剧本的改订本。[①]

4月15日，郭沫若复函翦伯赞：

大札奉读。谢谢您对于《武则天》的指点。我对于该剧本，根据大家的意见作了几次修改，《人民文学》五月份将刊出，因此修改本我就不再奉上了。上月廿二日我特别到西安去，看了武则天与唐高宗合葬的乾陵，规模甚雄伟。陵前有二碑，一为纪德碑，乃武后撰文，纪念高宗的。一为没字碑，乃武后自己的碑。据云武后自己说，自己的功过让后人评价。《大云经》，我没有用上。因为我剧中的年代有所限制。武后出身微贱，这和她的政治措施，不无因缘。高宗能欣赏武后，是他的杰出处。因此，我推论到他也能欣赏僧肇。关于上官婉儿，我希望您有功夫时，翻阅一下张说的《上官昭容文集序》（见《全唐文》）。他称赞上官婉儿真是到了极点。武后和上官婉儿这两

① 据手迹影印件，原件藏郭沫若纪念馆。

位女性，我看对唐代文化大有贡献。李白、杜甫是他们时代的红领巾。[①]

4月21日，郭沫若应白杨等人邀请，前往“洁而精”川菜馆，他将《武则天》连同相关资料交白杨，请她提意见。4月23日，郭沫若致信白杨：

关于《武则天》，请您看了提些意见，待出单行本时加以删改。这是诚恳的请求，不是外交辞令。将来要由作家出版社出版，北京已经派人来和程十发同志联系，拟请他作些插画。

《重要资料十则》，将来也打算附在单行本里面一道出版；该稿因无副本，您看完后，请您掷还我。

我已决定二十七日飞回北京，在离沪前希望能听到您关于《武则天》的意见。[②]

5月，修改后的《武则天》在《人民文学》上刊出。

5月22日，郭沫若再次给广元县人民委员会写信：“来信及附件均收到，谢谢您们。在这之前科学院考古研究所曾派人前往调查，承蒙您们协助，已拓得各种资料回京，解决了一些问题。广政年间的碑是很重要的，可惜下截被损，估计当缺十余字。又原有作尼装的武后像，明清时均有人题录，而今已渺

① 《郭沫若书信集》（上）第549页。
② 《郭沫若书信集》（下）第319页。

无踪迹，不识何时被毁。刘成厚所刻像，乃摹清康熙年间金古良‘无双谱’，而亦失真，无多价值。现寺内所存武后石像头部，不识大小如何？定为武后像，是否确有根据？根据广政碑例，估计地下可能还有埋藏，尚希注意。”“武后毫无疑问生于广元。唐代诗人李商隐有‘利州江潭作’一诗，题下注云‘感字金轮所’。金轮即武后，可见唐人是公认武后生于广元。”①

郭沫若提到的“在这之前科学院考古研究所曾派人前往调查”，指的是中国科学院考古研究所张明善等人根据郭沫若要求，前往四川广元调查武则天资料。他们考查了“武则天庙”皇泽寺，在7月发表的调查报告中认为郭沫若提出的武则天出生于广元是符合历史实际的，从皇泽寺的碑刻遗存中可以发现：“虽然自赵宋以来，由于正统观念的统治和男尊女卑的封建思想的深远影响，武则天特别遭受歪曲和污辱，但唐代人和这一地区的后代人并不这样看待武则天，不但不丑化，并且还给予了热情歌颂。”“皇泽寺则天殿、则天神象、则天乡，不正好说明武后生地人民对武后的崇敬吗？武后曾自称‘不爱身而爱百姓’，这大抵是她的为人与为政的方针。”“因此我们完全赞同郭沫若同志对武则天的公正的历史评价。”②

6月6日，郭沫若再次致信吴晗，将有关《武则天》剧本的史料送给他看：“《唐文粹》卷九十一中有张说序《上官昭容

---

① 郭沫若：《致广元人民委员会》，《郭沫若研究》（第12辑）第268页。

② 张明善、黄展岳：《四川广元县皇泽寺调查记》，《考古》1960年第7期。

文集》，请阅。又有关《武则天》剧本的几项史料，一并送请阅核。并请指正。”[①]吴晗对《武则天》评价很高：“郭沫若同志的新作《武则天》五幕历史剧，替武则天翻了案，我双手赞成，拥护。”“沫若同志尽可能忠实于历史，作到无一字无来历，无一事无出处。通过艺术手法，把武则天这个历史上的伟大政治家的形象更加强化、集中，和现代人见面了。”[②]

二

8月4日，郭沫若给楼适夷写信商谈《武则天》的出版问题：“我希望把东风剧团演出本的《武则天》，同话剧本一道刊出。”“刘继卣同志的插画，不知道进行得怎样。他是在荣宝斋画画，请催问一下。如果还要相当长的时期，似乎可不必等了。”[③]“东风剧团演出本的《武则天》”涉及《武则天》的豫剧改编情况。

早在1960年3月16日，郭沫若在家中接见邯郸东风剧团的部分演员，应东风剧团的请求将《武则天》亲手交给该剧团，由他们改编成豫剧。

郭沫若同意邯郸东风剧团改编《武则天》为豫剧本后，邯郸地委的领导同志十分重视，由地委宣传部部长周镜负责组成创作班子，用了18天的时间，完成了豫剧本的初稿。

---

① 据手迹影印件，原件藏郭沫若纪念馆。

② 吴晗：《谈武则天》，《人民文学》1960年7月号。

③ 郭沫若：《关于话剧〈武则天〉的书简》，《新文学史料》1980年第2期。

4月29日，郭沫若召集豫剧《武则天》的编创人员和主要演员进京。他肯定了《武则天》豫剧本对话剧本的改动，并在此基础上做了修改。编创人员表示改编起来难度大，很多地方拿不准，郭沫若边笑他们太谦虚，边拿起笔来在最后一场上做了修改。郭沫若还详细向他们讲了武则天这个人物形象："武则天是中国历史上一位杰出的女政治家，她精通文史，雄才大略，很了不起。但自北宋以来，历代封建统治者对她作了很大歪曲。在她执政的二十年间太平盛世，从未发生过大规模的农民起义，足见她治理天下的才能与本领。她对叛臣之女上官婉儿的栽培与重用，更表现出她任人唯贤的杰出政治家胸怀。"郭沫若仔细看了豫剧团设计的舞台美术、人物造型和服装设计小样，觉得有些地方不妥当，"亲手取来一幅幅唐代宫廷人物画、服饰习俗画，和其他唐代文物资料，一一指点着让大家仔细观赏，就其风格、特点，反复讲给大家听。"[①]郭沫若不仅就如何改动舞美和服装等准备了资料，还将这些参考资料送给剧团，并开了书单，让他们下去仔细学习揣摩。

豫剧团根据郭沫若的指示对剧本再次做了仔细修改。5月11日，豫剧《武则天》在邯郸进行彩排，演出时间长达三个半小时。豫剧团觉得时间过长，给郭沫若写信，希望他压缩一下。郭沫若接信后花了好几天工夫仔细修改了剧本。5月18日修改完毕。他在最后一页批注说："删去了十五页左右，或许可

① 王振国：《郭沫若和豫剧〈武则天〉》，《豫剧武则天汇校本》，花山文艺出版社1991年版，第140页。

以缩短半小时，唱词有所修改，请你们再仔细斟酌。”[①]

7月，东风剧团去北戴河向郭沫若汇报排练情况，郭沫若亲自修改了演出说明书。7月18日，郭沫若观看了第二稿修订本的彩排，他边看边做记录，彩排结束后，他走上舞台，和演出人员认真交换了意见。不久，他亲笔为豫剧《武则天》加了三出戏。7月28日，东风剧团进行了第二次彩排，郭沫若很满意，鼓励他们尽快去北京演出。8月，东风剧团在北京进行内部专场演出，郭沫若请人民艺术剧院朱琳等人观看演出，并与东风剧团座谈交流。

8月3日，郭沫若为豫剧《武则天》写了《小引》：

> 这里附上一个豫剧演出的剧本，是邯郸市戏曲研究室改编的。原只八场，全部经过了我的润色。
>
> 七月十八日在北戴河看到东风剧团彩排，我又增写了三个过场戏，即《暗箭》《害贤》《捕骆》三场，合共十一场。这样遵守戏曲的习惯，使剧情的交代更清楚了一些。
>
> 改编本省去了五个人物，即英王哲、相王伦、薛仲璋、唐之奇及牢子，但却增加了三个人物，即王龙、张虎、中军。
>
> 《害贤》一场，虽然和历史年代有出入，但我觉得增加得有意思。有了这一场的增加，把太子贤这个

① 王振国：《郭沫若和豫剧〈武则天〉》，《豫剧武则天汇校本》第141页。

人物完成了，把裴炎的奸诈也更加突出了。话剧演出时，如果认为有必要，似乎也可以加入这一场。①

豫剧《武则天》凝聚了郭沫若的心血，所以他想将这个剧本随同《武则天》话剧本一起出版。

“刘继卣同志的插画”在《人民文学》1960年5月号的《武则天》初刊本中有两幅，一幅出现在第一幕，另一幅出现在第五幕。大概出版社约定刘继卣继续画下去。所以郭沫若要求楼适夷去催催。

值得注意的是，楼适夷当时在人民文学出版社任职，但《武则天》后来并没有在人民文学出版社出版，而是由中国戏剧出版社于1962年出版。插图也没有用刘继卣的，而是由傅抱石绘制了两幅精美的彩图。至于这种变化是如何发生的，由于资料有限，有待来日考证。

8月16日，郭沫若写作了《我怎样写〈武则天〉？》，详细说明了《武则天》的创作经过、主旨和武则天、上官婉儿、唐高宗、裴炎、骆宾王等人物形象，及对武则天容貌服饰的考证等。

不久，裴竹君等人将从《武则天》改编成的淮剧本寄给郭沫若看。10月19日，郭沫若给裴竹君、周慰祖写信说：“来信及《武则天》淮剧本收到。我对于旧剧编写没有经验，请您们作主剪裁好了。能够缩短一些，恐怕比较好，有些不必要的历史事实的罗列可以删去。最好多听些观众的意见。”“专家们

---

① 郭沫若：《豫剧〈武则天〉小引》，《豫剧武则天汇校本》第133页。

的见解自然值得重视。但历史真实与艺术真实有时不能完全同一分寸。例如，关羽涂成红脸，应该没有那样的红色人种。斟酌采取可矣，不一定要全凭人意转移。”①

三

1960年10月，文艺界召开过一次《武则天》座谈会，由于没有找到相关资料，这次座谈会情况不详。但郭沫若根据座谈会的意见对《武则天》进行了一次规模较大的修改。修改于10月31日完成，当天，郭沫若致信周扬，详细谈到了这次修改情况：

> 我根据座谈会上的意见，把话剧《武则天》又改了一遍。主要把谈到均田制和强调人民性的地方尽量删去了。你提到的关于“名垂不朽”的上官婉儿的矫情话以及容易引起联想到目前的辞句，就我所能注意到的，都改削了。此外也删节了一些冗赘的地方。
>
> 特别值得向您提出的，是第四幕第一场的修改。我把上官婉儿这一脚色改成为郑十三娘。那种阴暗面的事，让郑十三娘去做要更适合些。这样使上官婉儿这个人物的塑造便减少了些污点。加多了郑十三娘的戏，减少了上官婉儿的戏，因而使人物的活动得到比

① 《郭沫若书信集》第324页。这封信究竟系于何年，编者拿不准，在1960年后加了一个问号。暂从1960年一说。

较上的平衡；也使上官婉儿对武则天不至过分地喧宾夺主。这主要是根据您的提示所想出来的方案，我要特别感谢您。

“人定胜天”一诗，我把第四句“时来四海红”改为“风移四海同”，这样似乎还能合乎唐人的口气。这诗如果全部删掉，我感觉着有困难，因为它差不多是剧本的主题歌；要另外做一首，也很不容易。诗虽然是我拟的，但情调是有所摄取的。武则天既号“则天”，又自称为“天册金轮圣神皇帝”，年号有“万岁通天”、“神功”、“圣历”、“久视”、“长安”等，看来她是相当夸大的。她的不断改年号，虽然有点遢斯迭里，但也表示了她是想不断努力的。

以上所述，是初步的改削，我都用红笔写在本子上了。我希望您能够审阅一遍。如果您认为可以的话，请您阅后交齐燕铭同志参考，这对删改小组的五位同志，或许可以节省些宝贵的劳力和时间。

剧本删改定了，如果出版时原来的“序文”及“附录”决定全部删去。“豫剧改编本”也不准备附入了。[1]

看来，对《武则天》的修改，和田汉的《文成公主》一样，有“删改小组”，且包括“五位同志”，只是材料不足，

① 据手迹影印件，原件藏郭沫若纪念馆。

除齐燕铭外，其他几位情况不详。

郭沫若在10月31日完成的修改，主要是回应李伯钊、翦伯赞、周扬关于武则天“人民性”的质疑。他在2月修改中添加上去并保留于初刊文中的关于均田制和广开言路的措施，这次都被删除了。

在第四幕第一场中，上官婉儿引导江七扮成已经死去的太子李贤，吓唬裴炎，裴炎在恐惧中吐露了他买通人去杀死李贤的实情。在这次修改中，郭沫若听从周扬的建议，把本由上官婉儿担任的角色换成了郑十三娘。但是，在1962年6月的修改中，郭沫若又将这一角色重新换回到上官婉儿。

郭沫若极力向周扬解释这首诗“情调”符合武则天的实际，他确实为这首诗反复斟酌、费劲思量。《武则天》的初稿以全体合唱三遍《人定胜天乐》剧终：“欲知相乱意，人定胜天工。月照九霄碧，花开四海红。光华月旦旦，瑞气乐彤彤。万古春长在，金轮运不穷。”1960年1月10日，郭沫若将首联中的“欲知相乱意”改为“蜜桃人所种”，将颔联中的“花开四海红”改为“时来四海红”，将颈联改为“春华月旦旦，秋实乐彤彤”，将尾联中的“万古春长在”改为“万古生机在”。唱这首诗的由全体舞台人员变为在剧终登场的“男子各执桃花一枝，女子各捧蜜桃一盘”的“男女舞队”。在初刊文中，诗的内容未改，唱者变为“或执桃花一枝，或捧蜜桃一盘”的“女子舞队”。10月31日，郭沫若将颔联中的“时来四海红”改为“风移四海同”，唱者未变。

1962年6月20日，郭沫若在清样上将剧终演出修改如下：

武则天 婉儿，六年前，我在这东宫第一次见到你，我叫你做过一首诗，你还记得吗?

上官婉儿 我记得是以《剪彩花》为题。我那时对天后陛下是有恶意的。

武则天 是呵，你那首诗的最后两句是："借问桃将李，相乱欲何如？"

上官婉儿 对，对，对，陛下还质问过我。

武则天 我早就想借剪彩花来回答你那个问题，但我现在把主意改变了。你想，剪彩花固然是人造的，一切人间的文物，哪一样不是和剪彩花一样，都是人造的？即使不是人造的东西，凡是有益于人的，我们能够利用它、培植它、发扬它；反过来，凡是有害于人的，我们能够控制它、改变它、消灭它。这就是人定胜天呵！我今天一直在酝酿着一首诗。我念给你听。（武后念一句，婉儿跟着念一句。两人携着手在舞台上盘旋）

蜜桃人所种，人定胜天工。
月照九霄碧，风移四海红。
春华明旦旦，秋实乐融融。
万古生机在，金轮运不穷。①

相较于此前的清样和初刊文，此处修改幅度较大。《人定胜天》本由舞女合唱，修改为武则天带着上官婉儿念。初刊文

① 郭沫若：《武则天》，中国戏剧出版社1962年版，第107—108页。

中的舞女合唱当为编剧所作，这次修改则明确为武则天在庭审裴炎当天“一直在酝酿着”写出来的。

翦伯赞质疑的唐高宗喜欢僧肇的一段，是2月修改中增加上去的，保留在初刊文，也在这次修改中被删除了。

> 高：我是生了病嘛。反正这部《肇论》我已经把它读完了。我倒并不喜欢这部书，而是欣赏著这部书的人。你想，这部书的著者僧肇法师是出身微贱的人，成了鸠摩罗什的高足弟子，死的时候只有三十一岁啦。
>
> 武：僧肇法师我也能够欣赏。一个靠着抄写书过活的贫困少年，竟然成了大师。但是，鸠摩罗什，我看倒没有什么大了不起。他不过是出入姚秦宫庭的一位大酒肉和尚罢了。他的祖父做过天竺的宰相，他本人通晓梵文经典，有什么稀奇？[①]

11月10日，侯外庐致信郭沫若：

> 查得武则天史料一条，颇关重要，兹录于后：
>
> 《通志略》十三《职官略》第四载：
>
> “武太后时，改御史台为肃政台，凡置左右肃政二台，别置大夫中丞各一人，侍御史殿中监察各二十人，左以察朝庭，右以证郡县。时议以右多名流，左

① 郭沫若：《武则天》，《人民文学》1960年5月号，第101页。

多寒畯，其迁登南省者，右殆倍焉，以其不陵朝贵故也。二台迭相纠正，而左加畏惮。龙朔以后，去肃政之名，但为左右御史台。”

按：从上文可以看出诸点：

（一）武后时“寒畯”人物之被提拔，与高门名流相为左右，已在官制上表现甚明。

（二）“左”官察朝庭，其权颇大，而与“右”“不陵朝贵”相对照。可见察朝庭之职为弹制当时之权贵，明甚。

（三）左右相互斗争，是实录。而“迭相纠正，左加畏惮”之语，为作者之以主观好恶所下评语，非实录。

从上三点而言，武后重用寒微，选拔等级低下之阶层人物，得一左证。

毛主席论中国封建制有四条绳索，即政权、神权、族权、夫权。齐以武后，“性非和顺，地实寒微”而言，则夫权、族权之绳索，有所开解。至于政权、神权二者，则有所修补（如引用禅宗）。

值否为修订尊著参考，请考虑！[①]

11月12日，郭沫若回复侯外庐：

① 据手迹影印件，原件藏郭沫若纪念馆。

武后重用寒微，确是事实。朝中的左御史大夫骞味道，其出身虽不详，然非世族恐可断言。

剧本在删改小节修改中，我也修改过一遍，主要是把关于均田制及强调人民性的地方删削了。迄今尚未定稿。①

11月14日，侯外庐回信郭沫若：

手示敬悉。唐代士庶之争是封建等级制度再编制（适应生产之发展）的特点，《柳冲传》（新唐书一九九卷）说的“士族削则国从而衰”，“士族乱而庶人僭矣”，乃代表保守者的诅咒语，而“混一士庶”以至寒门倖进，则是进步的现象。武后确在此一形势之下敢作敢为。张鷟《朝野佥载》卷一又有一条史料可作证明。兹录于下：

“伪周革命之际，十道使人天下选残明经进士、及下村教童蒙博士，皆被搜扬，不曾试练，并与美职。尘黩士人之品，诱悦愚夫之心。”

作者对武后之刻薄评语，正反面说明武后选任寒士之实质。尘黩士人之品，即变革腐旧传统，诱悦愚夫之心，即对低微等级之进用。

如果把强调人民性处尽删，则须代之以开明性，否则主题无法显出。武后既违士品（九品中正之遗

① 《郭沫若书信集》（下）第325页。

子），而扬“愚夫”下品，其开明可知。此点未审可作修改之参考否？[①]

11月14日，郭沫若回信侯外庐：

十一月十四日信所示材料甚好，武后的开明性是无可怀疑的。最近把《陈伯玉（子昂）文集》阅读了一遍。此公对武后颇推崇。文中多透露武后深得人心处。如云“当今天下士庶思愿安宁，途谣巷歌，皆称万岁”，又如“今神皇（指武后）忧恤万机，日不暇给，昧旦丕显，中夜以思”，“自古帝王开政之原备矣，未有能深思远虑独绝古今，如陛下者也”，“陛下至圣大明，好忠爱直，每正言直谏，特见优容”，如此等等，想不尽是面谀之辞。改稿，同志们尚未送来。[②]

1961年5月14日，《光明日报·史学》发表了陈振的《也谈武则天的出生地和出身》，不同意郭沫若有关武则天出生广元、出身“寒微”的观点。郭沫若第二天就写下了《武则天生在广元的依据》，该文用李商隐的《利州江潭作》和广元的出土文物及民间传说，来说明武则天生在广元。郭沫若在文章最后说：“我还想谈谈史料的问题。史料不仅限于书

① 据手迹影印件，原件藏郭沫若纪念馆。
② 据手迹影印件，原件藏郭沫若纪念馆。

本上的东西，还有物质上的文物和民间保留的传说。有时候，后两者比书本上的史料还重要。在阶级社会里所传流下来的书史之类，可靠性是要打折扣的。”“象武则天生于广元这个事实，既有书本上的证据——李义山诗自注，又有广元文物和民间传说的佐证，尽管有史学专家要坚决否认，我要再说一遍：在目前还没有确凿的根据，可以使它被根本推翻。”①

尽管如此，郭沫若还是做出了相应的修改。在《武则天》初刊文第二幕第二场中，武则天流放章怀太子到巴州，武则天说明了她的用意：“是呵，我是生在巴蜀的剑阁附近的人，在那儿长到七岁。认真说要巴蜀才是我真正的故乡。我小时候看到嘉陵江上拉上水船的纤夫，想到人的一生，也正是这样，放松一步，倒退千里！”郭沫若为第一句话特意加注：“武后的父亲曾为利州（治今四川省广元县）都督，武后即生于广元县。今广元县犹有武后生处曰则天乡，有寺曰皇泽寺，寺内有武后石刻象。”②在《武则天》初版本中，郭沫若将第二幕第二场关于流放章怀太子至巴州的用意移至第三幕第二场，且做了文字上的修改：“是的，真是雄壮，真是奇山异水，天下独绝。我小时候经常看到嘉陵江上拉上水船的纤夫。我就想到：人生也正是这样，放松一步，倒退千里！”③这就删去了“我是生在巴蜀的剑阁附近的人”，回避了关于武则天

① 郭沫若：《武则天生在广元的依据》，《郭沫若全集·历史编》（第3卷），人民出版社1982年版，第508、509页。

② 郭沫若：《武则天》，《人民文学》1960年5月号，第103页。

③ 郭沫若：《武则天》，中国戏剧出版社1962年版，第81页。

出生地的表述。

9月，郭沫若到云南参观，4日晚上在昆明观看话剧《武则天》，7日写下了七律《在昆明看演话剧〈武则天〉》：

金轮千载受奇呵，翻案何妨傅粉多？
宋璟姚崇蒙哺育，开元天宝沐恩波。
声威远届波斯国，文教遥敷吐火罗。
毕竟无书逾尽信，丹青原胜素山河。①

“金轮”指的就是武则天，因为她曾自封为“金轮圣神皇帝”。郭沫若赞美她提携了宋璟、姚崇等名臣，开启了开元天宝的盛世繁荣，声望达到中亚细亚一带，历来史书对她多有贬斥，那都是不可信的。当年秋天，郭沫若又将这首诗以《咏武则天》为题给于立群写了一个横幅。于立群将它挂在自己的工作间，这是郭沫若家里悬挂的唯一一幅郭沫若本人的书法。12月13日，郭沫若给黄允平回信，对《在昆明看演话剧〈武则天〉》进行了解释：“观武则天剧一诗乃九月在昆明时所作，曾在《人民日报》上发表。第三句本为‘姚崇宋璟’，因在从化写时笔误。孟子有‘尽信书则不如无书’语，在《人民日报》上曾加注。”②

① 郭沫若：《在昆明看演话剧〈武则天〉》，《郭沫若全集·文学编》（第4卷）第290页。
② 据手迹影印件，原件藏郭沫若纪念馆。

四

1962年1月25日，郭沫若将修改后的《武则天》清样分别送给阳翰笙和胡乔木等人，并附上短笺。给阳翰笙的短笺说："送上《武则天》清样本一册，请您审阅，并请提意见。"[①]给胡乔木的短笺说："我最近写了一个剧本，为武则天翻案。送上清样本一册，您如有工夫时请审阅，并请提意见。"[②]

1962年2月11日，郭沫若致信阳翰笙，商讨《武则天》座谈会参加者人选问题。他说他曾将书稿送给了邵荃麟、田汉、光未然、吴晗、严文井、翦伯赞、陈白尘、王戎笙、曹禺、李伯钊、焦菊隐、阳翰笙、阿英、夏衍等人，并请他们提意见，至于座谈会人选，请阳翰笙酌定。郭沫若还说："《武则天》，主要照着陈白尘同志的意思，有所添改。今将添改好的一册送您，最好请您嘱文联同志制一《勘误表》，印它几十分。又举行座谈时可将《勘误表》每人送一份，以免走冤路。希望同志们多多提意见，以便更进一步修改。"[③]

这次座谈会的情况不详，但郭沫若显然收到了反馈意见。他根据这些意见又对剧本做了一些修改。1962年3月6日，郭沫若致信阳翰笙："《武则天》修改本一册送上，请您再看一看。是根据座谈会上大家的意见修改的，主要是把武则天加强了，把她的

① 据手迹影印件，原件藏郭沫若纪念馆。

② 《关于话剧〈武则天〉的书简》，《新文学史料》1980年第2期。

③ 《关于话剧〈武则天〉的书简》，《新文学史料》1980年第2期。

政治措施和思想立场，在前三幕中，由正面、反面来加以突出。把骞味道也加强了，不再是模棱两可的人，而是站在武后方面的耿直者。第五幕有了较大的修改，由殿前朝会改为殿内朝会，觉得处理得较妥帖一些。仍请提意见，以便再加修改。”“文字上的修改，请写在本子上，退还我，以便照改。”①

1962年3月7日，郭沫若致信邵荃麟：“根据座谈会上大家的意见，我把《武则天》又修改了一遍，送一册给您，请您再看看，并请提意见。修改本主要是把武则天加强了，对第五幕作了相当大的修改。座谈会上有加一幕减一幕之说，我经过仔细考虑，有困难。如那样做剧本统一不起来。我同翰笙、吴晗同志等也谈过，都说没有一定的必要。因此，仍保存了原来的结构，而在内容上大有增改。”②

关于骞味道性格和最后一幕场景的修改，在最后定稿中都体现了。郭沫若此处虽然说不拟改变幕数，但在1962年6月这最后一次较大的修改中，郭沫若还是将五幕改为了四幕。

五

1962年7月7日，郭沫若前往观看《武则天》的演出，看完后决定再次修改。7月7日，他给焦菊隐致信，详细谈到了修改细节。

---

① 《关于话剧<武则天>的书简》，《新文学史料》1980年第2期。
② 《关于话剧<武则天>的书简》，《新文学史料》1980年第2期。

焦菊隐同志：

昨晚看了《武则天》，对我剧本的不完备处，我再提些小意见。

①武则天在闭幕处的台词："凡是有益于人的东西，那一样不是人造的？"请改为"那一样不是人所创造或者加工？"又"反过来，凡有害于人的东西，我们能够预防它、消灭它。"请在"消灭它"之前，加入"改变它"三字。

②郑十三娘的转变，观众仍然有人觉得有些突然。在裴、骆下场、赵再出场间的郑十三娘的独白中，我觉得可以把上官仪的名字点出。我加的独白中，只混合地提了"他们"，听的人一滑就过了，也容易误会为裴炎、徐敬业，请改为"原来上官仪父子也都是想做皇帝的人"。

③在裴、骆交谈时，郑十三娘避在长椅背后去了，表情上的变化，观众很难注意到。可否把裴、骆的地位改到舞台的另一边，让十三娘面向观众，多做些表情？请考虑。

④赵道生把檄文要到手后，应该展开来看看。要檄文的机动可以再提前一点，可放在赵表示"不知向谁去告密"之前。交谈了几句之后，才想到檄文在手的危险，然后交回。（可以改在郑向赵提到"不要受五品官的待遇"之后。）这样要自然一点，显示了赵道生不断在用心，观众也比较能深入剧境。因台词不记得了，请您酌量插换。

⑤郑十三娘在三幕二场向武后坦白时也应当把上官仪父子的阴谋点穿一下，这样才能解开报私仇的疙瘩。

⑥郑十三娘对武后的认识，三幕一场时比二幕一场时要有所不同。我在剧本中没有显示出这个量变的过程。我想在三幕一场郑、赵对白中加上一些台词。

“赵：我早听到人说，天后陛下是很喜欢她的。

郑：是啊，她犯了死罪，天后陛下都没有杀她，还把她照旧留在身边。

赵：天后陛下就是这样宽大的人呵，我不是也是该死的人，她饶了我，使我回到正路上来吗?

郑：不过，好些人都在说天后陛下残忍，……

赵：那是不能相信的。天后陛下对于迷失了路的羔羊是绝顶慈悲的；对于吃人的猛兽，她就不能慈悲了。

郑（有所憬悟）：对，你说得很对。对于猛兽是不能慈悲的。

赵：所以，那些猛兽们就说天后陛下残忍啦。

郑：对！（打中了自己的心，说不下去了。）你请喝点茶吧。

赵：谢谢。十三娘，天后陛下要几时才回洛阳呵?

郑：怕要到九月下旬才能回来呢，……”

凡是加了注意点的，便是添加的台词。这样可以显示出一些十三娘心理转换的量变过程。

⑦有些地方台词说得太快了一点。（例如武后下三道敕令时就太快，有人说上官婉儿写字，比打字机还要快。）念檄文时，似乎还可再慢一些，要念出点调子来。

⑧骆在牢的一场，在我认为是很好的戏。在那场戏里要能展示出诗人的内心世界和彻底转变。骆和赵的说白，在声调上要更有内含一点才好。

⑨武则天应尽量表现出大人物的风度，出以自然，不要矜持。除掉必要的地方，不要太动声色。

⑩骆在第一幕告别太子贤时，不要挥泪！

⑪三幕一场中提到郑十三娘向裴炎要砒霜，可以改变为由裴炎提出。

“裴：是呵，时机不可失。（转向郑）十三娘，你恐怕又要向我要砒霜了吧。

郑：我以前向你要过好几次砒霜，你都没有给我。

裴：我现在也还是不打算给你。你要知道，时机还早，还早。这不是除掉一个人的事。”

以上拉杂写出，供同志们研究。

敬礼　并问候

大家好！

郭沫若

七．七[1]

---

① 《关于话剧〈武则天〉的书简》，《新文学史料》1980年第2期。

郭沫若提到的第①处，在初版中，“凡是有益于人的东西，那一样不是人造的？”并没有改为“那一样不是人所创造或者加工？”而是改为：“你想，剪彩花固然是人造的，一切人间的文物，哪一样不是和剪彩花一样，都是人造的？”[①]

第②处，初刊文中没有独白，可能是在几次座谈会期间修改时加进去的，在戏剧社版中，郑十三娘的独白为：“（有决心地自语）哼！原来是上官仪也想做皇帝呵！他们都是一群奸党，我真是糊涂了一辈子。这不是件小事，我不能够作壁上观。……”[②]也就是说，这次修改后，郭沫若还进行了修改，将“上官仪父子”改成了“上官仪”。

第④处，发生在第三幕第一场，初刊文中没有关于檄文的情节，但在戏剧社版中，在赵道生去长安告密之前，他向郑十三娘要了骆宾王的檄文，郑十三娘也交给他，让他随身带往长安，但他很犹豫，终于“（把檄文还郑）这檄文我交还你。我随身带着不妥当，万一遗失了，很不好。”[③]

第⑤处，初版本同初刊文一样，郑十三娘并没有点穿上官仪父子的阴谋，但也有所变动。初刊文中武则天有一句台词：“好吧，你今天把你的什么话都说出来了，你会感觉着轻松了吧？我告诉你，我是既往不究的，何况你还立了大功！我比以前更信赖你们了。”[④]在初版中改成了如下对话：

---

① 郭沫若：《武则天》，中国戏剧出版社1962年版，第107页。

② 郭沫若：《武则天》第64页。

③ 郭沫若：《武则天》第66页。

④ 郭沫若：《武则天》，《人民文学》1960年5月号，第112页。

郑十三娘　不过，我也有我的顾虑。

武则天　　你顾虑什么？

郑十三娘　我怕连累我的婉儿。

武则天　　好吧，你把心里的话都说出来了，该舒畅得多了吧？

郑十三娘　是的，请天后处罚我。天后要让我死，我也心甘情愿。

武则天　　不，既往不究，何况你还立了功劳。我如今愈加信赖你们了。[①]

第⑥处，初版就是按照这个方案修改的，只是在文字上还做了一些打磨。

第⑪处，初版如此修改了，文字上还做了一些打磨。在初刊文中，这里的对话如下：

郑：（插话）那吗，裴九叔你是不是可以把砒霜给我了？

裴：还早还早。[②]

其余各处，涉及舞台表演问题，是作者对导演的建议。从剧本修改上说，郭沫若经过现场观看演出，更加强调剧中人物尤其是郑十三娘、赵道生等人细腻的心理变化，也更加强调对

① 郭沫若：《武则天》，中国戏剧出版社1962年版，第74页。

② 郭沫若：《武则天》，《人民文学》1960年5月号，第107页。

话性，减少戏剧独白的比重。

1962年7月9日，中国戏剧家协会戏剧艺术委员会和北京市文学艺术工作者联合会联合发出一份邀请："北京人民艺术剧院演出的历史剧《武则天》（郭沫若编剧），受到首都文艺界的重视。为了对该剧的剧本创作，表演艺术及舞台美术等方面进行探讨和研究，兹定于1962年7月13日（星期5）下午2时30分，假中国文联大楼文艺茶座（王府井大街64号）举行座谈会，请准备意见，届时出席为荷。"7月11日，郭沫若在这份邀请上批示说："因为我的听觉不好，我请王戎笙同志来参加。关于我的创作经过及对演出的感受，戎笙同志也知道得比较详细。他可以代达我的意见。"①

据《文汇报》报道，出席这次座谈会的有曹禺、田汉、焦菊隐、景孤血、高文澜、王戎笙、张艾丁、李超、王子野、张季纯、戴不凡、朱琳、曲素英、赵韫如等数十人。这次发言真可谓各抒己见，对于很多问题都出现了截然对立的意见。有人认为郭沫若为武则天翻案没有翻对地方；有人认为以平息裴炎叛乱来翻案能够表现武则天的功绩；有人认为戏剧冲突最好的在第一幕，此后就松散了；有人认为武则天没有遇到真正的困难；有人认为骆宾王在狱中那出戏像一幅画，但在整个戏剧中不协调。田汉认为："由于过去有人污蔑、丑化武则天，郭老所以写戏为他翻案，至于翻得是否恰如其分，是否翻得太现代化了，这在学术界也有争论。这个剧本，郭老修改了又修改，直到目前还在修改中。"②

① 据手迹影印件，原件藏郭沫若纪念馆。

② 《话剧〈武则天〉引起热烈讨论　首都文艺界人士举行座谈会　就剧本创作、表演等问题各抒己见》，1962年7月14日《文汇报》。

1962年9月12日，袁震对于《武则天》的取材和裴炎这一人物形象提出不同意见。她相信《资治通鉴》，认为裴炎“只不过要武则天放弃临朝称制，让儿子当政，并不是自己要做皇帝。”贬斥《朝野佥载》为“诋诮芜猥”“自相矛盾”[①]。针对袁震的批评，郭沫若除用《资治通鉴》自相矛盾处及裴炎人品驳斥外，[②]还申明了他对“历史真实”的看法：“我是比较相信稗官野史，而袁震同志则是相信晚出的官书和诏书。”[③]

经过两年多的修改，1962年9月，《武则天》终于在中国戏剧出版社出版，也就是本文提到的初版本。郭沫若在写于6月20日的《序言》中说：“自初稿写出到现在，快两年半了。在这期间，接受了不少同志们的意见，进行了很多次的修改。”“这个剧本的改定，得力于北京人民艺术剧院帮助很大，特别是导演焦菊隐同志费了很大的苦心。我和同志们共同斟酌了多少遍，我要特别感谢他们。”“据我自己的经验，文章的多改、多琢磨，恐怕还是最好的办法。”“改，改，改！琢磨，琢磨，再琢磨！铁杵是可以磨成针的。”[④]“铁杵磨成针”，真是《武则天》修改过程的写照。

---

① 袁震：《是谁杀死了李贤？》，1962年9月12日《光明日报·史学》。

② 郭沫若：《重要资料十四则》，《武则天》，中国戏剧出版社1962年版，第145页。

③ 郭沫若：《关于武则天的两个问题》，《郭沫若全集·历史编》（第3卷）第513页。

④ 郭沫若：《序》，《武则天》，中国戏剧出版社1962年版，第1—2页。

第三章　文联主席如何在文坛发言

新时代如何写新诗

一

郭沫若自1937年归国抗战后开始公开发表旧体诗词，此后一发不可收拾。抗战初期，郭沫若在《救亡日报》发表的旧体诗不仅有著名的《归国杂吟》，还有为郝梦龄军长所作的悼亡诗，观看戏剧后的《看〈梁红玉〉》等。作为一位享誉文坛的新诗人，郭沫若写作旧体诗词招致了很多不理解。有些朋友劝郭沫若不要“开倒车”，但郭沫若却回答说：“我总觉得做旧诗也有做旧诗的好处，问题该在所做出的诗能不能感动人而已。在我的想法，目前正宜于利用种种旧有的文学形式以推动一般的大众。我们的著述对象是不应该限于少数文学青年的。”①

这种质疑和申辩，延续了很多年。《文艺报》1950年第2卷第4期刊出了一封郭沫若致吴韵风的长信，标题为《论写旧诗词》。郭沫若在这封信里回答了旧体诗词写作的相关问题，兹录如下：

① 郭沫若：《从“有感”说到气节》，《郭沫若全集·文学编》（第18卷），人民文学出版社1992年版，第156—157页。

吴韵风同志：

你写给《文艺报》编辑同志的信，我读过了。

你看到我所写的旧诗，使你发生了疑问："为什么在'五四'前后顶大胆写新诗的人又转到写旧诗来？"你要我把"这一转变关键"写出，我是乐意回答你的。不过，我须得先行说明，"这一转变"倒不一定是由新而旧，而在实际上却依然是由旧而新的。因为"大胆写新诗"在形式上固然是一种新的转变，而"旧瓶盛新酒"在内容上也是一种新的转变。

单从形式上来谈诗的新旧，在我看来，是有点问题的。主要还须得看内容，还须得看作者的思想和立场，作品的对象和作用。

假使作者是反动派，而内容是为落后势力歌颂，或对进步势力诽谤，即使作品所采取的是未来派、立体派、达达派的形式，我们断不能说它就是"新诗"。

又假使作者是革命家，而内容是对落后势力搏击，或为进步势力歌颂，即使作品所采取的是旧式的诗或词的形式，我们也断不能说它就是"旧诗"。

是不是内容和形式有了矛盾呢？在我看来，是不尽然的。旧式的诗词在今天依然有它的相对的生命，而且好的旧诗词，例如毛主席的《沁园春》，并显然有强大的魄力，这是事实。其所以然的原故是什么呢？在我看来，这是由于旧式诗词的形式本来是民间文艺的一种加工品。

旧式诗词的形式，除掉一些过分地矫揉造作者外，大抵导源于古代的民歌民谣。它的语法和韵律，在民族的语言规律和生活情绪上，是有它的根蒂的。因此，就是现时的民歌民谣，在形式上，都比较和旧诗词更见接近。

旧诗词既然有这样一种本质——民谣体的加工，那么利用旧诗词来写革命的内容，也就尽有可能收到完整的统一与为人民服务的效果了。这样革命性的旧诗词，在内容上固然是新，就在形式上也不一定是“旧”。因为在表现上必然采取了新的事物、新的名汇，甚至新的语法，可以说在旧形式上另外化合上了新的风格。它的表现必然更加平易近人，而不会胡乱地使用僻典僻字了。不消说在旧形式中也是经过了一番选择，过分矫揉造作的形式，即是太脱离大众的形式，是一定除外了的。

新诗的形式在今天依然还在摸索的途中，好些新诗人多采取外来形式，甚至有采取到外来的旧形式的，例如所谓“商籁体”之类。因为是外来，我们感觉它是“新”，其实有好些不仅内容旧，而形式也旧了。

我并没有意思替旧诗词辩护，也没有意思采取排外的立场，在今天诗歌创作的道路上，凡是有可供采取的文化遗产的精华，无论新旧中外都是可以采取的。

不过我须得把问题限定一下。我说“可以采

取”，但不一定都非采取不可。在这里当然有些轻重缓急。例如外来的旧形式，如“商籁体”之类，在我看来就没有采取的必要。中国的旧诗词，在年青一辈的朋友，随分阅读是可以的，但也不必一定要写作或学习写作。

写作新诗歌始终是今天的主要的道路。诗歌工作者的任务是要建立为人民服务的新的民族形式。这须得我们在思想上建立革命的人生观，在生活上充实服务的体验，而在形式上则当就现存的民歌民谣中求得民族的语言规律和生活情调而施以新的加工。或发挥新的创造。要这样才可能有足以代表新时代的真正的新诗出现。

以上是我的一些粗率的意见，没有多的工夫来深思熟虑，对于你所提出的问题，我所解答的恐怕还不一定中肯。因为你要我公开答覆，我便请求《文艺报》的编辑同志把这封信公开，也就是把你所提出的问题公开了。这样可以请朋友们大家来讨论，使问题能够得到更美满的解答。

敬礼！

郭沫若

四月十九日

这封信是郭沫若对旧体诗词创作的一个系统详尽的解答。郭沫若认为，诗歌的新旧，主要看内容，而非形式。旧体诗词“大抵导源于古代的民歌民谣”，所以“利用旧诗词来写革命的内容，也就尽有可能收到完整的统一与为人民服务的效果了”。

1963年，郭沫若在致《诗刊》主编臧克家、副主编葛洛的信中，再次提到了旧体诗词的问题。他说：

> 旧体诗词，我看有些形式是会有长远的生命力的。如五绝七绝、五律七律和某些词曲，是经过多少年代陶冶出来的民族形式。这些形式和民间歌谣比较接近，如果真能做到“既有浓郁的诗意，语言又生动易懂”，我看人民是喜闻乐见的。旧瓶可以盛新酒，新瓶也可能盛旧酒，或甚至毒酒。问题是在酒的好坏，而不全在乎瓶的新旧。但旧体诗词的毛病，是每每没有诗意，而只是依靠形式。最好的办法是没有诗意时不要勉强做诗。要做诗，就要做今天的诗，要用今天的语言写今天的感情、今天的理想、今天的希望、今天的使命——为社会主义建设服务，为促进人类进步事业服务。过于严格的形式上的清规戒律是应该打破的，今天的语言已经不同于古代的语言了，平仄音韵，已有很大的改变。但做旧体诗词的人大多还是恪守着唐宋人的韵本，那是很不合理的。新体诗基本上是解放了，旧体诗词也应该求其解放。[①]

此外，郭沫若还在解读毛泽东诗词时说：“我们今天要做

① 郭沫若：《关于诗歌的民族化群众化问题——给诗刊的一封信》，《诗刊》1963年7月号。

诗，特别是要做旧式诗词，应该要打破那些陈词滥套，扬弃那些腐朽情调才行。我们要以人民的感情写出今天的诗。”“主席的诗词是最好的模范。让我们好好地学习吧，不仅要学习做诗，而且要学习做人。做人是做诗的基础。”①

从这些论述中我们可以发现，郭沫若强调“旧瓶装新酒”，反对“恪守着唐宋人的韵本”，这样的旧体诗词和传统的旧体诗词不同，在语言和内容上都是新的。所以郭沫若不仅不回避旧体诗词，而且继续写作并公开发表。

晚年郭沫若发表的旧体诗词，大多在内容上写新时代的新风貌，在格律上并不严格遵守“韵本”，从而推动了旧体诗词的新变。他的很多旧体诗词，或唱和，或书写旅途见闻，大都陈言务去，充满新意。比如他仿照毛泽东的诗词写的《卜算子·咏梅》。

1962年，毛泽东给康生的信中出示了他写的《卜算了·咏梅》：

风雨送春归，飞雪迎春到，已是悬崖百丈冰，犹有花枝俏。

俏也不争春，只把春来报。待到山花烂漫时，她在丛中笑。

词前小序云：“读陆游咏梅词，反其义而用之。”毛泽东提到的“陆游咏梅词”即陆游的《卜算子·咏梅》：

① 郭沫若：《“寥廓江天万里霜”》，1964年2月12日《光明日报》。

驿外断桥边，寂寞开无主。已是黄昏独自愁，更著风和雨。

无意苦争春，一任群芳妒。零落成泥碾作尘，只有香如故。

毛泽东要求康生将他的《卜算子·咏梅》转交给郭沫若看。

1962年1月30日，郭沫若收到这首词。他吟咏再三，揣摩毛泽东的用意："当时是美帝国主义和它的伙伴们进行反华大合唱最嚣张的时候。这也就是'已是悬崖百丈冰'的时候。在这样的时候，我们的处境好像很困难，很孤立，不从本质上来看问题的人便容易动摇。主席写出了这首词来鼓励大家。"他还把这首词翻译成白话新诗，并跟陆游的词进行了对比。陆游词"看不到人民的力量"，"感情是消极的"，"表现了一个封建时代文人的孤芳自赏"；而毛泽东的词"是多么优美的积极进取的情调呵，悲观消极的影子连一丝一毫也寻不出"。"尽管悬岩上结着一千尺长的冰柱，冻得无法再冻了，然而梅花依旧要开花，而且开得又香又美。这又香又美的梅花并不想同谁竞争，要作春天的主人，不，他只是春天的传宣使者，促进大家努力，迅速地赶走冬季的严寒，呈献出百花齐放的局面。"这首词让郭沫若"受到很大的启发，感受着春天是加倍地到来了"[①]。他当天也写了一首《卜算子·咏梅》表达他的感受：

① 郭沫若：《"待到山花烂漫时"——读毛主席新发表的诗词〈卜算子·咏梅〉》，1964年3月15日《人民日报》。

> 曩见梅花愁，今见梅花笑。本有东风孕满怀，春伴梅花到。
>
> 风雨任疯狂，冰雪随骄傲。万紫千红结队来，遍地吹军号。

郭沫若解释说：“‘梅花愁’是陆游的《咏梅》，‘梅花笑’是主席的《咏梅》了。‘万紫千红结队来，遍地吹军号’，便是从‘山花烂漫’得来的启示。”①

《卜算子·咏梅》比较典型地体现了晚年郭沫若旧体诗词的创作因缘、写作语境，表现了郭沫若在新时代的革命乐观主义精神。

二

1950年6月2日，《人民日报》刊出了郭沫若的《“六一”颂》，这首诗共分四节，兹录如下：

> 小朋友们，亲爱的小朋友们，
> 今天是你们的节日，太阳照耀得这样辉煌，
> 这六月一日和正月一日的元旦一样。
> 我诚恳地祝你们健康，健康，健康，
> 祝你们自由自在地在自由的天地中成长，

① 郭沫若：《“待到山花烂漫时”——读毛主席新发表的诗词〈卜算子·咏梅〉》，1964年3月15日《人民日报》。

祝你们一个个都长成为人民中国的栋梁，
祝你们一个个都长成为人类社会的栋梁。

小朋友们，亲爱的小朋友们，
我们有无数的勤劳勇敢的生产者，
在为你们制造着丰富的物质的食粮，
来保证你们的健康，保证你们的成长；
我们还要发动所有进步的文艺家，科学家，
为你们制造丰富的精神上的食粮，
使你们不但身体健康，精神也要健康；
使你们不但身体成长，精神也要成长。
我们要为新社会建设打好基础，
好让你们来添花锦上，光大发扬，
再隔三二十年到了你们的时代，
新中国已长成得就和苏联一样，
全世界也都长成得就和苏联一样。

小朋友们，亲爱的小朋友们，
正是为了保卫你们的健康，成长，光荣，
世界保卫和平正在风起云涌，
我们反对帝国主义的战争贩子，
我们反对原子武器的使用。
成千成万的白鸽子向全世界送出和平的信号：
未来的世界是属于今天的儿童；
对于儿童要保重，保重，第三个保重；

要使新时代的儿童人人都成为斯大林，毛泽东。

斯大林大元帅万岁！
毛泽东主席万岁！
未来的斯大林，毛泽东万岁！

吴宫草阅读了这首诗，于6月2日晚上给郭沫若写了一封长信。著名诗人吴奔星曾用“宫草”“吴宫草”的笔名。从该信内容来看，吴宫草是一位“壮年”的给“专科以上的同学”授课的教师，喜欢读郭沫若的作品，还曾将郭沫若的诗歌选给同学们精读。1949年8月至1950年7月，吴奔星在北京师范大学附中等校任国文教员，[①]符合给“专科以上的同学”授课的教师的身份。这封信写于6月2日，郭沫若6月4日就回信了，时间间隔如此之短，说明两人在同一个城市，吴奔星是满足这个条件的。因此，我认为吴宫草就是吴奔星。吴奔星（1913—2004）是现代派著名诗人，1949年前在《世界日报》《华北日报》《小雅》等报刊发表大量诗作，出版有《心象集》等。

在吴奔星看来，郭沫若身份特殊，“您是全国文联的领导人，又受人民托付之重，真是众望所归”，“您的诗读者是很多的，影响是很大的”。正因为此，他觉得他有责任提出他的意见。吴奔星的总体意见是：“您从发表《女神》的时候起

① 吴心海：《吴奔星著述年表（1913—1949）》，《现代中文学刊》2014年第2期。

到现在所写的诗止，近三十年，内容尽管有些不同，而风格却似乎没有什么大的变动。‘夫子之道，一以贯之’，究竟是进步？退步？抑停滞？我手边材料不够，不敢瞎作论断。不过，像《‘六一’颂》这样的内容似乎不一定以诗的形式来表达。因为读的时候，似乎在跟着您喊口号，得不到具体、生动的形象，只有些类似教条般的零碎的概念而已。您以往的诗多半是成功的，但这首诗却似乎失败了。”吴奔星似乎又觉得这样的批评过于苛刻，所以接下来的语气变得稍微委婉一些：“《‘六一’颂》这样的诗，本来是应酬诗中的应景诗，是您逗小孩子玩儿的——使他们高兴高兴的，原算不了什么一回事儿。试问古今中外有那一位文学家是以写应酬诗而成名的？又试问古往今来有那一首应酬诗足与‘天地长春’？况且，您是一个忙人儿，负有人民所托付的重任，那儿有许多工夫去推敲应景诗？还不是一挥即就么？本来嘛！六月一日才过的儿童节，六月二日您的诗就出现在报纸上了。急急忙忙的自然免不了一星半点儿疏忽。”

具体来说，吴奔星认为这首诗可作如下修改。从标题上看，“颂”不如“赞”。从逻辑上看，“这六月一日和正月一日的元旦一样”不如“这六月一日正和大年初一一样”“通俗又亲切”，因为“正月一日的元旦”这样的说法不通行。“我们还要发动所有进步的文艺家，科学家”应该改成“我们还有无数的进步的文艺家，科学家”，因为“若真要发动的话，那即是‘被动’，似乎还需经过一个时期的思想改造，不能算‘进步的’了。”“精神也要成长”违背“语言的习惯法”，“咱们中国人只说或只听说精神‘饱满’‘充足’‘健旺’或‘消沉’‘颓唐’‘萎靡’……等等，似乎很少（或绝对不）说或听说精神‘成长’的”。吴宫草还认为郭沫若为了押韵把“锦上添花”“发扬光大”颠倒成“添花锦上，光大发扬”不符合“普及第一”的原则。“成千成万的白鸽子向全世界送出和平的信号”，“对于儿童要保重，保重，第三个保重”显得“过于冗长，洋化，不符合咱们中国人说话的习惯”。此外，吴宫草认为第三节第三行与最末一行都有语病，“而第五节竟以三句口号作结束。这就全篇的气氛说，是不大统一的，失去了和谐的美”（按：原诗四节，吴奔星误写成五节）。

6月4日，郭沫若给吴奔星回了一封信。信一开始谈到了这首诗的写作缘起及效果：“《‘六一’颂》的确是在到会之前的二三十分钟内赶写出来的。那天九点钟，高教会开幕，非去参加不可，但儿童节筹备处却打来电话也要我非去参加不可。我因此赶写了那么一首诗。在我的意思，在儿童面前去演说，倒不如用韵文去朗诵，会更有效些。照当天会场上的反应看来，小朋友们似乎很能接受。同样的诗，我在师大二附小也去朗诵了一遍，我有四个孩子在那儿念书，他们回来，我问了问，也说能懂。因此，足下所提出的通俗与否的问题似乎并不那么严重。今天的儿童是有些惊人的表现的，单是儿童节大会上有几位小朋友讲的话，有好些大人恐怕都讲不出来。”郭沫若逐一回答了吴奔星提出的问题。他认为这些问题都不是问题。尤其是吴奔星提出的失去了“和谐的美”的第四节，郭沫若认为：“最后的三句口号，我倒感觉着特别有力。和谐固然是一种美，但在平板中增加一点破格，便会增加效果。这是近代美学的一个公例。俗语也说的好：‘要得甜，放点盐。’”郭沫若最后说：“我写出那首诗，只是想表示我对于儿童的爱护，并促进世间对于儿童的爱护，倒根本没有当成文艺作品来看。我没有到场去随便敷衍几句演说，而毕竟费了一番心思写出了那么一首东西出来，至少是可以看出我在郑重其事。至于口号不口号或者能否与‘天地长春’，我根本没有考虑到。”“足下很认真，但把问题也看得太严重了一点。思想上有些地方成问题。”①

值得注意的是，这首诗在收入1953年出版的《新华颂》时，吴奔星认为的冗长、搭配不当的第三节的最末两行和失去了“和谐的美”的第四节都被删掉了。

这两人的通信，反映了晚年郭沫若诗作的一些有意味的话题。郭沫若的很多诗的确都像这首《“六一”颂》一样，是某个场合的“应酬诗”。正如蔡震所说：“郭沫若实际上成了社会主义革命和社会主义建设事业的一个文化代言者（当然不只是他一个人）。因此‘命题’为文为诗的情况并不鲜见。所谓‘命题’当然并不一定是有一个具体的文题、诗题摆在郭沫若面前让他去创作，而是说一首诗歌、一篇文章的写作缘起、写作冲动，不是在郭沫若自己脑海中涌动出来的，而是出自于一个外部的邀约。”“参观、考察、参加某项活动之时，某地、某单位，乃至某位领导当面一个

① 上文关于吴宫草的信和郭沫若的回信，均引自《郭沫若与吴宫草讨论〈“六一”颂〉一诗的信》（淮阴师专编《活页文史丛刊》第32期）。

请求，请求作首诗，郭沫若也就应了下来。”“国内外有什么重要的事情发生，不管是哪个方面的，总是有媒体（从党报到地方的报刊）约请他写诗写文，其实就为的是通过他的笔发出赞扬之词，或表达一种态度。更有许多政治领域的活动，需要他发声。”①

如果从审美的角度来看，郭沫若这些诗作在艺术上的确经不起推敲。现代派著名诗人吴奔星的看法不仅在当时具有普遍性，而且在20世纪80年代现代派重新受到推崇至今，也代表了主流观点。蔡震就认为：“这样应时应景创作出的诗，自然缺少审美的价值，甚至难以称之为诗。这类诗作在郭沫若的诗歌创作中并不鲜见，他自己也清楚这一点，但恐怕也有点无可奈何，所以他曾自嘲‘诗多好的少’。”②但郭沫若的回应却提示我们需要从另外的角度去评价这些诗作。比如说标语口号，郭沫若说那是“在平板中增加一点破格”，并非就不可以；比如他说写诗的目的不是为了与“天地长春”。既然郭沫若作诗不是为了审美，也不是为了“名山事业”，且大胆“破格”，那我们何必以传统的审美的标准去要求他的诗歌呢？我们需要用一套新的解读方法，才能更加贴近它。囿于论题，本书不展开讨论。

---

① 蔡震：《新华颂歌——郭沫若在新中国成立后的诗歌创作》，《郭沫若与新中国暨中国郭沫若研究会第七次会员代表大会论文集》，威海，2019年，第11、14页。

② 蔡震：《新华颂歌——郭沫若在新中国成立后的诗歌创作》，《郭沫若与新中国暨中国郭沫若研究会第七次会员代表大会论文集》，威海，2019年，第11、14页。

三

1972年4月4日，80岁高龄的郭沫若因一本民歌选集，接连写了两封信，一封给安徽大学革委会，一封给殷光兰。先录给安徽大学革委会的信如下：

安大革委会的同志们：

　　三月十三日来信，阅悉。

　　殷光兰同志的民歌选集，读了一遍，写得很好。书名，遵嘱题就。

　　复殷同志信，请转致。

　　专复，顺致

敬礼。

郭沫若

一九七二年四月四日[①]

“复殷同志信”附在给“安大革委会的同志们”的信封内，兹录如下：

殷光兰同志：

　　你的民歌选，我拜读了。很好。改了一些字句，请你斟酌。

① 据手迹复印件，郭平英老师提供。

希望你继续写下去，写出更多更好的“门歌”。——“门歌”大概是安徽的方言吧。是不就是民歌？

专复，顺致

敬礼。

郭沫若

一九七二年四月四日[1]

殷光兰这本民歌选集，即《放声歌唱红太阳——殷光兰民歌选集》，安徽人民出版社1972年5月出版。作者署名“安徽大学革命委员会”的《前言》称：“这本民歌选集是在毛主席革命文艺路线的指引下，由我校中文系师生选编的。共选了殷光兰同志一九五八年以来发表于各种报刊上的民歌七十首。选编时，由殷光兰同志作了一些修改。编成后，曾得到郭沫若同志的关怀和支持。郭沫若同志在百忙中亲自审阅、修改了这本民歌集，题写了书名，并复信我校革委会和殷光兰同志。这是对我们很大的鼓励。”

殷光兰，1935年生于安徽肥东定光乡山王村，农民歌手。她从小生活凄苦，出生半个月就抱给同村王家龙家做童养媳，七岁开始放牛割草，洗衣做饭，锄田送粪。婆家人思想观念陈腐，吃饭不让她上桌，人前不让她说话，自然也就谈不上读书识字了。她喜欢唱歌，七岁就边放牛边学会了十多首民歌小调。她公公认为这败坏风气，不让她唱。1949年后，新政权实

① 据手迹复印件，郭平英老师提供。

现了劳动人民当家作主。毛泽东的文艺思想给殷光兰极大的鼓励。“我请人把毛主席的《讲话》念给我们听，我越听越激动，越听越有劲，毛主席的话句句都合我们的心意。有毛主席撑腰，我们这些泥糊腿子就能登上文艺舞台。”[①]在组织的帮助下，殷光兰开始参加一些集体活动，唱歌的特长逐渐得到发挥。殷光兰的成名作创作于1955年栽秧季节。她在秧田里唱道：

跳下田来栽秧棵，栽秧的人儿爱唱歌，
栽到稗子棵棵死，栽到黄秧都活棵，
都活棵来都活棵，万担归仓收的多，
增产支援工业化，改善生活笑哈哈。

这首诗被文化馆的干部印发到全县，激发了殷光兰的创作激情，并给予殷光兰创作方法的指引。“从此我们就找着了创作要紧密结合生产，配合中心工作，大家集体研究，有文化的执笔记录的门路，一篇接一篇的创作起来了。”殷光兰等农民的创作得到当地干部的支持。“乡党委经常给我们提供创作内容，县委宣传部负责人亲自帮助我们修改稿子，乡党委副书记梁其珍同志还亲自来和我们一道创作了《栽坏秧苗少分粮》。”[②]殷光兰的创作一发不可收拾，从1952年到1965年，殷光兰先后创作了160余首民歌。

---

① 殷光兰：《毛主席光辉的〈讲话〉照亮了我前进的道路》，《放声歌唱红太阳》，安徽人民出版社1972年版，第2页。

② 殷光兰：《从养媳妇到农民女歌手》，《论新民歌》，上海文艺出版社1958年版，第151页。

1957年1月，殷光兰代表农民歌手参加了专区和安徽省的第一届民间音乐舞蹈会演，得了特别奖。她被推举为妇女代表，参加了全国妇女代表大会，受到毛泽东接见，并和毛泽东合影。跟毛泽东的合影让她十分光荣，她在很多诗歌中歌颂毛泽东。20世纪60年代，她一度登上安徽大学的讲台。

1971年3月，殷光兰重返安徽大学任教。郭沫若给安徽大学写信，请他们转给殷光兰，是因为殷光兰是该校教员。

《放声歌唱红太阳——殷光兰民歌选集》分为《红太阳颂歌》《翻身歌》《红旗歌》《丰收歌》四辑。

《红太阳颂歌》大多是对毛泽东的歌颂，比如《见到了毛主席真幸福》：

见到了毛主席真幸福，
好比见到太阳出，
太阳一出照四方，
毛主席光辉照全国。

《翻身歌》多是歌颂当时的生产建设。比如《我的歌儿调门多》：

我的歌儿调门多，
先唱工人老大哥，
前人做梦没想到，
长江上面跑火车。

又如《不靠神仙不靠天》：

不靠神仙不靠天，
集体力量大无边，
毛主席带着咱办公社，
改地又改天。

《丰收歌》歌颂农业生产，其中《春歌三首》中的《送肥》写道：

社员跑在春天前，
送肥号子撒满田，
丰收的苗儿快起来，
产量给我冒个尖。

这些诗歌反映农村的生产生活和农民的朴实情感，大多押韵，朗朗上口，容易受到农民的喜欢，从而转化为生产和工作中的热情，得到领导干部的重视。

郭沫若当时很少为人题词，他在1970年9月给耿庆国写信说："你要我题字，我不好照办。""主席曾经指示过：'我们不要题辞'。我遵照主席的教导，好几年都没有题字了。"[①]但对于殷光兰的诗歌集，郭沫若却慷慨题写了书名。这不能不说比较特殊。

---

① 据手迹复印件，郭平英老师提供。

事实上，晚年郭沫若一直关注民歌。1958年，随着“大跃进”的开展，很多人认为，“新诗还没有能够很好地和工农兵群众相结合，还没有真正地做到为工农兵群众所喜闻乐见。这也就是说，新诗下放到工农兵群众中去的还不多。”为了纠正这些缺陷，“由于毛主席的倡导，全国各地正在蓬勃地展开一个声势浩大的搜集民歌运动”[①]。郭沫若高度肯定搜集民歌的工作，并积极参与讨论。他和周扬合编了权威的新民歌选集《红旗歌谣》，并在《序》中写道：“我国劳动人民在一九五八年以排山倒海之势在各个战线上做出了惊人的奇迹。劳动人民的这股干劲，就在他们所创作的歌谣中得到了最真切、最生动的反映。新民歌是劳动群众的自由创作，他们的真实情感的抒写。”“新民歌可以说是群众共产主义文艺的萌芽。这是社会主义新时代的新国风。这是作了自己命运的主人的中国人民的欢乐之歌，勇敢之歌。他们歌颂祖国，歌颂自己的党和领袖；他们歌唱新生活，歌唱劳动和斗争中的英雄主义，歌唱他们对于更美好的未来的向往。这种新民歌同旧时代的民歌比较，具有迥然不同的新内容和新风格，在它们面前，连诗三百篇也要显得逊色了。”[②]

郭沫若一贯认为，中国文学存在两条道路，一条是民间的，一条是贵族的。某一种诗歌体裁产生于民间，充满了蓬勃生机。发展到一定程度后，贵族文学吸纳了这种体裁，这种体

① 作家出版社编辑部：《序》，《诗风录》，作家出版社1958年版，第1、3页。

② 郭沫若、周扬：《〈红旗歌谣〉编者的话》，《红旗》1959年第18期。

裁也就逐渐走向了没落。于是民间又有新的体裁产生出来。他晚年之所以对清代女作家陈端生写作的弹词《再生缘》特别感兴趣，重要原因之一就是这是来自民间的体裁，对于僵化的传统思想意识充满了叛逆。郭沫若在《红旗歌谣》的《序》中阐明了他的一贯观点："历史将要证明，新民歌对新诗的发展会产生愈来愈大的影响。中国文艺发展史告诉我们，历次文学创作的高潮都和民间文学有深刻的渊源关系。楚辞同国风，建安文学同两汉乐府，唐代诗歌同六朝歌谣，元代杂剧同五代以来的词曲，明清小说同两宋以来的说唱，都存在这种关系。今天在建设社会主义总路线的光辉照耀之下，劳动人民这样昂扬的意志，跃进歌谣这样高度的热情，必然会在文艺创作上引起反应。我们的作家和诗人将从这里得到启示，只要我们紧紧和劳动人民在一起，认真努力，就一定能够不断地产生出毋愧于时代的作品，把我们的文艺引向新的高峰。"①

郭沫若也希望文人参与民歌的再创作。在1958年5月的一篇文章中，郭沫若认为："现在全国采风，恐怕不是以百千万来计数，而是以亿来计数。民歌是在不断的产生中，比人口的产生还要快要多。数量之多，没办法估计。在收集之后总要有选择。对这些民歌，完全不能改，未免说得太死。选择民歌时应该可以改，不过是小改，不是大改。"②这比当时一些人认为采集民歌一个字都不能改显得更加合理。

---

① 郭沫若、周扬：《〈红旗歌谣〉编者的话》，《红旗》1959年第18期。

② 郭沫若：《民歌要不要改？》，1958年5月12日《文汇报》。

郭沫若自抗战时期以来，就模拟民歌创作了一些新诗。比如收在作家出版社1958年出版的《采风录》中的《学文化》《毛泽东的旗帜迎风飘扬》两首。《学文化》写于1951年1月26日，兹录如下，以见一斑：

毛主席，告诉咱
咱们工人阶级当了家。
要把中国现代化，
要把中国工业化，
当家的主人翁，
必须学文化。

学文化，学文化，
体力劳动，脑力劳动不分家。
知识分子进工厂。
你拉我一把，我拉你一把，
你推我挽往上爬，
不是拔河往左右拉。

钢铁可以打成针，
宝石可以钻成花，
谁说咱们脑筋不开化！
以前的日子咱们当牛马，
读书识字莫说它，
有嘴谁敢说半句话？

如今呢，咱们当了家，
文化就是咱们的文化。

苏联老大哥，真是顶呱呱，
中国老二哥，一定要学他。
劳动模范，斯达哈诺夫，
来他个百打，千打，一万打。
咱们要抗美援朝卫国保家，
咱们要保卫世界和平，
保卫人民民主的天下。

其实，只有对郭沫若晚年诗歌创作和民歌的关系做更深入的了解，他的很多诗歌我们才能理解，而非简单用现代派的诗学标准去否定它。

筹备第三次全国文代会

“十七年”期间共召开过三次全国文代会，即1949年的第一次全国文代会，1953年的第二次全国文代会，以及1960年的第三次全国文代会。对于这三次文代会，学界比较熟悉的是周扬在文代会上的报告。郭沫若更多的精力放在了中国科学院，对于中国文联他介入不深。但作为中国文联主席，对于文代会这样的盛事，郭沫若究竟在多大层面上介入了筹备工作？以前对此的研究很不充分。我根据新发现的几份资料和手稿，管中窥豹，对此展开初步探讨。

第三次全国文代会于1960年7月22日至8月13日在北京召开。参加大会的有来自各省市自治区和人民解放军等单位的2300多名文艺工作者代表。毛泽东、刘少奇、周恩来等党和国家领导人接见了全体代表。大会的议题是总结1949年以来文艺工作的经验和成就，讨论今后社会主义文艺发展的道路。中国文联副主席周扬在大会上做了《我国社会主义文学艺术的道路》的长篇报告。中国文联主席郭沫若做了题为《为争取我国社会主义文艺事业的更大跃进而奋斗》的开幕词和《高唱东风压倒西风的凯歌　创造更多的革命英雄形象》的闭幕词。中宣部部长陆定一代表党中央和国务院致祝词。阳翰笙代表中国文联第二届全国委员会做工作报告。茅盾做了《反映社会主义跃进的时代，推动社会主义时代的跃进》的报告。会议讨论了文联和各协会的报告和章程，通过了《中国文学艺术工作者第三次代表大会的决议》。选举了以郭沫若为主席，茅盾、周扬、巴金、老舍等为副主席的新一届中国文联领导机构。

我新发现的资料涉及郭沫若对阳翰笙的工作报告、周扬的长篇报告、郭沫若的开幕词等三份文件的修改。本文拟分析这些修改及其被采纳的情况，以此探讨郭沫若和第三次全国文代会的关系。

一

在山东中国文学艺术博物馆所藏的中国文联档案中，有一页中国文联致郭沫若的信件，兹录如下：

> 郭沫若同志：
>
> 送上中国文学艺术界联合会第二届全国委员会主席团工作报告（草稿）一分，请您审阅。该报告即将在主席团会议上进行讨论和通过，因此请您于月底前提出意见（书面或电话通知中国文联党组电话5—4055），以便修改。
>
> 此致
>
> 敬礼！
>
> 中国文联
>
> 1960年6月24日

这封信件主体部分铅字打印，“郭沫若”三字钢笔手写，落款处加盖“中国文学艺术界联合会办公室”公章。郭沫若用毛笔在自己的名字上画了圈，并于6月27日在这封信笺上做了较长批示，具体内容如下：

> 看了一遍。建议把第1页“实现全国农村的人民公社化”句改一下，城市已有人民公社，西藏等地区尚未公社化，不如提三大法宝为佳。
>
> 第12页第四方面，在“政治理论”下似可加入“科学知识”，方与内容相符。
>
> 第20页在“彻底改造立场和世界观”之下，似可增加一句“为了保证成为促进派，不断进行革命。”
>
> 第21页“所谓‘西方文明’……等反动思想进行斗争”句似应斟酌。“西方文明”有其反动的糟粕，也有其可取的精华。“西方文明”似可不提。“自由、平等、博爱”也不是帝国主义所传播，而是资本主义前期的口号。可否改为“坚决同所谓‘自由、平等、博爱’等资产阶级思想进行彻底的批判”？
>
> 第24页“高举工农兵方向的旗帜”似可改为“更高地举毛泽东思想的旗帜”。
>
> 郭沫若
>
> 六、廿七

从上述批示来看，郭沫若对于中国文学艺术界联合会第二届全国委员会主席团工作报告初稿的意见共有五条。我没有查找到初稿，故而对于这五条意见的具体针对性不能落实。只能据正式发表的《中国文学艺术界联合会第二届全国委员会主席团工作报告》[①]考察第三次文代会筹备组对郭沫若意见的采纳情况。

阳翰笙代表中国文学艺术界联合会第二届全国委员会主席团在第三次文代会上的工作报告共分两大部分：第一个部分从七个方面总结自1953年第二次全国文代会以来中国文联所取得的成就，第二部分从六个方面提出了对今后工作的意见。

郭沫若的第一条意见，在初稿的第一页，应该是正式稿的前两个段落之中。仔细对照郭沫若的意见和正式稿，我们发现正式稿中已经没有了“实现全国农村的人民公社化”字样。“三大法宝”指的是统一战线、武装斗争、党的建设，但正式稿中没有这样的提法。可见，正式稿按照郭沫若的意见删除了“实现全国农村的人民公社化”，但没有按照郭沫若的意见增补“三大法宝”。正式稿第二段第二句为：“六年多来，特别是一九五八年大跃进以来，我们的文艺工作在党的社会主义建设总路线的光辉照耀下，在光辉的毛泽东文艺思想的指导下，取得了辉煌的成就，创造了丰富的经验。”[②]这可能就是经郭沫若指出后修改过的地方。

郭沫若的第二条意见，指向报告第一部分的第四个方面。其主题句在第一句，正式稿表述为“在推动文艺界加强政治理

① 全文见中国文学艺术联合会编《中国文学艺术工作者第三次代表大会资料》（1960年）。

② 阳翰笙：《中国文学艺术界联合会第二届全国委员会主席团工作报告》，《中国文学艺术工作者第三次代表大会资料》，1960年，第354页。

论学习和丰富科学文化知识方面”[1]，当是采纳了郭沫若的建议，并进行了进一步斟酌，将郭沫若提出的“科学知识”改为“科学文化知识”。正式稿中有：“一九五九年，本会举办了‘科学的世界观、科学的共产主义、科学的方法论’的讲座。此外，本会还举办过‘中国近代史’讲座，‘人造卫星与宇宙航行’报告会、‘苏联文学’报告会、‘鲁迅纪念报告会’等。”[2]如此看来，“科学文化知识”确实比“科学知识”更为完整。

第三、四条意见，按照郭沫若信中标示的页码和关键词来看，所指的地方应该是第二部分第二、三方面。这两个方面都谈到了文艺界的思想改造问题。正式稿表述如下：

> 二、推动文艺界继续深入地开展“兴无灭资”的斗争，彻底肃清资产阶级的政治影响和思想影响，通过文艺作品帮助人民提高共产主义思想觉悟和道德品质。推动文艺界用马克思主义列宁主义的观点，批判地继承文艺遗产，大胆革新和创造。运用多种多样的艺术为广大人民服务，并展开各种不同艺术风格之间的自由竞赛。

① 阳翰笙：《中国文学艺术界联合会第二届全国委员会主席团工作报告》，《中国文学艺术工作者第三次代表大会资料》，1960年，第359页。

② 阳翰笙：《中国文学艺术界联合会第二届全国委员会主席团工作报告》，《中国文学艺术工作者第三次代表大会资料》，1960年，第360页。

> 三、推动和组织文艺界，继续深入工农兵群众，参加劳动和斗争，进一步同工农兵群众相结合。在和群众同呼吸、共命运的过程中，更自觉地改造自己的世界观和思想感情，努力促进知识分子的劳动化和工农群众的知识化。本会将采取各种方式，继续组织文艺工作者深入工农群众和参加劳动。[①]

根据郭沫若提出的第三条修改意见来看，原稿中有“彻底改造立场和世界观”字样，郭沫若修改后的文字应该出现“不断革命”字样，但这两个短语在正式稿中都没有出现。如按照郭沫若提出第四条意见修改，应该出现“自由、平等、博爱”字样，但这在正式稿中也没有出现。如此看来，原稿被郭沫若提出应该修改的地方都经过了大幅度修改，但修改的具体内容并没有采纳郭沫若的意见。

郭沫若提出的第五条意见，从他批示中标示的页码和关键词来看，所指的地方应该是第二部分第四方面。正式稿表述为：“推动和组织文艺界，加强学习马克思列宁主义和毛泽东著作。必须以毛泽东思想作为改造自己、观察世界和改造世界的犀利武器。为此，本会将继续组织讲座、报告会或采取其它形式，努力创造条件为文艺界提高政治修养、加强思想改造服务。”[②]可见正式稿既没有坚持“高举工农兵方向的旗帜”，

---

① 阳翰笙：《中国文学艺术界联合会第二届全国委员会主席团工作报告》，《中国文学艺术工作者第三次代表大会资料》，1960年，第363页。

② 阳翰笙：《中国文学艺术界联合会第二届全国委员会主席团工作报告》，《中国文学艺术工作者第三次代表大会资料》，1960年，第363页。

也没有按照郭沫若的意见修改为“更高地举毛泽东思想的旗帜”。

从上述分析来看，第三次文代会筹备组对郭沫若有关第二届全国委员会的工作报告的修改意见是高度重视的，郭沫若所指出的地方都有所修改，但都没有采纳郭沫若的具体意见。值得注意的是，郭沫若有些意见体现了他作为历史学者的严谨和从他所担任的人民外交工作出发的需要。他对“西方文明”进行了辩证分析，认为不应该笼统反对“西方文明”和“自由、平等、博爱”。这不仅有利于文艺界批判继承人类文明遗产，对于长期从事争取西方知识界同情工作的郭沫若来说，这也不会对他以后的外事工作增添麻烦。正式稿回避了对“西方文明”和“自由、平等、博爱”的评判，这应该是虽不愿意采纳郭沫若的具体说法，但照顾了郭沫若意见的折中办法。

从中国文联给郭沫若的信中“郭沫若”三个字为手写可以看出，这份报告稿在送给郭沫若审阅的同时，也送给了其他人审阅。报告稿的正式定稿当采纳了各方面意见，郭沫若的批示只是这些意见之一。

二

第三次文代会的主报告是周扬在7月22日所作的《我国社会主义文学艺术的道路》（初稿题为《社会主义文学艺术的道路》）。这篇报告接近4万字，从“为工农兵服务、为社会主义事业服务”“百花齐放、百家争鸣”“革命现实主义和革命浪漫主义的结合”“驳资产阶级人性论”“遗产的批判和继承”

等方面总结了1949年以来我国文学艺术发展的经验，“阐明我国文学艺术是怎样发展过来的；阐明我国文艺应当沿着什么方向、什么道路前进才是正确的，才是有利于社会主义共产主义事业，有利于社会主义文艺本身的发展；阐明在我国文艺界，无产阶级的路线和资产阶级的路线之间，共产主义的世界观和资产阶级的世界观之间，是怎样进行着尖锐的斗争的”[①]。这个报告在大会上得到了热烈讨论，大会决议特意提到这个报告，认为：“周扬同志的报告，正确地总结了我国文学艺术工作十一年来取得的重大成就和丰富经验，深刻阐明了毛主席的文艺思想和党的文艺路线，并且根据当前的形势，提出了我国文学艺术工作今后的任务。”[②]“这个报告发表的当天，中央领导（不记得是哪一位）指示让新华社用英、法、俄等多种文字向国外播发。苏联与东欧国家因文中未点名没有什么反应，南斯拉夫发表了反击的文章。后来周扬、林默涵、秦牧访问古巴回来说古巴在欢迎代表团的横幅上写‘欢迎社会主义文学艺术道路的作者’。说明古巴支持这个报告。”[③]

周扬的报告经过了比较长时间的准备和修改，据参与其事的黎之回忆，文联向中央写了关于召开文代会的请示报告。“中央书记处同意开会。当时作了如下指示：一、要充分肯定成绩。二、修正主义只点南斯拉夫的名。国内修正主义不占主

① 周扬：《我国社会主义文学艺术的道路》，《戏剧报》1960年第14、15合刊，第9页。

② 《全国第三次文代大会决议》，1960年8月13日《人民日报》。

③ 黎之：《回忆与思考——第三次全国文代会前后（下）》，《新文学史料》1996年第2期。

导地位。三、我们的文艺队伍是好的。”“四、参加大会的代表应该照顾到各个方面。”“根据书记处的意见，周扬组织人起草他的大会报告。他先找了几个文艺界的领导同志（记得有邵荃麟、刘白羽、何其芳、林默涵、袁水拍等），详细讲了他要讲的内容。”“我把他的讲话整理了一下，在整理过程中，他特别提醒我把大家提的好的意见整理进去，还具体提到几个人的某些意见。文艺处的同志们又分别协助搜集材料和查阅有关的马克思主义经典作家的论述，同时找所谓‘反面材料’。这方面的工作文学研究所、文艺报、世界文学等单位给了很大的帮助，个别国外材料还请大使馆的同志们提供。”“初稿经过多次修改，最后由周扬、林默涵、袁水拍到北戴河定稿。”“在起草和修改的过程中，周扬颇费苦心。”“前言部分是袁水拍起草的”，其中有几句诗，林默涵“几次删去”，周扬“又几次恢复”。①

初稿完成后，周扬请郭沫若提修改意见。这方面的材料最近才得以披露，学界尚未注意到。在《郭沫若年谱长编》中，1959年7月11日条目中摘要收录了一封郭沫若致周扬的信。②这封信谈的正是对周扬《我国社会主义文学艺术的道路》的修改意见，故而《郭沫若年谱长编》对这封信的系年有误，应系于1960年7月11日条下。这封信原件藏郭沫若纪念馆，最近我们整理发表于《郭沫若研究》2019年第1期，兹录全文如下：

---

① 黎之：《回忆与思考——第三次全国文代会前后（下）》，《新文学史料》1996年第2期。

② 林甘泉、蔡震主编：《郭沫若年谱长编》（第4卷），中国社会科学出版社2017年版，第1752—1753页。

周扬同志：

《社会主义文学艺术的道路》读过了，写得很全面，也很集中。文字也很简练。

在十年来的成就中，是否可以提一提建筑、工艺、摄影等。这些也应该属于艺术范畴。建筑中的新成就，充分显示了中国作风和中国气派，壮丽而又庄重朴实。对于古建筑物的保护，恐怕也值得一提。

从中国习惯来说，书法也应算是艺术。毛主席的字，我就认为开一代的书风。但今天要提书法，恐怕还不大容易被人接受。荒废得相当厉害，无多大成绩可言。

41页加强党的领导一小节是否可以并入第一任务？这样便把党的领导摆在第一位，也表明了怎样领导。（这样似乎要妥当些。）

有些字句，想请斟酌一下。如第一页“一向被人看不起的东方大地”即其一例。“东方大地”不是“被人看不起”，而是被帝国主义者垂涎千丈的。被看不起的是旧时代的中国和中国人。

第三页“共处决不能放弃斗争”，太简洁了，容易被人误会为好战。特别是“斗争”一辞，译成英文就是fight，也就是战争。所以我建议改为“共处决不能是无原则的。这里便必然有斗争”。和平共处的五项原则，如能点明一下似乎更好。

我的《蔡文姬》被您提到了，但就我自己来说，我觉得《武则天》比较还要满意一些。北昆的

《文成公主》比话剧的《文成公主》更刻画了人物。除创作外，演出上的成就（演员的成就）似乎还值得提一提。作家用笔墨来创造人物，演员用身心来创造人物。

敬礼！

郭沫若

七、十一

郭沫若提到的第一个问题，是关于1949年以来成就的总结。郭沫若认为应该提到建筑、工艺、摄影和书法。在郭沫若看来，这些也包括在文艺的范围内。周扬报告定稿的“百花齐放、百家争鸣”部分对于当时文学艺术的范围有这样一些表述：“工艺美术和建筑艺术既保持了民族色彩，又显示了新时代的风貌，因而博得人们的赞赏。”“长篇小说和短篇小说、散文、特写、多幕剧和独幕剧，交响乐、大合唱和群众歌曲、民歌，油画、雕塑、国画和版画、宣传画、漫画，故事片和新闻纪录片、科学教育片、美术片以及摄影作品都发挥了各自的功能和创造，各有千秋。”[①]这两处表述中的“工艺美术和建筑艺术”“摄影作品”应该是吸纳了郭沫若的意见后增加上去的。事实上，中国文联下面有中国摄影学会，这次会议选举了新一届的中国摄影学会主席和副主席。郭沫若所谓的“建筑中的新成就，充分显示了中国作风和中国气派，壮丽而又庄重朴

① 周扬：《我国社会主义文学艺术的道路》，《戏剧报》1960年第14、15合刊，第13、14页。

实”，应该主要是指刚刚建成的以人民大会堂为代表的十大建筑。特别值得注意的是郭沫若对古建筑保护的重视，坊间流传郭沫若主导拆毁北京城墙，属于无稽之谈。

关于党的领导，郭沫若指出第41页“加强党的领导一小节是否可以并入第一任务”。根据第41页和“任务”这一关键词推测，这一小节应该在报告的末尾。报告定稿的最后一部分第二段为：“同志们！我们的目标是创造伟大的社会主义、共产主义文学艺术；我们的任务是艰巨的。”这里提到“任务”，下面紧接着就是党的领导：“我们一定要为更好地贯彻执行党和毛泽东同志所规定的文艺路线而作更大的努力，在文艺工作中坚持政治挂帅的原则，进一步加强党的领导，这是使文学艺术事业能够不断取得胜利的根本保证。”[①]以下就没有再谈“党的领导”了。由此看来，周扬吸收了郭沫若的这一意见。

郭沫若提到初稿中的“一向被人看不起的东方大地”的句子，定稿中没有了。定稿中相关的句子是：“我国大地上出现了一系列的新事物。”“中国正在一步一步地改变着贫弱落后的面貌，以雄伟的革命姿态，青春焕发地站立在世界上。”[②]这可能是经过郭沫若指出后修改的地方。

郭沫若提到的“共处决不能放弃斗争”的句子，按照所标出的第三页的位置，应该指的是报告中对南斯拉夫的批判。定稿对此表述为：“以南斯拉夫铁托集团为代表的现代修正主义

① 周扬：《我国社会主义文学艺术的道路》，《戏剧报》1960年第14、15合刊，第27、28页。

② 周扬：《我国社会主义文学艺术的道路》，《戏剧报》1960年第14、15合刊，第7页。

者歪曲不同社会制度的国家和平共处的正确原则，大肆鼓吹所谓‘积极共处’，否定社会主义阵营和帝国主义阵营的对立，提倡社会主义思想体系和资本主义思想体系互相渗透和合流，千方百计地企图从思想上和政治上来瓦解社会主义阵营，取消世界人民反对帝国主义的正义斗争。为了这个目的，修正主义配合帝国主义的宣传机关到处推销资本主义的腐烂文化和生活方式，竭力在社会主义国家的知识界、文艺界鼓励各种反马克思主义、反社会主义、反人民的思潮。在文艺战线上，社会主义国家和帝国主义国家、无产阶级和资产阶级、进步力量和反动力量之间的斗争是十分激烈的。”[①]初稿中的“共处决不能放弃斗争”，应该是在批判铁托集团政策时表明了我国在处理社会主义阵营和资本主义阵营、社会主义思想体系和资本主义思想体系的关系上的态度。郭沫若为了国际观瞻，建议说得委婉一点，不要被人误会为“好战”，但从定稿来看，不仅没有修改得委婉一点，而且用了“斗争是十分激烈的”，显得更加“好战”了。

郭沫若书信最后一段提到了《武则天》《蔡文姬》《文成公主》等剧作。对于自己不久前发表并被搬上舞台的两部剧作，郭沫若更喜欢《武则天》，希望周扬能够斟酌更换。但周扬并没有修改。定稿对此表述为：“我们的文艺作品不但着重地表现了现实的斗争，塑造了当代英雄的形象，而且以新的观点再现了历史上的杰出人物。《关汉卿》《蔡文姬》《文成

① 周扬：《我国社会主义文学艺术的道路》，《戏剧报》1960年第14、15合刊，第8页。

公主》等就是取材于古代历史的成功剧作。”[①]相比于《蔡文姬》，郭沫若之所以更喜欢《武则天》，可能是由于《蔡文姬》本来是响应毛泽东、周恩来为曹操翻案所作，但在修改过程中逐渐突出了蔡文姬，为曹操翻案反而成为次要的了，郭沫若觉得对于周恩来交代的任务没有完成好。相比于《武则天》，周扬之所以提《蔡文姬》，可能是因为当时《武则天》还在修改阶段，没有成熟。

郭沫若指出“演出上的成就（演员的成就）似乎还值得提一提”，报告定稿中有这样的表述：“在我们的舞台上，全国各个剧种出现了很多才华焕发的青年演员。”[②]这应该是在郭沫若意见基础上增加的。

郭沫若提到了书法：“从中国习惯来说，书法也应算是艺术。毛主席的字，我就认为开一代的书风。但今天要提书法，恐怕还不大容易被人接受。荒废得相当厉害，无多大成绩可言。”可见要不要提书法，郭沫若也很犹豫。郭沫若提到了“毛主席的字”，报告定稿中既没有提书法，当然也没有提“毛主席的字”。其实，即便提了也可能被毛泽东本人删掉。

这份报告7月18日的修改稿送到毛泽东的案头。修改稿中有这样的话：“作为革命现实主义和革命浪漫主义相结合的典范，毛泽东同志的诗词，在文学艺术创造上开辟了前人所没有达到的新的境界。毛泽东同志是中国人民最伟大的领袖，同时

---

① 周扬：《我国社会主义文学艺术的道路》，《戏剧报》1960年第14、15合刊，第14页。

② 周扬：《我国社会主义文学艺术的道路》，《戏剧报》1960年第14、15合刊，第13页。

又是最伟大的诗人。他的诗篇深刻地刻画了中国人民战胜艰难险阻的惊心动魄的革命历程。他的诗词是革命史诗和革命抒情诗的完美结合。磅礴的诗才和雄伟的革命气魄，浑然一体。中国人民的英雄气概和乐观精神在他的诗中达到了登峰造极的地步，结晶为最新最美的艺术形象。诗与人合而为一，毛泽东同志的诗词，是他伟大人格的体现。”[①]毛泽东读完这份修改稿后于7月19日早上致信周扬：

> 文件看过，写得很好。驳人性论及继承遗产这两部分特好，高屋建瓴，势如破竹，读了为之神旺。前两部分和后一部分较弱，能改写一次，使与中间两部分相称，也是势如破竹，神气活现，那就更好。只有几天时间了，是否改得出来？有一个办法，会期推到二十五日，如何？请酌定。今日下午我想和你谈一次。另，有一些小的地方，我给你作了一点修改。对我的诗词那一段颂扬，不适当，请删掉。

毛泽东修改的“一些小的地方”主要是：“将‘以最快的速度把我国建设成为高度工业化的社会主义强国’，改为‘以客观上许可尽可能快的速度把我国建设成为高度工业化的社会主义强国’；将中国人民‘在工农业生产和其他各个战线上创造着历史的奇迹’一句中的‘历史的奇迹’改为‘伟大的成

① 《建国以来毛泽东文稿》（第9册），中央文献出版社1996年版，第238页。

绩’；将‘社会主义建设以前所未有的高速度持续跃进’一句中的‘前所未有的’五个字删去；将‘中国人民正在迅速改变着自己国家的贫弱落后的面貌’一句中的‘迅速’改为‘一步一步地’。”①

7月19日下午，毛泽东在北戴河一号楼同陆定一、陈伯达约周扬谈报告稿修改。7月18日的稿子为六个部分，修改后的稿子调整为五部分，去掉了最后一部分，赞扬毛泽东诗词的部分也删掉了，报告题目由《社会主义文学艺术的道路》改为《我国社会主义文学艺术的道路》。但会期并没有推迟到毛泽东建议的7月25日，而是按照原计划的7月22日开幕了。

三

在山东中国文学艺术博物馆藏全国文联档案中，有一份阳翰笙等人为郭沫若起草的第三次文代会报告的打印稿，打印稿中夹了一页郭沫若致阳翰笙的信，毛笔竖写在狭长的白色纸条上。这封信《郭沫若年谱长编》《郭沫若书信集》等未见著录，属佚信，兹录全信如下：

翰笙同志：

开幕词改得很零乱，我没有工夫来自行抄一遍。请您交给负责的同志仔细打几份（或铅印）清样出

① 中央文献研究室编：《毛泽东年谱　一九四九—一九七六》（第四卷），中央文献出版社2013年版，第432—433页。

来，请大家审核。

我明天送立群和一部分孩子到北代河去，打算十九日的晚上回来。北代河可通电话。如果需要我早些回京，我也可以早一两天回来。

敬礼！

郭沫若

七、十四

信中所谈的开幕词即《中国文学艺术工作者第三次代表大会开幕词》，打印在16开的纸上，共8页，约5000字。报告没有分章节，按照内容可分为自第二次文代会以来国际国内形势分析，文艺工作中的成就和不足以及对未来的展望等三个部分。郭沫若在这份打印稿上用红黑两种笔修改，很多用红笔修改过的后来又用黑笔划掉了，可见他不是一次性修改完毕，而是经过反复推敲。郭沫若修改得很仔细，大到整段重写、段落秩序调整，小到标点符号使用，几乎每句都动过。

总体来说，第一部分的修改不算太大。主要是措辞的修改。比如第2段第二至第四句，原文为："以苏联为首的社会主义阵营力量的空前壮大和紧密团结，和平力量的强大和迅速发展，已经使整个世界进入了东风压倒西风的时代。我们正在一天天好起来，而敌人正在一天天烂下去。以美国为首的帝国主义集团的侵略政策和战争政策，遭到了全世界人民的强烈反对。"郭沫若修改成："以苏联为首的社会主义阵营的空前壮大和紧密团结，这是和平力量的核心，是鼓舞整个世界进步的东风。世界各国正形成着连锁反应，不断地反对以美国为首的帝国主义集团的侵略政策和战争政策。”第5段第四句前半句原稿为“伟大的文化革命运动，将推动我国永远摆脱文化上的‘一穷二白’的落后状况，以一个具有高度文化的民族出现于世界”，这被郭沫若删掉了。原稿第6段收束第一部分：“我们正处在一个从来未有过的大好形势之下，我们坚信，在中国共产党和毛主席的领导下，六亿五千万勤劳、勇敢的人民，一定能用更短的时间，把我国建成为一个具有高度发展的现代工业、现代农业和现代科学文化的伟大的社会主义国家。”这段话被郭沫若整个删掉了。

第二部分谈六年来取得的成就与不足，原稿第10段谈工农兵文艺，郭沫若有较大的修改，兹录如下（原稿所有而被郭沫若删去的，用删除线表示；原稿所无而为郭沫若加上的，用下划线表示；用□表示的，是因为折叠、黏在一起等原因导致看不清楚的）：

与此同时，由于在文艺上认真地贯彻执行了党的群众路线，广大工农群众的文艺活动获得了史无前例的蓬勃的发展，工农兵群众积极参加了文学艺术的创造~~与建设~~和批评，使我国的文学艺术发生了极其深刻的变化~~，—~~。大批有生活、有才能的优秀文艺工作者从工农兵群众中涌现了出来，在艺术上放出了~~绚~~灿烂的光彩~~，—~~。他们不断地充实和壮大着我们的文艺队伍，不断地丰富着我国的文学艺术宝库；对我国的社会主义革命和社会主义建设起了极大的促进作用~~，—~~。随着文化革命高潮的~~到来~~进展，广大的工农群众，毫无疑问必然会更加生气蓬勃、热情洋溢的地以主人翁的姿态参加文学艺术活动。，□□□须热情对待，大力支持，积极地同广大工农群众一起来创造和□□□国的社会主义文学艺术事业。工农群众智识化，看来会走到智识分子劳动化的前面。这样从两方面来在文艺工作上的接轨，也能更迅速、更多样、更全面地促进我国社会主义文学艺术事业的更进一步的大普及、大提高和大繁荣。这是使体力劳动和脑力劳动的差别迅速消灭的一个关键性的动向，我们是应该热情欢呼的！

按原稿的提法，知识分子处于主动，要求他们帮助和支持工农群众进行文艺创作。但经郭沫若修改，工农群众和知识分子都是平等的主体，“工农群众智识化”“智识分子劳动化”的提法和阳翰笙的报告保持了一致。

原稿第12—18段为第三部分，谈对文艺工作者的希望。郭沫若对这部分有较大修改。原稿第10段泛泛而谈如何满足人民群众对日益增长的物质文化的需要，郭沫若修改后则谈得更为具体，并且起到了总领以下各段的作用。兹录如下：

六年多来，我们在文艺上所取得的成就是巨大的，创造的经验是丰富的，但是，我们绝对不能有任何的骄傲和自满的情绪。，随着我国社会主义革命和社会主义建设的深入发展，随着全国文化革命高潮的到来汹涌澎湃□□□□□□□会主义革命和社会主义建设，彻底地肃清资产阶级□□□□□□□

~~想影响，不断地提高人民群众的共产主义思想觉悟和□□□□□□□人民群众为实现社会主义、共产主义而斗争的同时，□□□□□□□□□□□文学艺术日益增长的需要。因此，□□□□□□□~~人民群众对于文学艺术的需要，无论在量上和质上，都在不断地提高。要怎样才能满足人民的需要，永远是文艺工作者必须解答的一个课题。人民的文化水平不断提高，文艺的思想水平和艺术水平也必须不断提高。要提高文艺作品的思想水平和艺术水平，首先就必须提高文艺工作者的思想水平和艺术水平。我们要怎样才能密切地配合着我国一日千里地进行着的建设事业？怎样才能提高自己的共产主义风格和道德品质，因而使群众从我们的作品中得到鼓舞，更多快好省地为实现社会主义、共产主义而努力？这在文艺工作者是光荣而艰剧的任务，我们必须胜任愉快地担负起这项任务，来进行我们的工作。因此，在这次大会上对于如何完成任务的一些步骤，我们是应该加以讨论并且付诸实践的。

原稿将党的领导放到第15—16自然段，兹录内容如下：

推动全国文艺工作者，彻底肃清文学艺术领域内资产阶级的政治影响和思想影响，进一步巩固和加强党的领导；同时，以马克思列宁主义的思想武器，对资产阶级的历史遗产进行彻底批判和正确估价。在不断改造思想的和提高觉悟的基础上继续破除迷信，解放思想，不断地进行艺术革新和创造。勇敢地突破一切旧观念、旧传统，积极地创造我们自己的社会主义、共产主义的新风格新传统。

为了保证上述任务的实现，全国文艺工作者，必须加强马克思列宁主义和毛泽东著作的学习，进一步同工农群众相结合，不断地提高作品的思想水平和艺术水平，努力使自己成为真正的工人阶级的文艺工作者。

郭沫若将这两段整合为如下文字并提前到第10段之后：

为了完成这个任务，首先我们应该进一步巩固和加强党的领导，彻底肃清在文学艺术领域内的资产阶级思想的政治影响和思想影响。我们要进一步学习马克思列宁主义和毛泽东著作，以无产阶级的思想武器来武装自己，使自己成为不断革命的促进派。我们要坚决促进智识分子劳动化和工农群众智识化，在不断改造思想和提高觉悟的基础上，继续破除迷信，解放思想，不断地进行艺术革新和创造。我们要对文艺遗产进行正确的批判和评价，勇敢地突破旧观念、旧传统，积极地创造社会主义文学基本的民族新风格。我们必须使自己成为真正的工人阶级的文艺战士。

原稿第14自然段号召文艺工作者揭露和批判帝国主义和现代修正主义者，最后一句为："同时，热烈支持亚洲、非洲、拉丁美洲人民以及全世界人民的正义斗争和进步事业。"经郭沫若修改后，这一句变成了四句："当然，我们也必须加强和平力量的团结，必须巩固和发展以苏联为首的社会主义阵营的兄弟友谊，而且同时，还必须继续热烈支持亚洲、非洲、拉丁美洲各国人民反对殖民主义，争取民族独立的正义斗争。反对殖民主义的斗争和保卫和平事业是不可分割的。殖民主义就意味着战争，殖民主义存在一天，和平就无法得到保障。我们必须用文艺武器来促进帝国主义和殖民主义的灭亡。全世界爱好和平和正义的人都是我们的友人，我们是'得道多助'的。"

郭沫若修改后的稿子，正式发表时还有少量字词的修改，但改动幅度很小，基本可以存而不论。

综合上述分析我们可以发现，对于中国文联为他起草的开幕词，郭沫若虽然大体上同意，没有完全否定，但对很多段落都做出了调整，对于大量表述进行了修改，有些修改体现了郭沫若的特殊关切，如对"加强和平力量"的强调，着重于"工农群众智识化"和"智识分子劳动化"等等。

为胡乔木修改《词十六首》

胡乔木在1965年1月1日于《人民日报》发表《词十六首》，不久被《光明日报》《红旗》等转载，引起轰动。

学界在讨论胡乔木这些词作时，必然会讨论到毛泽东。胡乔木本人也曾回顾："一九六四年十月至六五年六月间写的一组词（《词十六首》）和一组诗词（《诗词二十六首》，今删去其中二首），都是在毛泽东同志的鼓励和支持下写出来，经过他再三悉心修改以后发表的。确实点铁成金，但是整篇仍然显出自己在诗艺上的幼稚（毛泽东同志曾指出《诗词二十六首》比《词十六首》'略有逊色'，这是很对的，所恨的是后来也没有什么长进）。"又谓："毛泽东同志对我的习作终日把玩推敲，当时因京杭遥隔，我并不知道也没有想象到他会如此偏爱。不料在一九六六年七月底中央文革小组的一次会议上，这竟成为我的重要罪状之一。江青说：'你的诗词主席费的心血太多，简直是主席的再创作。以后不许再送诗词给主席，干扰他的工作。'"[①]1964年12月2日，胡乔木致信毛泽东："词稿承您看了，改了，并送《诗刊》（现因停刊改送《人民文学》），这对我是极大的鼓励，非常感激。康生同志告，您说词句有些晦涩，我完全同意，并一定努力改进。三首

① 胡乔木：《〈人比月光更美丽〉后记》，《读书》1987年第11期。

词的结句的修改对我也是很大的教育。”“因为粗心，稿中有一首漏了一句，有首少抄了两个字。幸同时寄呈郭老，他详细地推敲了，给了我一封长信，除指出以上错漏外，还提了许多修改意见。为了便于您最后改定，我向人民文学社要了清样（结果不知怎的寄来了原稿），想根据郭老的指点先作一番修改。有些觉得两可的，就只注在上面，请您选定。有几处修改要加说明，用纸条贴在稿旁，供您斟酌。此外，我又续写了三首《水龙吟》，重加排次，使这一组词相具首尾，补足稿中应说而未说的方面，请您审阅。这三首我也另寄郭沫若同志和康生同志了，请他们把修改的意见直接告诉您。”[①]可见，对于胡乔木这些词作的修改，虽然毛泽东起了决定性作用，但郭沫若也起了不容忽视的重要作用。

就在胡乔木将词作初稿送给毛泽东修改的同时，1964年11月13日，胡乔木也将他写作的《词十三首》寄给郭沫若，请郭沫若修改。郭沫若仔细阅读推敲。11月20日，赵朴初访问郭沫若，两人“共同研究”《词十三首》，提出了几十处修改意见，并在原稿上标注出来。当天晚上，郭沫若在灯下整理了这些意见，给胡乔木写了四页长信，这就是胡乔木在给毛泽东的信中提到的郭沫若写给他的长信。[②]胡乔木在《词十三首》的基础上，又写作了《水龙吟》三首，郭沫若也对此进行了仔细修改，并将意见送给康生，请他转呈毛泽东。郭沫若于12月6日

---

① 《胡乔木致毛泽东（一）》，《胡乔木诗词集》，人民出版社2002年版，第191—193页。

② 此信收入《胡乔木诗词集》，本文依据手迹复印件。

写信告诉胡乔木他的这些意见，此信复印件存郭沫若纪念馆。

郭沫若纪念馆藏有经郭沫若修改的胡乔木的《词十三首》及《水龙吟》三首的原稿，此前没有公开过。本文以胡乔木《词十三首》《水龙吟》三首的原稿影印件为基础，结合围绕《词十六首》的相关书信，尤其是郭沫若1964年11月20日、12月6日给胡乔木的两封长信[①]，以及胡乔木的《〈人比月光更美丽〉后记》[②]等材料，探讨郭沫若如何修改胡乔木的《词十六首》。

一

郭沫若给胡乔木的信中谈到的第一首词是《六州歌头》，原稿为：

六州歌头·一九六四年国庆

茫茫大陆，沉睡几千冬。人民众，称勤勇，黯尘蒙，夜永添寒重。英雄种，自由梦，义竿耸，怒血迸。痛无功。忽震春雷，马列天涯送。党结工农。任风惊浪恶，大道指长虹。穴虎潭龙，一朝空。

喜江山统，豪情纵；鎚镰动，彩图宏。多昆

---

① 两封长信均依据郭沫若纪念馆馆藏手稿复印件，下文不注明出处。手稿和《胡乔木诗词集》披露的信件定稿文字有出入。可能是郭沫若在写好信后，又修改了一遍才发出。保存的是初稿，发出的是定稿。

② 毛泽东的修改意见主要是通过这篇文章披露的，本文在提到“据胡乔木回忆”时，如无特别说明，均来自这篇文章，不再注明。

仲，六洲共；驾长风，一帆同。何物干戈弄，兴逆讼，卖亲朋，投凶横，求恩宠，媚音容。不道人间，火炬燃偏猛。处处春浓。试登临极目，天半战旗红，如日方东。

郭沫若综合赵朴初的意见，在11月20日信中认为这首词有八处需要修改，具体如下：

《六州歌头》贺铸体一四三字（另一体也是一四三字），您的只有一四〇字，少了三字。看来是抄夺了一句。“人民众，称勤勇，黯尘蒙，夜永添寒重”，估计在“黯尘蒙”句之上或下，夺去了一个三字句。

这首词的开头两句：“茫茫大陆，沉睡几千冬”，“千”字我觉得不好，因为中国社会的发展，并不是几千年来都是在“沉睡”中过来的。“千”字改为“秋”字，如何？

“称勤勇”句似可改为“勤而勇”。（朴初所拟。）

“马列天涯送”句，您的意思是从天外送来，但就句法论，也未尝不可以解为向天外送去。我建议改为“马列来仪凤”。如此，似可免歧义。

“一朝空”似可改为“一旦空”。“喜江山统”似可改为“喜乾坤统”。“彩图宏”，“彩”字觉得不妥帖，但又想不出别的字来代替，想率性把这一句改为“龙虎从”，似与“鎚镰动”对仗更好些。尾句“如日方东”拟改为“旭日方东”。

这首词正式发表的定稿吸纳了郭沫若两处意见，即“黯尘蒙”句之上加“挺神功”三个字，“如日方东”改为“旭日方东”。郭沫若在书信初稿中觉得“彩图宏”不妥，拟改为“龙虎从”，但胡乔木最后改成了“画图宏”。这里吸收了郭沫若书信定稿中的意见。郭沫若的其他意见，胡乔木都没有吸收。在郭沫若的意见之外，定稿将“痛无功”改为了“讶途穷”，“大道指长虹”改为了“鞭影指长虹”。据胡乔木回忆，毛泽东只是将标题中的“一九六四年”去掉了。也就是说，“讶途穷”“鞭影指长虹”的改动和毛泽东和郭沫若都没有关系。关于“喜江山统”，胡乔木同志办公室在1965年1月28日给读者的信中说：“台湾虽尚未解放，但全国究竟是空前未有地巩固地统一起来了，所以仍不妨说‘喜江山统’。作诗词不能也不必像写论文那样每句话都要求数学式的精密准确。”[①]关于“卖亲朋，投凶横，求恩宠，媚音容”，胡乔木同志办公室在1965年1月28日给读者的信中说：“‘卖亲朋’至‘媚音容’一段，即指赫鲁晓夫修正主义集团联美反华的勾当。”[②]

郭沫若指出的第二首需要修改的词作为《水调歌头·国庆夜记事》，兹录原稿如下：

---

① 《胡乔木复读者（二）》，《胡乔木诗词集》第206页。
② 《胡乔木复读者（二）》，《胡乔木诗词集》第205页。

水调歌头·国庆夜记事

今夕复何夕，四海共光辉。十里长安道上，火树映风旗。万朵心花齐放，一片歌潮直上，化作彩星驰。白日羞光景，明月掩重帷。

天外客，今不舞，欲何时？还我青春年少，达旦不须辞。乐土人间信有，举世饥寒携手，前路复奚疑？万里千斤担，不用一愁眉。

郭沫若综合他和赵朴初的意见，在11月20日的信中提出如下修改建议：

《水调歌头·国庆夜记事》一首，朴初同志很欣赏。我有点小意见。“万朵心花齐放，一片歌潮直上，化作彩星驰”似可改为“万朵星花齐放，一片歌潮热涌，化作彩云飞”。“放”“上”同韵，读起来好象在转韵。驰字是阳平，在此处用阴平较响亮。下阕“乐土人间信有，举世饥寒携手”，“有”“手”亦同韵，读起也好像在转韵，“携手”二字似可改为“并进”。

在书信定稿中，郭沫若删去了最后一句，只是郭沫若所提意见，胡乔木都没有吸纳。倒是最后两句，郭沫若没有提什么意见，据胡乔木回忆，据毛泽东意见修改为“万里风云会，只用一戎衣”。

关于“举世饥寒携手”，胡乔木同志办公室在回复读者的信件中说：“‘举世饥寒携手’，是从《国际歌》‘起来，饥寒交迫的奴隶’一语演化而来，我们现在唱《国际歌》并不发生‘过时’的问题，成为问题的倒是有些号称社会主义的国家把全世界饥寒交迫的奴隶给忘记了。这首词从一个革命还未成功的国家的革命外宾的角度来写的，他在北京看到全世界被压迫人民的团结和希望，所以用这句话比较恰当。此句上承‘乐土人间信有’，下接‘前路复奚疑’，如改变别的话就缺少了必要的反衬（乐土—饥寒—前路）和逻辑（饥寒—前路—乐土）的力量。”[①]关于下阕，胡乔木同志办公室在1965年1月28日给读者的信中说：“《水调歌头》这首词的下半首是描写一些外宾在参加天安门庆祝晚会时的感情。‘天外客’即指来自远方的客人。”[②]

郭沫若指出的第三首需要修改的词作为《沁园春·杭州有感文化革命》，原稿如下：

沁园春·杭州有感文化革命

穆穆秋山，娓娓秋湖，荡荡秋江。正一年好景，莲舟采月；四方佳气，桂国飞香。雪裹棉铃，金翻稻浪，秋意偏于陇亩长。最堪喜，射潮人健，

① 《胡乔木复读者（三）》，《胡乔木诗词集》第207—208页。
② 《胡乔木复读者（二）》，《胡乔木诗词集》第205—206页。

不怕澜狂。

天堂，一向喧扬，笑今古云泥怎比量！算繁华千载，长埋泪血；工农此际，才试锋芒。土偶欺山，妖骸祸水，西子犹污半面妆。天与我，吼风奇剑，扫汝生光！

郭沫若综合他和赵朴初的意见，在11月20日信中提出了详细的修改建议：

《沁园春·杭州有感文化革命》上下两阕倒数第二句都少了一个字。

“最堪喜，射潮人健，不怕澜狂。”

“天与我，吼风奇剑，扫汝生光。”

“射潮”上拟添一“有”字。“天与我”改为“人共扫”。“吼风”上拟添一“仗”字。“扫汝生光”太生硬，一句要切成两读读，似可斟酌。“生”改为“增”者，因上面是“西子犹污半面妆”，扫去半面之污，自为增光了。

第二句“娓娓秋湖”二字，娓娓二字，朴初拟易为“滟滟”或“湛湛”。“桂国飞香”似可易为“桂苑飘香”。“雪裹棉铃”可易为“银裹棉铃”。“妖骸祸水”“祸”可易为“玷”。因在旧时一般诬女性为祸水，故拟改。“土偶欺山”“欺”字拟易为“僭”字。

据定稿，该词“射潮”上添了“有”字，这是吸纳了郭沫若的意见。“天与我”几个字胡乔木改了，但没有改成郭沫若建议的“人共扫”，而改为“谁共我”；“吼风奇剑，扫汝生光”一句，郭沫若拟改为“仗吼风奇剑，扫汝增光”，定稿却改为了“舞倚天长剑，扫此荒唐”，这都是毛泽东改的。“娓娓秋湖”，郭沫若说赵朴初觉得需要改，但定稿未改。“桂国飞香”没有按照郭沫若的意见改成“桂苑飘香”，而是改成了“桂国飘香”。“雪裹棉铃”“妖骸祸水”“土偶欺山”，郭沫若认为都需要改，尤其是“妖骸祸水”，郭沫若觉得有旧社会的歧视女性的色彩，但胡乔木都没有改。

在郭沫若的意见之外，正式版将标题改为《沁园春·杭州感事》。此外，定稿依据毛泽东意见，将“长埋泪血”改为“长埋碧血”，“才试锋芒”改为“初试锋芒”，“西子犹污半面妆”改为“西子羞污半面妆”。

毛泽东将“天与我，吼风奇剑，扫汝生光”改为“谁共我，舞倚天长剑，扫此荒唐”，让这首词号召浙江省委和杭州市委行动起来“破旧立新”，指向实际行动。胡乔木对此十分认同，特意在给毛泽东的信中报告他和浙江省委、杭州市委负责人的交流情况：“省委决定对西湖风景区进行改造”，《浙江日报》也行动起来，在舆论上进行导向。[1]

12月5日，胡乔木给《人民文学》《人民日报》编辑部写了一封信，信中谈道：

---

① 《胡乔木致毛泽东（一）》，《胡乔木诗词集》第193页。

> 近日病中多暇，学习写了几首词，多关时事，略表欢喜之情，并鼓同志之劲。内“杭州”一首，借指文化革命。但国内至今庙坟尚如此之多，毒害群众，亦觉须加挞伐。令人高兴的是，杭州孤山一带成堆的坟墓，经过广大群众热烈讨论和领导的决定，已经在十二月二日分别情况迁移或平毁，西湖风景区内各种反动的、封建的、迷信的、毫无保留价值的建筑和陈设，也正在有计划地清理和改造。词中的一些话现在对于杭州基本上已经不适用了。杭州一呼，全国响应的日子，想亦不远。至于这些词，在艺术上是不成熟的，不少地方还有些难懂，未能作到明白晓畅，以后当努力改进。现送上，望加斧削。如以为可，请予发刊。[①]

胡乔木这封信送毛泽东审阅。毛泽东在“也正在有计划的清理和改造”一句后批道：“杭州及别处，行近郊原，处处与鬼为邻，几百年犹难扫尽。今日仅仅挖了几堆朽骨，便以为问题解决，太轻敌了，且与事实不合，故不宜加上那个说明。至于庙，连一个也未动。”在“词中的一些话现在对于杭州基本上已经不适用了”句后批道：“基本上还适用。”[②]可见毛泽东痛恨于“土偶欺山，妖骸祸水，西子犹污半面妆”的情况，

---

① 《胡乔木书信集（修订版）》，人民出版社2015年版，第187—188页。

② 中央文献研究室编：《毛泽东年谱　一九四九—一九七六》（第五卷），中央文献出版社2013年版，第437页。

对浙江当局未能更大规模开展行动感到不满。

1965年2月，胡乔木同志办公室在给徐拒沿的回信中说："'谁共我，舞倚天长剑，扫此荒唐。'上文的土偶妖骸所指很广，并不限于有形的庙坟，一切旧文化中的偶像骸骨都包括在内，对这些东西必须进行很艰巨的长期的斗争。这里用'倚天长剑'，是为了加强声势和渲染形象，只是一个比喻，当然不是说依靠武力或单纯行政力量。'谁共我'也只是对群众的一个呼吁，并不就是说依靠少数人。在诗词中的文字不能看得太死。"①

郭沫若提出修改的第四首词为《水龙吟》第三首，在定稿中为《水龙吟》其三。胡乔木送来的原稿为：

举头西北浮云，回黄转绿知多少。当年瑶圃，穴穿狐兔，可怜荒草。目醉千珠，魂惊九死，沉沦中道。更元奸移位，长城自毁，旌旗暗，迷残照。

绝域不堪终老，望天涯犹迟归棹。远行应念，亡羊歧路，甘人虎豹。珍重家园，良苗望饮，硕荆待扫。趁投鞭众志，何当共驾，再乾坤造？

郭沫若在11月20日的信中说："《水龙吟》第三首'良苗望饮'，'饮'字朴初同志拟改为'溉'。"对照定稿，这一处照改了。"目醉千珠，魂惊九死"，依毛泽东的意见在定稿

① 《胡乔木复读者（三）》，《胡乔木诗词集》第207页。

中改为“目醉琼楼，神驰玉宇”。此外，这首词还有两处改动：“荒草”改为“芳草”，“望天涯犹迟归棹”中的“望”字改为“怎”。暂不清楚这是谁提的意见。

郭沫若提出修改的第五首词为《水龙吟》第四首，在定稿中为《水龙吟》其二。胡乔木送来的原稿为：

开天辟地神威，列宁事业前谁偶？一声炮响，卅年血战，双枝并秀。边塞惊烽，萧墙掣电，岁寒知友。笑涎垂虎吻，心劳鼠技，分荆梦，今醒否？

九亿金城深厚，问全球此盟何有？八方晴雨，万邦哀乐，千秋休咎。任重途长，天看旗帜，地看身手。但同舟击楫，直须破浪，听风雷吼。

郭沫若在11月20日的来信中认为：“第四首‘万邦哀乐’似可改为‘忧乐’。‘但同舟击楫，直须破浪，听风雷吼’，‘但’字有歧义，拟改为‘好同舟击楫，冲涛破浪，听风雷吼’。”定稿中“万邦哀乐”改为“万邦忧乐”，这是据郭沫若的意见。定稿中“但”没有改为“好”，而是改为“要”，这是据毛泽东的意见，此外，毛泽东将“八方晴雨”改为“八方风雨”。郭沫若提出修改“直须破浪”为“冲涛破浪”，定稿没有修改。

郭沫若提出修改的第六首词为《贺新郎·千万不要忘记》，胡乔木送来的原稿为：

贺新郎·千万不要忘记

一幕惊心戏。记寻常亲家笑面，肺肝如是。镜里芳春男和女，瞎马悬崖人醉。回首处鸿飞万里。何事画梁燕雀计？宿芦塘哪碍垂天翅？天下乐，乐无比。

感君彩笔殷勤意。正人间风云变幻，纷纷未已。兰蕙当年今奚似？漫道豺狼摇尾；君不见烽烟再起？石壁由来穿滴水，忍江山变色从蝼蚁？阶级在，莫高睡。

郭沫若在11月20日的信中说：“《贺新郎·千万不要忘记》‘镜里芳春男和女’，‘和’字似可改为‘共’。”胡乔木依照他的意见修改。此外，初稿中的“今奚似”在定稿中被改为“今何似”。毛泽东曾一度将“肺肝如是”改为“肺肝如见”。胡乔木觉得不妥，给毛泽东写信说：“‘肺肝如见’的‘见’字，属霰韵，与全篇所用霁未韵在古今音中均不能通押，故不好用。另，用‘如见’与正文‘记’字呼应也差些。”[①]故而未改。

郭沫若提出修改的第七首词为“《菩萨蛮》第一首”，定稿中为《菩萨蛮》其一，胡乔木送来的原稿为：

① 《胡乔木致毛泽东（三）》，《胡乔木诗词集》第196页。

菩萨蛮·中国原子弹爆炸

神仙万世人间锁，英雄不信能偷火。霹雳一声春，风流天下闻。

风吹天下水，清浊何时已？亿众气凌云，有人愁断魂。

郭沫若在11月20日的来信中认为："《菩萨蛮》第一首开头两句：'神仙万世人间锁，英雄不信能偷火'，用的是Prometheus的故事。字句间有些蹩扭。拟改为'人间不受神封锁，英雄毕竟能偷火'。"定稿没有照改，而是依据毛泽东的意见，将这句改为"神仙万世人间锁，英雄毕竟能偷火"。郭沫若认为："'风吹天下水，清浊何时已？''何时已'读起来有些消极意味，但想不出好字眼来代替。拟改为'泾渭明如此'，不识何如。"定稿没有照改，而是改成了"清浊分千里"，据胡乔木回忆，这是来自赵朴初的意见。此外，毛泽东将副标题"中国原子弹爆炸"改为"一九六四年十月十六日中国原子弹爆炸"。

郭沫若提出修改的第八首词为《菩萨蛮》第三首，在定稿中为《菩萨蛮》其三。胡乔木送来的原稿为：

攀山越水寻常事，此生不晓艰难字。奇迹总人为，登高必自卑。

登临何限意，天地盈佳气。来者尽翘翘，前山喜更高。

郭沫若在11月20日的来信中说："末句'前山喜更高'，朴初同志拟改'山'为'峰'。"胡乔木照改。此外，定稿依据毛泽东的意见，将"此生不晓艰难字"修改为"英雄不识艰难字"，"天地盈佳气"改为"佳气盈天地"。

郭沫若提出修改的第九首词为《菩萨蛮》第五首，在定稿中为《菩萨蛮》其五。胡乔木送来的原稿为：

从来历史人魔战，魔存那得风波晏？此日揽长缨，遥看天地清。

长缨人廿亿，垓下重围密。魔尽凯歌休，濯缨万里流。

郭沫若在11月20日的来信中说："末二句'魔尽凯歌休，濯缨万里流'，'休'字拟改为'悠'。如改为'长'，则'流'字可改为'江'，请斟酌。凯歌是永远的，不应停止。"这一处定稿改了，但没有照郭沫若的意见改，而是按照毛泽东的意见改为"魔倒凯歌高，长天风也号"。此外，定稿依据毛泽东的意见将"长缨人廿亿"改为"长缨人卅亿"。

郭沫若对上述九首词都提出了修改意见，其余四首，郭沫若没有意见。但定稿对初稿也有一些修改。

《菩萨蛮》第二首的原稿是：

昂昂七亿移山志，忍能久久为奴隶。双手扭乾坤，教天认主人。

浮云西北去，孔雀东南舞。风景异今宵，长歌意气豪。

定稿依据毛泽东的意见，将“风景异今宵，长歌意气豪”改为“情景异今宵，天风挟海潮”。关于这首词，胡乔木同志办公室在1965年1月28日给汪志伟的信中说：“‘浮云西北去，孔雀东南舞’各由古诗‘西北有浮云’、‘孔雀东南飞’两句稍加变化而来。这里都有双关的意义。前句既可指原子云向西北飞散，也可指赫鲁晓夫下台。后句既可指北京演出《东方红》大歌舞（十六日晚毛主席等党和国家领导人出席观看），也可指原子云状如孔雀开屏。”[①]

《菩萨蛮》第四首原稿是：

西风残照沉昏雾，东方红处升霞柱。雾暗百妖横，霞飞四海腾。

霞旗扬四海，壮志云天改：愿及雾偕亡，消为日月光。

（自注：雾霞分指敌我核武器，故称谐亡云云。）

① 《胡乔木复读者（二）》，《胡乔木诗词集》第206页。

定稿将“壮志云天改”改为“壮志惊千载”，不加自注。未知是谁的意见。

手稿中的《水龙吟》第一首，在定稿中为《水龙吟》其六，原稿为：

居然粉墨登场，十年一觉邯郸梦。当初直料，雌黄信口，香花永供。逆子倾家，残红傍路，惊风忽送。忆连衡魏客，称儿晋帝，争道是，真龙种。

惯见蜣丸蚁冢，任纷纭昆仑自耸。江山有待，一声狮吼，万方旗涌。天意多情，蜉蝣空怨，地轮飞动。看连天芳草，莺迁燕返，又春晖重。

依毛泽东意见，定稿将“万方旗涌”改为“万旗云涌”。此外，定稿将“又春晖重”改为“又春光重”。《人民日报》和《红旗》版将“忆连衡魏客”改为“忆连横魏客”。后来这首词收入《人比月光更美丽》时，胡乔木认为：“‘魏’于史无据，失于检点，这次付印前改‘秦’。”

手稿中的《水龙吟》第二首，在定稿中为《水龙吟》其四，原稿为：

旧时王谢堂前，似曾相识归来燕。新妆故态，异乡征逐，画堂依恋。羞贱骄贫，抛亲弃侣，衔泥自美。忽火飞梁坠，一朝零落，梦犹怨，君恩浅。

秋去春来何限，怎滔滔竟尊冠冕。朱门命寄，苍生儿戏，风云色变。十载箴言，百年粪秽，蝇趋菌衍。愿孙孙子子，矢清遗孽，奋除妖剑。

定稿依据毛泽东的意见，将“百年粪秽”改为“万年粪秽”。关于“似曾相识归来燕”，胡乔木同志办公室在1965年2月致读者信中说：“‘似曾相识归来燕’一句，是为了使人们对现代修正主义联想到第二国际的老修正主义。这一句与全词的前后文有不可分割的联系，改掉就索然无味。这个句子，不过是一个现成的熟句，并非政治公式，中央的文件引用这句话也并非要把它变成政治公式，所以在什么地方利用它，都可以按照需要给它以新的含义。你想得未免拘泥了一点。”[①]关于“十载箴言”，胡乔木同志办公室在1965年1月28日给读者的信中说：“‘十载箴言’和‘十年一觉邯郸梦’的十年，均批赫鲁晓夫当政的十年。赫系一九五三年上台，距一九六四年下台时约为十一年，这里举整数。”[②]

二

胡乔木在1964年12月2日致毛泽东的信中报告自己“续写了三首《水龙吟》”。他把这三首词作寄给了毛泽东，并说他还寄给郭沫若和康生。郭沫若收到胡乔木的《水龙吟》三首

① 《胡乔木复读者（三）》，《胡乔木诗词集》第208页。
② 《胡乔木复读者（二）》，《胡乔木诗词集》第206页。

之后，迅速阅读，经过推敲，于12月6日给胡乔木写了回信："《水龙吟》三首，我也提了些意见，已送康老，请他斟酌后，转呈主席。"并仔细谈了他对这三首的修改意见，最后说："以上仅是一些不成熟的意见，专此奉告。"

胡乔木新作的《水龙吟》第一首，在《词十六首》定稿中为《水龙吟》其一，原稿为：

当年火把东传，何期此日光霄壤？茅庐年少，斯民在抱，万夫一往。几度冰霜，江河沸鼎，乾坤反掌。喜绿阴千里，从前赤地，寒风里，生机旺。

破夜洪钟怒响，起征人晓歌齐唱。东风旗帜，南针思想，北辰同仰。雷迅文章，风生谈笑，敌闻胆丧。看战帆竞驶，鹏征共指，比云天壮。[1]

郭沫若在12月6日给胡乔木信中提出的修改意见如下：

"当年火把东传，何期此日光霄壤"似可改为"星星火种东传，燎原此日光霄壤"。"江湖沸鼎""江湖"二字觉得太熟了，拟易为"溟瀛"，与下句"乾坤"对等些。

"喜绿荫千里，从前赤地，寒风里，生机旺"。

---

① 原稿"战帆竞驶，鹏征共指"字下有"春铺大地，前途遥指"，似为胡乔木尚未决定的另一种写法。

> 拟改为“喜当年赤土，绿荫千里，窑洞内，生机旺”。古有“赤土千里”的说法。“窑洞”是联想到延安的窑洞。
>
> “破夜洪钟怒响”：“怒”字拟改为“震”。“南针思想，北辰同仰”拟改为“南针遥指，北辰众仰”。
>
> 末三句的两种写法，觉得以“看春铺大地，前途遥指，比云天壮”为较好。但“遥指”似可改为“浩荡”。

对照定稿，郭沫若的建议被完全采纳的只有一处：“当年火把东传，何期此日光霄壤”改为“星星火种东传，燎原此日光霄壤”。据胡乔木回忆，这是经毛泽东改的，可能是毛泽东和郭沫若的修改意见不谋而合，也可能胡乔木记忆有误。胡乔木还回忆说他接受郭沫若的意见，将“几度冰霜”改为“几度星霜”，而郭沫若在信中并没有提出这个意见。

另有三处郭沫若提出需要修改之处，胡乔木没有按照郭沫若的意见修改。郭沫若建议将“喜绿荫千里，从前赤地，寒风里，生机旺”改为“喜当年赤土，绿荫千里，窑洞内，生机旺”，定稿却改为“喜当年赤县，同袍成阵，寒风里，生机旺”。这里的修改经过了几次反复。毛泽东第一次修改为“喜当年赤土，绿荫千里”，是接受了郭沫若的意见，后来才改为“喜当年赤县，同袍成阵”。胡乔木对于这个改动一度不满意，他给毛泽东写信说：“‘当年赤县，同袍成阵’，似觉不如原句自然亲切、意义含蓄又明白易解。另，改句与下文‘寒风里，生机旺’的关合似不够紧凑，‘赤县’与‘当年’连用也觉有些勉强。因此，这一句我想不改也可。”[①]但定稿还是按照毛泽东的意见修改了。

郭沫若建议将“北辰同仰”改为“北辰众仰”，毛泽东却改为“北辰俯仰”。胡乔木对毛泽东的修改十分佩服，并由此想到另两处也可以修改。在1964年12月28日致毛泽东的信中，胡乔木认为：“‘北辰俯仰’一句，把领袖和群众的关系两面都说到了，说活了，实有点铁成金，出奇制胜之妙。现因想到‘南针思想’一句（此句以思想居主位，南针居宾位，前后句本不相称）可否仿照改为‘南针指掌’，此语除通常解释外，还有领袖指导、群众掌握之意，如此则在内容和形式上都可与‘北辰俯仰’一句相配合。‘东风旗帜’原也想改为‘东风驰荡’，但觉不如原句鲜明，故放弃了。又前句‘晓歌齐唱’原作‘战歌齐唱’，拟恢复，使意义较明确。”[②]但在定稿中，“南针思想”并没有改成“南针指掌”，“晓歌齐唱”也没有恢复为“战歌齐唱”。

郭沫若建议将末尾三句改定为“看春铺大地，前途浩荡，比云天壮”，定稿却改为“唤鹰腾万仞，鹏征八表，看云天壮”。这是胡乔木自己改的。胡乔木在1964年12月20日给毛泽东的信中说：“《水龙吟》第一首结句：‘看风帆竞驶，鹏程共驾，比云天壮’，终觉不甚称意。为此曾苦思多日，最后才想到了现在的改法：‘唤鹰腾万仞，鹏征八表，看云天壮’，意思是想表示领袖群伦，高瞻远瞩，奔赴世界革命和世界共产主义的伟大远景。

① 《胡乔木致毛泽东（三）》，《胡乔木诗词集》第196页。
② 《胡乔木致毛泽东（四）》，《胡乔木诗词集》第197页。

觉得在气魄韵味方面和上文‘洪钟’、‘南针’、‘文章’、‘谈笑’等的关合方面，似较原句稍胜。不知想得对否？”[①]

郭沫若建议修改的“江湖”“怒”“思想”等字，定稿没有采纳。

胡乔木新作的《水龙吟》第二首，在《词十六首》定稿中为《水龙吟》其五，原稿如下：

> 算来反面教员，先生榜样堪千古。相煎如釜，鞭尸如虎，临危如鼠。口唱真言，手挥宝箓，若呼风雨。甚三无世界，两全党国，天花坠，归尘土。
>
> 涸辙今看枯鲋，定谁知明朝鲂鲐？新汤旧药，无多滋味，怎堪久煮？恨别弓惊，吞声树倒，相牵旧侣。倘长悬明镜，后车知返，应良师许。

对于这首词，郭沫若在12月6日的信中只改了一处：“‘新汤旧药，无多滋味，怎堪久煮？’想改为‘膏肓病重，新汤旧药，怎堪再煮？’”定稿基本采纳了郭沫若的意见，只是“怎堪久煮”没有改成“怎堪再煮”，而是改为了“怎堪多煮”。将郭沫若的“再”改为“多”，是毛泽东决定的。

“倘长悬明镜，后车知返，应良师许”曾一度改为“幸良师三径，长蛇封豕，作妖魔舞”。胡乔木1964年12月20日给毛泽东写信说：“《水龙吟》第五首结句：‘幸良师三径，长蛇

① 《胡乔木致毛泽东（二）》，《胡乔木诗词集》第194—195页。

封豕，作妖魔舞’，揣摩许久，仍不敢说是懂了。我猜测着可能指赫下台了，帝国主义的原形更易暴露了，但赫当政时帝国主义也作了许多妖魔舞。又猜测是指赫虽下台，他的门徒和他仍有三径可通，所以修正主义者们仍作妖魔舞。但这样与全文不甚调和。不敢妄断。因此很冒昧地重拟了一个自觉较为醒豁的结句，敬供您审阅时酌定。”[①]他拟的“醒豁的结句”为：“看后车重蹈，愁城四望，尽红旗舞。”定稿就用的这句。

胡乔木新作的《水龙吟》第三首，在《词十六首》定稿中为《水龙吟》其七，原稿如下：

问君古往今来，皇皇文化何人造？千年奴隶，生涯牛马，有人醉饱。史页新开，天南地北，赤光普照。说狼羊共处，今谁健考，该牙爪，甘镣铐？

革命一声号砲，动山河直穿云表。风追骐骥，光寒剑戟，奋锄强暴。作雾蚩尤，含沙鬼蜮，妖氛净扫。乘摇空浪猛，前冲后涌，指冰山倒！

郭沫若在12月6日的来信中建议进行六处修改。“‘有人醉饱’，拟改为‘朱门醉饱’。‘赤光普照’，拟易‘赤’为‘红’。‘该牙爪’，拟易‘该’为‘膏’。‘动山河直穿云表’拟乙倒为‘动河山……’”，“‘乘摇空浪猛，前冲后涌，指冰山倒’，‘浪猛’拟乙倒为‘猛浪’。‘指’拟易

① 《胡乔木致毛泽东（二）》，《胡乔木诗词集》第194—195页。

为‘排’。”定稿有两处照郭沫若意见修改，即易“该”为“霄”，“山河”改为“河山”。这两处，胡乔木回忆是经毛泽东修改，可能是回忆有误。郭沫若提出将“有人醉饱”改为“朱门醉饱”，胡乔木改成了“看人醉饱”。最后三句，郭沫若建议将“浪猛”改为“猛浪”，“指”改为“排”，但定稿按毛泽东的意见改为：“乘摇空雪浪，漫天雹雨，指冰山倒。”此外，定稿将“牙爪”改为“爪牙”，“健考”改成“偏应”。

三

1964年12月23日，胡乔木致信郭沫若，此信《胡乔木书信集》不载，兹录如下：

郭老：

十二月六日信收到。昨接得根据主席改定稿排出的清样，已校正并略注几点小意见送主席最后审定。拙稿承多次费心修改，减少错误，增加光彩，极为感激。

专此　即致

敬礼

胡乔木

一九六四年十二月廿三日[①]

① 手稿复印件，原件藏郭沫若纪念馆，新刊于《郭沫若研究》2019年第1期。

12月30日，毛泽东致信《人民日报》总编辑吴冷西，让他将胡乔木的《词十六首》“在新年（一月一日）发表为盼”。当天，毛泽东写信给中国作家协会副主席刘白羽，告诉他胡乔木词已送《人民日报》，于1月1日发表，《人民文学》可以转载。[①]

1965年1月1日，胡乔木《词十六首》在《人民日报》发表。1月3日，《词十六首》被《光明日报》转载。当天，郭沫若致信胡乔木：“词十六首，元旦在《人民日报》上读了一遍。今天在《光明日报》上再读了一遍。实在是好。我有一个奢望，想请您把定稿写一份给我，以作纪念。如不太劳累您，望您满足我这个奢望。”[②]

1月24日，胡乔木将写好的《词十六首》寄给郭沫若，并附信函。此信《胡乔木书信集》不载，兹据手稿复印件录入。

郭老：

遵嘱把词十六首抄了一份送上。抄完一看，实在太蹩脚了，有好些地方用墨浓淡不一，还有个别的字是写错了改的，有些字写得已经不能说是不好，只能说是丑。但是书法艺术不是一时所能掌握的，我也只好献丑了。至于这些词，虽然确是用了心血，费了推敲，并且又得了主席和您的细心修改，究竟也还没有

① 中央文献研究室编：《毛泽东年谱　一九四九—一九七六》（第五卷），中央文献出版社2013年版，第437页。

② 手稿复印件，原件藏郭沫若纪念馆，新刊于《郭沫若研究》2019年第1期。

脱离习作的阶段。承您过奖，谢谢。

敬礼

胡乔木

一九六五年一月廿四日

郭沫若收到胡乔木亲笔抄写的《词十六首》后，于1月26日复信胡乔木："您亲笔写的十六首词已接到。非常感谢您。我虽然替您增添了不少的劳累，但为国家增添了一项珍宝。我将把他们裱褙起来，信却不拟裱褙上去。深深地多谢您。"[①]语气是十分谦逊的。

胡乔木《词十六首》广泛涉及当时中国所面临的各种重要问题，既包括反对"苏联修正主义"等敏感的国际关系，也包括第一颗原子弹实验成功、破除西湖景区的封建迷信等重要事件，是那个特殊时代的"诗史"。围绕《词十六首》的修改，毛泽东、郭沫若、胡乔木付出了大量心血。他们之间有共同意见，也有不同观点，这些意见和观点既来自对局势的判断，也有词作本身音韵格律的斟酌，形成了丰富而微妙的对话关系，由于这三人在当代中国的重要性，这些文本也就格外值得分析。本文主要是对材料的呈现，希望抛砖引玉，引起更深入讨论。

① 郭沫若纪念馆藏手迹复印件，新刊于《郭沫若研究》2019年第1期。

第四章　中国科学院院长的权与责

《撒尼彝语研究》事件

1951年，作为政务院副总理兼中国科学院院长的郭沫若，曾公开做了两次检讨。一次是关于武训批判的，他曾公开赞扬武训，并为《武训画传》题词，在毛泽东发动武训批判之后，郭沫若公开做了自我检讨。另外一次就是《撒尼彝语研究》引发的检讨。郭沫若在武训批判中的自我批判为郭沫若研究界广泛关注，但《撒尼彝语研究》引发的检讨却少有人知晓，此前仅李晓虹老师撰文阐述[①]。我在李晓虹老师文章的基础上，综合中国科学院其他负责部门和负责人、九位专家学者的回信，尤其是新见中国科学院档案中的华岗和陈梦熊的来信及处理意见，对郭沫若如何处理这一事件做更为详尽的探讨。

一

1951年7月22日，政务院文教委员会副主任陆定一给中国科学院相关负责人致信，谈到最新出版物《撒尼彝语研究》，全信如下：

① 李晓虹：《关于郭沫若〈《撒尼彝语研究》检讨·结语〉》，《郭沫若学刊》2013年第1期。

郭院长并转常培先生：

中国科学院出版的语言学专刊第二种《撒尼彝语研究》的序文，对法国神甫邓明德的叙述，立场是错误的。为了加强中国科学院出版物的严肃性，提议考虑具体办法，予以补救。今后中国科学院的出版工作中，亦希望能有具体办法，使此类政治错误不致发生。如何望示。

敬礼！

陆定一

七月二十二日[①]

第二天，郭沫若将陆定一的来信转给罗常培，并附上了一封短信：

莘田先生：

附上陆副主任信，阅后请掷还。关于本书具体补救办法，我拟了几条：（1）凡本院编译局、语言研究所赠送者全体收回；（2）通知商务印书馆立即暂行停售，发售以来已售多少，望确数见告；凡已售出之件，可能收回者一律收回；（3）该书必须将序文除掉，由马君改写，并将全体内容整饬一遍，再考虑继续出版。以上诸点，我将以回复陆主任。至关中国

① 《政务院文教委员会陆定一副主任致中国科学院郭沫若院长的信》，《科学通报》1951年第10期，第1007页。

科学院出版工作的一般具体办法，当另行商议。

敬礼！

郭沫若

七月二十三日①

《撒尼彝语研究》是语言学专家马学良所作的研究少数民族语言的专著。全面抗战爆发后，马学良从长沙沿着湘桂黔公路步行两个月到达昆明。在这两个月的旅行中，他找到苗人和彝人，记录他们的语言。1939年，马学良考入北京大学文科研究所，师从罗常培和李方桂学习语言。1940年，他随李方桂到路南县尾则村实地调查藏缅语系彝语中的撒尼方言。他们顺着该村的线索，发现了曾在此处传教的法国神甫邓明德的《法彝字典》。马学良在这本书的基础上写成了《撒尼彝语语法》，作为北京大学文科研究所的毕业论文。马学良毕业后在中央研究院历史语言研究所任职，被派往云南省寻甸县彝区调查方言，他拜一位通晓彝族经文的老人为师，在接近两年艰苦学习和调查的基础上，将《撒尼彝语语法》修改扩充为《撒尼彝语研究》，李方桂、罗常培、梁思永、魏建功等学者都给予了指导和好评。

《撒尼彝语研究》写出后，中央研究院语言研究所推荐给商务印书馆，但一直没有出版。中华人民共和国成立后，郭沫若很重视这件事，1950年1月指示将原稿拿回，于1951年作为中

① 《中国科学院郭沫若院长致语言研究所罗常培所长的信》，《科学通报》1951年第10期，第1007页。

国科学院语言学研究所语言学专刊第二种在商务印书馆出版。

马学良在《序言》中说："尾则是路南县东南的一个村落，全村居民不足百户，除了五六户汉人外，其余全是撒尼人，所以汉化的程度并不深。尾则虽是一个小村落，但因法国神甫邓明德氏（Paul Vial）在这里传教，卓有成绩，因此这一小村落竟名扬中外。死后土人为纪念他的功德，就在他的墓前立了一块碑文，我们曾在他的墓前凭吊过，并留影纪念。"《序言》抄录的碑文称赞邓明德神甫："建修各属教堂，又新创村落，曰保禄村，此法大恩人之功也。兼之博学多能，诲人不倦，著书传经，创造《法彝字典》，特得大法士院优给奖励。迄今奉教者日多，又广设学校，大兴文化，升举司铎，则群贤毕至，少长咸集，非公之功，非公之德欤？"[①]陆定一信中所说的"对法国神甫邓明德的叙述，立场是错误的"，指的就是这些地方。

7月26日，中国科学院做了检讨："马学良的《自序》里面有一段颂扬法国天主教徒邓明德（Paul Vial）的地方，犯了很严重的思想上的错误。""马学良写这序文虽然是在'一九四六年六月五日，于四川李庄栗峰'，但却是在'一九五〇年十二月四日重理于北京'的。这就提出了一个具体的事实证明：在我们中国的学术界中，国民党反动统治时代所孕育着的买办思想，差不多原封不动地又在中华人民共和国的首都'重理'起来了。而且这书是由中国科学院负责编辑

① 《问题的文件——〈撒尼彝语研究〉的序文》，《科学通报》1951年第10期，第1008页。

的，由这里可以看出我们中国学术界一部分的思想混乱是怎样严重。”“责任不限于作者马学良，科学院的各位负责人，科学院编译局及语言所的各位负责人，都有同样的责任。我们希望有关的负责同志们能深切诚恳地作一番自我检讨，这样来加强科学院出版工作的严肃性，并加强全中国科学出版事业的严肃性。”[①]

8月9日，中国科学院召开《撒尼彝语研究》的院内检讨会，编译局负责人、语言所负责人、马学良本人做了自我检讨。中国科学院编译局、罗常培和马学良的检讨都写成了书面文字，在《科学通报》上发表。

马学良在检讨中谈到了他调查彝语、撰写这本著作的经过，回顾了他在中华人民共和国成立之后政治上逐渐觉悟的过程。“最近，当罗常培所长告诉我序文中的严重思想错误后，我自己一夜不能入眠的自我检讨。第二天早晨我立刻到科学院语言所去说出我的错误根源，想诚恳地接受他们的批评。”“我对于自己学习的不够，犯下这严重的思想错误，真有噬脐之恨。我尝想自己写出一个检讨，把我的错误说出，或者心里可以安适些。”“我深深感到师友们恳切的爱护，犯了错误，不像过去反动统治时期把你一脚踢下去，而是帮助你改正错误，立刻现身说法，使你提高一步，使你好好的学习，以后能更好地为人民服务。这种帮助青年进步的时代精神是何等伟大！我受着鼓励，我要更加努力，根除纯技术观点和不关心

① 《中国科学院关于〈撒尼彝语研究〉的检讨》，《科学通报》1951年第10期，第1010、1011、1012页。

政治的一切错误思想。”“我感到像我这样的旧知识分子的改造是有困难的，但我必须克服任何的困难。经过抗美援朝的运动使我认识了帝国主义的狰狞面孔，经过展开武训讨论使我认识了他是封建社会中假貌为善的大流氓，而这次的批评又使我更进一步地认清了帝国主义的传教士带糖衣的毒素。我很庆幸生在毛泽东时代的青年的幸福！”[①]

罗常培在检讨中认为：“语言研究所的负责人实在首先犯了麻痹、粗心、对于工作不能精密检查的严重错误！”他说，很多学者认为“‘学术研究’可以脱离政治”，这是完全错误的。他在政治上有相当的认识，“可是一到实际检查工作的时候，为什么就粗心大意不能帮助同人矫正错误呢？这完全是由不能把政治性贯注到每件具体工作上去，对于理论虽然有初步的认识而不能紧密、确切地结合实际”！马学良在序言中录入碑文，这是学者不愿割舍材料的通病。马学良对邓明德的推崇，也体现了国内文化教育界“有形无形地存在着许多崇拜资本主义国家的买办思想”。“咱们要想纠正这种含有买办思想的旧学风，今后在每个人的研究工作中随时贯彻马列主义的批判精神和爱国主义的思想，是绝对必要的。”罗常培还希望“其他从事科学研究工作和负领导责任的人们也由这个具体事件提高警觉，避免以后再发生类似的或更大的错误”[②]。

中国科学院编译局的检讨中承认他们把关不严，即便在

---

① 《马学良的自我检讨》，《科学通报》1951年第10期，第1019页。

② 罗常培：《〈撒尼彝语研究〉中错误思想的检讨》，《科学通报》1951年第10期，第1013—1016页。

有人就序言提出不同意见的情况下，也没有引起他们足够的重视。“对于马列主义和毛泽东思想的学习，我们更要加紧，更要提高，以免将来重犯错误。同时我们希望科学家们和广大的读者们，经常不断地给我们更多的坦率的批评，帮助我们增加中国科学院的编译和出版工作的严肃性，使我们能在工作上得到进步。”[①]

二

8月15日，中国科学院给院内外104位专家写信：“兹送上中国科学院语言研究所语学专刊第二册马学良著《撒尼彝语研究》的序文一件，请加以审核，并请于本月二十一日以前将书面意见寄掷本院办公厅，以便定期开会讨论。”从周祖谟的回信中可知，郭沫若还以院长名义给部分专家写了信，只是这封信现在尚未发现。中国科学院收到95封回信，“各人所见到的虽然有偏有全，有深有浅，但有百分之九十发现了原文序中的错误，给予了相应的批评。就中如马坚、李有义、王崇武、周祖谟、傅懋勣、吴泽霖、魏建功、俞德浚、郑天挺九位先生的意见，是比较看到问题的全面，并对于邓明德的罪恶，或根据当地的实际情况，或联系当时的历史事实，有了更进一步的阐发的”[②]。这九位先生的意见，都揭载在《科学通报》上。

① 《中国科学院编译局对于〈撒尼彝语研究〉的检讨》，《科学通报》1951年第10期，第1013页。

② 郭沫若：《〈撒尼彝语研究〉检讨·结语》，《科学通报》1951年第10期，第1038页。

马坚在8月16日的来信中说，他是生长在蒙自的，从小就痛恨英法帝国主义者，对于法国天主教神甫在云南的文化侵略活动很熟悉，他对马学良的序文印象很不好。“这篇序文里有两种恶劣的思想成分：一种是买办思想，作者不知不觉地替帝国主义者作义务宣传，一种是大汉族主义的余毒（也可以说遗毒），字里行间流露出轻视少数民族的态度。”“我认为作者修改这篇序文的时候，应该说出国内反动统治者是怎样忽视少数民族的文化教育，帝国主义者是怎样处心积虑地对我们的兄弟民族进行文化侵略，他们被麻醉到什么程度，在毛主席、中国共产党和中央人民政府的领导之下，彝族同胞已获得解放，中央人民政府怎样重视兄弟民族的文化，现在研究彝语是一个重要的政治任务。”①

少数民族研究专家李有义在8月19日的来信中说：“从序文中我们看出作者还存在着很严重的敌我不分的胡涂思想。外国传教士的到中国来传教是和帝国主义侵略中国分不开的，所有的传教士几乎都是帝国主义的先驱。他们披着宗教的外衣，现着慈祥的面孔，实际则是在作着危害中国人民的勾当。”“尾则天主堂的坏事是一时说不完的，我在尾则村时是知道他们有武器，和日寇有勾结，经常替日寇搜集情报。我并不污蔑好人，我说这话是有事实根据的。”“作者对这个坏蛋处处表扬，而说他的工作是替邓明德的《法彝字典》作订正，这就连自己也侮辱了。”“我们从旧社会里转过来的知识份子，像马先生这样的情形实在很多。我们实在应当好好学习马

① 《马坚来信》，《科学通报》1951年第10期，第1020页。

列主义，提高自己的认识，必须站稳立场，敌我分明，方能真正的为人民服务。假如不重视政治学习，我们这些旧知识份子，还是会糊哩糊涂地作出一些有害于人民的工作来的。”[①]

由于李有义这封信提到他对邓明德和尾则的事情比较熟悉，中科院再次致信详细询问他这方面的情况。李有义在9月3日晚上的复信中说：“邓明德一共修了两所教堂，一所在尾则，一所在路美邑。这两处撒尼人，大半都恨邓明德。因为自从他来以后，他们中间就一直有纠纷，大半是为了土地。教徒想把土地卖给天主堂，非教徒反对，结果就打起来了。教徒虽然很少，但却有法帝国主义者和汉人的官府作后盾，吃亏的反而是多数人。这样多数的人没有不恨天主堂的。邓明德亦就为这个原因，挨了十四刀。邓明德还送了一批学生到法国或越南留学。这批人自然成了法帝国主义的忠实走狗。但这批人在撒尼人中间简直连半点威信也没有，撒尼人把他们当作叛徒。邓明德藉以成名的那本《法彝字典》主要就是这些叛徒帮助他编辑的。一般撒尼人对这本字典的看法是，那是有害于他们的，因为那本字典的目的是要他们信天主教，学法文。邓还编了好些彝文小册子，破除迷信，劝人民不要信‘笔魔’（他们的巫师），收买了大批的彝文书籍送到法国，又烧了一部份，他想把撒尼人的旧记载都消灭光，以便于他传教。这些行动都引起当地人坚决的反对。邓甚至偷盗撒尼人藏在山洞里的祖宗牌，因此当地人谈起邓来时都咬牙切齿恨的不得了。马学良先生没

① 《李有义来信（其一）》，《科学通报》1951年第10期，第1020、1021、1022页。

有注意这些事迹，说‘土人’为纪念他的功德而替他立了碑，这实在是侮辱了撒尼人。”[①]

历史学家王崇武在来信中引用大量的历史资料，他认为：“由一八八〇，到一八八五，邓明德（Paul Vial）由永平的漾壁到路南的路美邑传教这几年，是法军积极布置吞并全部越南，以东京及红江流域为基地，而向中国的云南广西侵略的时期，特别是云南的锡矿尤为法帝所垂涎。”“我在伦敦档案馆英国外交部的档案里，曾看过一位英国驻河内的领事的秘密报告，他说，中法战争前，法国先在越南布置好了一个间谍网，这个工作是由驻中越的法国天主教徒担任的，他们准备在法帝发动战争时，起而响应。”“一八八四年三月，在漾壁邻近的浪穹县长营村，因为人民不堪法国传教士的强奸迫害，曾起而反抗，捣毁了法国教堂，杀死了法国教士。这次民忿很大，影响到邻近的漾壁，也同样起而报复，把邓明德所办的教堂门窗拆毁了。”王崇武认为：这个教堂主持很可能就是邓明德，即便不是他，他也应该负责，从这里也可以看出邓明德和当地百姓的真实关系。[②]

语言学家周祖谟在8月22日的来信中认为，马学良的序言存在着“不分敌我”和“缺乏历史观点”两个错误。之所以存在这些错误，是因为“在思想上对于资本主义的学者仍然估价很高，对于所谓资本主义的‘文明’，还没有看穿。因此留恋徘

---

① 《李有义来信（其二）》，《科学通报》1951年第10期，第1023页。

② 王崇武：《论邓明德（Paul Vial）在云南传教的时代背景和法国天主教在中越活动的情形》，《科学通报》1951年第10期，第1027、1028、1031—1032页。

徊，舍不得把他们大骂一顿；即便发现了他们的错误，也只好说‘感到美中不足’了。从这一点来看，我们作研究工作的人，必须要加强学习政治思想，那样才能提高我们的业务水平。”①

傅懋勣在来信中认为，这篇序言有两点错误。第一，“对于邓明德工作的本质，没有正确的认识”，“邓明德是帝国主义者侵略我国的先驱者之一，是我们的敌人。作者分不清敌我，竟在序文中不正确地推崇了他”。第二，“对于邓明德的著作，也没下深刻的批评”。傅懋勣认为《法彝字典》中有很多必须纠正的错误，比如有些地方把主动助词说成被动动词，有些地方把小舌辅音和舌根辅音混为一谈，所以序文赞美《法彝字典》为“彝族语文的杰作”是不应该的。②

吴泽霖在8月19日的来信中认为，这篇序言“对于法国神甫邓明德的‘功德’倍加赞颂是不适当的”，序言中所引的碑文，是教堂人写的，不能代表撒尼人的看法。他还指出了《法彝字典》和马学良著作中的一些错误。③

魏建功在8月18日的来信中说，这部序言有着“纯技术的观点”，表现了“大汉族主义”，和“新爱国主义”是不符合的。“他的错误，一方面应由自己负政治学习上认识不够的责任，另一方面我们有师友关系的人也须提出深切检讨。”他建议“著者按照政治的要求，发挥学术工作应起的作用，改做一篇着重介绍撒尼兄弟民族情况的序，或者补充做一个《导言》”④。

---

① 《周祖谟来信》，《科学通报》1951年第10期，第1032、1033页。
② 《傅懋勣来信》，《科学通报》1951年第10期，第1033、1034页。
③ 《吴泽霖来信》，《科学通报》1951年第10期，第1034、1035页。
④ 《魏建功来信》，《科学通报》1951年第10期，第1035、1036页。

俞德浚在8月21日的来信中说，他到过四川云南一带，对那边的情况比较熟悉，当地的传教士“除去宗教活动以外，还在调查我们边区的资源，盗取我国边区的文物，调查边区军事险要，测绘边区地图和收集各种情报，寄给英美法意等帝国主义国家。遇有机会，挑拨少数民族和汉族的感情，甚至于酿成严重的地方事件。他们不仅是帝国主义文化侵略的先锋，也是帝国主义军事侵略的前哨间谍”。而这篇序文对神甫的赞美令他十分“诧异”，他认为新中国的少数民族语文研究应该致力于“沟通民族文化，增进民族情感，和帮助他们自觉独立，提高文化，改善生活，永远和我们亲密团结在这和乐的大家庭中”。这和“作为将来侵略我国的准备”的天主教徒的语文研究是截然不同的。①

历史学家郑天挺在8月21日的来信中说：“传教本来是侵略方式之一，尤其是法国的天主教同他们的政府关系更深。邓明德的到云南，深入撒尼乡村，其目的当然是为了侵略中国，为了替法国扩张势力。他的‘广设学校’，‘大兴文化’，正是他的文化侵略。至于‘创造《法彝字典》’（一九〇九年出版），很明显的是为了便利帝国主义侵略者们而作的，绝不是为了中国撒尼人民，因为他是以法文为主的。关于这些在文内没有提示出来，是不妥当的。”

9月13日，郭沫若在广泛讨论和相关人员检讨的基础上做出总结。

总结首先承担责任：“《撒尼彝语研究》所犯的政治性的

① 《俞德浚来信》，《科学通报》1951年第10期，第1036、1037页。

错误，首先是应该由我负责来自行检讨的。书在未印出之前，我没有亲自审查，在既印出之后我也没有细加核阅，这样的疏忽实在是万不应该。经过陆定一副主任的指示，使大家得到一个进行思想学习的机会，这对本院说来是很大的一个收获。”

其次，郭沫若指出了马学良所犯的错误：“他在基本上还没有肃清轻视少数民族的大汉族主义的思想。故他把少数民族称为‘土人’，把民族地区称为‘蛮荒僻野’，把几个民族败类，媚外洋奴为邓明德所建的墓碑误认为‘土人为纪念他的功德’。这样是对于兄弟民族的轻易诬蔑。这所犯的政治错误，事实上并不亚于对于文化间谍的盲目歌颂。”

再次，郭沫若提出，马学良应该保护。“国内少数民族的语文研究者不多，像马学良同志这样对于少数民族语文有素养的学者，我们是应该珍惜的。这次所犯下的错误，主要是由于我们负行政领导责任的人帮助不够，但马学良同志却能够认真检讨，接受批评，为我们的学术界树立了一个良好的作风，我们认为是难能可贵的。”①

三

在中国科学院档案中，有一封杨钟健写给郭沫若的信，除署名为杨钟健手写外，余皆为铅印。兹录全信如下：

---

① 郭沫若：《〈撒尼彝语研究〉检讨·结语》，《科学通报》1951年第10期，第1037—1038、1039页。

院长钧鉴：

华岗、夜火（即陈梦熊）两同志来信提出读了《撒尼彝语研究》检讨后的意见，兹将原信一并检陈，祈核阅为祷。

谨致

敬礼

附原信

职　杨钟健　呈

一九五一年十一月十日

华岗来信两页，竖写，华岗手书。郭沫若在信末有批示。华岗来信针对的主要是郭沫若在《〈撒尼彝语研究〉检讨·结语》中的这段话：“少数民族语言研究的工作，在今天是极其庄严、极其重要的一项政治任务。大汉族主义控制了中国历史一个很长远的年代，使国内的兄弟民族遭受着歧视、压迫、摧残，大多数被迫到硗瘠的偏远的地区，勉强维持着生存。文化落后了，卫生条件极坏，这并不是少数民族心甘情愿如此，而主要是我们汉民族的祖先所犯下的罪过。今天是我们属于汉民族的人们替祖先赎罪的时候了。”①兹录华岗全信如下：

中国科学院编译局：

蒙寄赠《科学通报》一份，按期收到，谨此致

---

① 郭沫若：《〈撒尼彝语研究〉检讨·结语》，《科学通报》1951年第10期，第1039页。

谢。以后如蒙续赠，请仍按期邮寄青岛龙口路四十号弟寓为盼。

今日收到《科学通报》第二卷第十期，读到对于《撒尼彝语研究》检讨的特辑，颇感兴趣。此种公开检讨，不仅对科学院及马学良本人，可以提高政治认识，且为新中国学术界树立追求真理的良好榜样。其中郭院长检讨相当深刻，惟《结语》中说到国内兄弟民族“文化落后了，卫生条件极坏”等现象时，认为“主要是我们汉民族的祖先所犯下的罪过”（见通报第二卷第十期第1039页），似未能说明事实真象，容易引起误解。因为在事实上，过去压迫和摧残国内兄弟民族的反动势力，乃是我们汉民族祖先中的败类，亦即人民公敌，并非我们汉民族全体祖先，因而也就不能笼统说是“我们汉民族祖先所犯下的罪过”。郭院长接着说“今天是我们属于汉民族的人们替祖先赎罪的时候了”，在严格的科学意义上说，似乎亦欠斟酌。因为在事实上，既然是汉民族祖先中败类，亦即人民公敌（并非全体祖先）压迫和摧残了国内兄弟民族，那末，今天我们的革命任务，就是认真执行共同纲领中的民族政策，实行各民族一律平等，打倒帝国主义和各民族内部的人民公敌，使中华人民共和国成为各民族友爱合作的大家庭，而决不是什么“替祖先赎罪”。严格说来，过去压迫和摧残过兄弟民族的人民公敌，都是革命对象，要他们向兄弟民族“赎罪”，根本就是与虎谋皮；而汉民族中的被压迫被剥削群众，则根本没有犯下什么罪，有何“赎罪”可言？！这是我读了对于《撒尼彝语研究》检讨后的一点小意见，无当大雅，因来信征询意见，故简述如上，未免求全责备，敢请指正为幸。

勿复并致

敬礼

华岗

十月廿七日

郭沫若在信末批示说：“可用我的名义拟复。狭隘的民族思想，大汉族主义不限于‘汉民族的败类’，此次检讨有少数共产党员同志亦未能看出毛病可证。‘赎罪’之说，周总理亦曾说过，在便利上如此说是无害的。郭沫若7/Ⅻ。”

另一封为夜火所写，全信一页，竖写。末尾附有通信地址，为滨州陈梦熊。郭沫若在信末有批示。夜火主要针对《〈撒尼彝语研究〉检讨·结语》中的这几段话：

上面说过，我们收回了的书面意见九十五封中，有百分之九十是发现了错误的，还有百分之十不仅没有发现错误，反而表现了同性质的或更严重的错误。

其中有三位是自然科学家。他们说：他们不是语言学专家，恐怕是我们寄错了人，把原件退还了。这所表示的便是标准的纯技术的观点。这几位朋友不仅不求科学与科学之间的关联，而且对于科学与政策的关联也丝毫不想介意。

又有几位虽然发现了一些枝节上的问题，但把重要的问题却是看脱了，或者弄得来轻重倒置。有一位连邓明德没有语言学的根底也加以称赞，说他“因袭印欧语法”，“标音用罗马拼音”，正是他高明的地方。

更还有三位是相当有名的社会科学家，对于马克思列宁主义一般认为是有修养的人，但他们的审核结果是怎样呢？有一位说“毫无意见”，有一位说“很欢迎”，有一位说“很好”。

这就明显地表示着在我们中国整个的学术界中，是有决不容轻视的思想问题存在着。

纯技术观点或“为科学而科学”的朋友们，认识不明确的朋友们，固然需要加强思想学习，学习马克思列宁主义和毛泽东思想，要善于把理论和实际结合，善于掌握政策。就是对于马克思列宁主义和毛泽东思想已经有修养的人也要不断的刻苦学习，才能保证在“和实际结合”上的准确性。[①]

兹录夜火来信如下：

《科学通报》社转沫若先生：

我是喜欢文学的，对科学与科学之间的联系的认

① 郭沫若：《〈撒尼彝语研究〉检讨·结语》，《科学通报》1951年第10期，第1039—1040页。

识是极不够的，并且不然而然的将科学二字误解了。没有看像《科学通报》之类刊物，只是心里单纯的认为是讲数理化吧，因此里面讲的包括那些也不得而知。今天偶尔从一位同志那里拿了一本《科学通报》一翻，看到里面有对《撒尼彝语研究》的检讨，于是就看下去了。在看到内中你写的结语时，使我很为惊异（本来这是用不到惊异的，由于我对旧的思想渣滓根深蒂固的认识不足所致），尤其是“相当有名的社会科学家”这几个字很感刺眼。

现在，绝大多数的中国人民只要看到“英国、美国、法国；神甫”这类字眼，极高的警惕性油然而生，谁也心里感到须要研究一下“慈悲”的神甫欠我们中国人民多少血债。但是在我们学术界中，竟有号称某某家的，对马克思、列宁主义一般认为有修养的人暴露了对帝国主义者一点没有认识思想，这说明在我们学术界中还有一小部分的人政治觉悟是极不够的，所以我认为——正如你在结语中写道：“是有决不容轻视的思想问题存在着。”因而有将那几位自然科学家、社会科学家给科学院的回信及书面意见在《科学通报》上公开的必要，让这几位朋友自己来公开认识一下；让学术界中其他同志来公开检查一下。不然这几位朋友背着一个什么“家”，利用“相当有名”高谈阔论、信口开河，还要去骗人的；不然学术界中其他同志自以为“相当有名”或“对马克思列宁主义有修养”，作为掩护，永远是满脑瓜子的洋奴思想与买办思想——反动思想。

这次科学院向一百零四位专家征求对马学良著《撒尼彝语研究》的序文的意见，是等于一次抽样的思想检查，证明我们学术界中有十分之九是有了明确的认识，还有十分之一是没有认识到的。而且由此又推，不是学术界一个界的问题，其他各界也有同样情形的问题存在着，所以我诚恳的建议——将这一问题交全国性的报纸《人民日报》上去公开讨论，让更多的人来认识、检查。正确与否请你答复。

敬祝

健康

夜火

11/3

郭沫若在信末批注："检讨结语已转载《新华月报》。少许进步朋友的疏忽，他们看到结语，自己会加警惕的，不必给人以绝路。郭沫若　7/Ⅻ。"

这两封信统一登记在一张表上，表内批示栏上，郭沫若于12月7日写道："阅，意见见各信后批。"附注栏相关负责人于12月10日写道："对华岗同志已写就复函，请加封寄出。应复夜火一信，照郭院长意见，用办公厅名义转述郭意见即可。"

给华岗所拟的复函，中国科学院档案中留下了一份抄件，兹录如下：

华岗同志：

您给编译局的信中，对于我的《撒尼彝语研究》序文检讨的结语有所指责，谢谢您。但汉民族祖先怀抱大汉族主义并不限于“民族败类”，事实上全体民族都如此。我们自己反省一下自己的幼时就可以明白。此次检讨，有一二位党员同志根本没有发现出问题，也是一个当前的事证。“赎罪”之说，毛主席、周总理、李维汉同志都说过，为了动听起见，我觉得是可以说的。

敬礼！

郭沫若

十二月八日

而给陈梦熊的回信，则是如此写的：

梦熊先生：

本院编译局转来先生十一月三日给郭沫若院长的信，郭院长已经看过了。郭院长批说：“检讨结语已转载《新华月报》，少许进步朋友的疏忽，他们看到结语，自己会加警惕的，不必给人以绝路。”特录转达，并致敬礼！

厅章

“厅章”的意思当是盖办公厅的章，同页有12月14日封发的字样。说明这封信是以办公厅的名义12月14日寄出的。

《历史研究》的召集人

1953年，中共中央决定成立历史问题研究委员会，由中宣部副部长、中国科学院副院长陈伯达负责。同年，陈伯达在中国科学院召开会议，讨论决定在中国科学院增设两个历史研究所，并创办一份历史研究的专业刊物。由郭沫若作为编委会召集人，尹达和刘大年负责具体工作。陈伯达还在会上传达毛泽东的指示，提倡“百家争鸣”，指示尹达和刘大年在办刊过程中要容纳不同意见。这份刊物就是1954年开始出版的《历史研究》。

作为《历史研究》编委会的召集人，郭沫若为这份刊物写稿、审稿、改稿，倾注了大量心血。在郭沫若和编委会其他学者的努力下，《历史研究》成为历史学领域的权威刊物，引领了中国历史研究的发展方向。

一

1953年底，尹达和刘大年到郭沫若家，商量创办历史研究专业刊物的具体事宜。郭沫若决定写一篇发刊词。这篇发刊词就是《开展历史研究，迎接文化建设高潮——为〈历史研究〉发刊而作》。郭沫若于1954年1月2日起草好了这篇发刊词，立即送给刘大年和尹达。第二天，他给刘大年和尹达写信说：

刘大年、尹达同志：

发刊词昨晚起了初稿，今早看了第二遍。写得不大好，特别在尾巴上想不出更响亮的语句来结束。请您们尽量地删改、润色。如不可用，就只好请您们另起炉灶了。

敬礼！

郭沫若

一月三日[①]

这封信写得相当客气。郭沫若对发刊词反复斟酌，1月4日，他再次致信刘大年：

刘大年同志：

发刊词末尾一小节，如无大改动，请将“促进高潮”四字，改为“各尽所能”。此致

敬礼！

郭沫若

一月四日[②]

经过仔细修改，这份发刊词刊登在《历史研究》创刊号上。郭沫若在这份发刊词中指出：

---

① 《刘大年来往书信选》（上），中央文献出版社2006年版，第76页。

② 《刘大年来往书信选》（上）第76页。

历史研究的资料对于我们是绝对丰富的，而历史研究的需要在今天却又相当地迫切。汉民族的历史、少数民族的历史、亚洲各民族的历史乃至世界史都需要我们以科学的观点来进行研究和解释。特别是我们自己的历史，很多方面，我们不仅还没有进行“具体的分析”，甚且还不曾有过初步的接触。无限的材料摆在当前，还不曾切实地进行有计划的收集，材料听其自生自灭，可能有不少宝贵的成分是已经消失了。就因为这样，我们在目前还得不到一部完整的通史或其他各文化部门比较精密的专史，那是一点也不足怪的。但在今天我们是迫切地需要有这样的研究和著作了。我们需要从历史发展中来体会辩证唯物主义与历史唯物主义。我们需要从历史发展中来进行爱国主义教育、提高民族自信心、促进民族新文化的创造。

有这样的朋友，对于马克思列宁主义的应用已经相当有把握，能够“根据详细的材料加以具体的分析”，而产生出“理论性的结论”来，那样的朋友和他的作品，在我们当然十分欢迎。但假使一时还得不出“理论性的结论”，只要能够“根据详细的材料加以具体的分析”，甚至只要能够提供出“详细的材料”或新出的材料，也都是我们所一律欢迎的。任何研究，首先是占有尽可能接触的材料，其次是具体分析，其次是得出结论。只要是认真能够实事求是地做到这其中的任何一步都是有价值的工作。认真能够实事求是的人，他的立场、观点和方法，必然会逐渐地和马克思列宁主义接近而终于合辙。

郭沫若1954年1月4日致刘大年的信说“请将‘促进高潮’四字，改为‘各尽所能’”，这个词出现在这篇发刊词的结尾：“文化建设的高潮要紧跟着经济建设的高潮而来了，各尽所能，责无旁贷。”[①]

郭沫若在发刊词中不仅提出了在中国开展历史研究的迫切性，而且对于史观派和史料派的文章都表示欢迎。这同他自己在学术研究中既重视考证，也重视批评有关。抗战时期，郭沫若将他研究先秦社会与学术思想的文章结集为《青铜时代》和《十批判书》出版，前者“偏于考证”，后者“偏于批评”，两者“相辅相成”[②]，缺一不可。“考证”侧重对资料的整理与考据，“批评”侧重用马克思主义理论重新阐释历史，“考证”与“批评”构成了郭沫若学术成就的两翼。如果说“批评”是郭沫若学术研究的目的的话，那么“考证”则是他学术研究的基础。在强调历史观和宏大叙述占据主流的情况下，郭沫若在发刊词中强调材料和“考证”，体现了他的独特眼光。

郭沫若对材料和“考证”的重视，从他给《历史研究》编辑部的另外一份审稿意见也表现出来。《历史研究》编辑部1955年10月12日给郭沫若送上一份稿件，附信说：

---

① 郭沫若：《开展历史研究，迎接文化建设高潮——为〈历史研究〉发刊而作》，《历史研究》1954年第1期。

② 郭沫若：《青铜时代·序》，《郭沫若全集·历史编》（第1卷），人民出版社1982年版，第315页。

郭院长：

兹有林寿晋先生撰写的《东晋南北朝时期的矿冶铸造叶》一文，经初步审阅，认为可以作为备用稿。现在特将该文打印本一份送上，请审阅，并望十月卅日以前将审查意见写示，以便根据诸编委的意见，决定该稿的去取，为盼！

此致

敬礼！

《历史研究》编辑部

十月十二日

郭沫若在这封信的右边空白处写道："这篇文章注意到新的研究方面，虽然主要是资料的搜集，但已难得。我同意备用。郭沫若　十、十四"[①]很快，这篇文章就以《东晋南北朝时期矿冶铸造业的恢复与发展》为题发表在《历史研究》1955年第6期上。

在郭沫若等人的坚持下，《历史研究》对于史料性文章特别重视。"《历史研究》作为新中国史学界的权威刊物，其栏目组成主要有五个部分，除了研究性论文及作品评介外，史料介绍和史学动态是两个非常重要的板块，曾一度占据刊物的半壁江山。《历史研究》继承了传统史学重视史料搜集与整理的特点，对新发现的史料进行了及时的披露，体现了对基础性史料的重视。""1954—1958年五年的时间里，《历史研究》刊

① 根据手迹复印件，来自黄淳浩先生处。

发资料介绍性文章83篇。”[①]体现了对史料的重视。

值得注意的是，《历史研究》的主编是尹达，副主编是刘大年。但在《历史研究》的筹备过程中，相比于尹达，郭沫若显然更重视刘大年。刘大年后来对此有解释：“正副主编是直到创刊号快要付印的时候，才由郭沫若召集范文澜、陈垣、尹达、刘大年共五人举行的一次会议上确定的。在那以前，郭老心目中一直以为我就是主编。开会头天晚上，我去找范文澜同志，告知第二天会议内容。我提出刊物主编由尹达担任，我做副主编。理由是古代史时间长，稿子多，近代史时间短，稿子少，尹达是搞古代史的，做主编适合。范老完全赞成。其实我思想上主要考虑的是郭、范对古代史分期意见不同，刊物要百家争鸣，不同的意见进行讨论，难免涉及郭、范关系。尹达和郭老在一个所工作，他担任主编，处理这方面的问题，可以避免引起别的议论。但这个考虑不好说出来，后来证明也是不必要的。第二天上午，在文津街科学院院长办公室开会。最后一项议程是我提出请决定正副主编。郭老立即断然说：‘主编当然是你啰！’我把头一天对范说的话讲了一遍。谁知郭老毫无思想准备，他顿时怫然作色，提高嗓门说：‘那我就不管了！你们自己去解决吧！’陈垣老不表态，范老说了一句：‘还是尹达同志当主编吧！’于是就散会了。”[②]当然，正如刘大年所说，郭沫若对尹达是没有意见的。郭沫若“怫然作色”，

---

① 盖志芳：《〈历史研究〉（1954—1966）研究》，山东大学博士论文，2010年，第95页。

② 刘大年：《郭沫若关于〈历史研究〉的六封信》，《历史研究》1994年第1期。

也并不全如刘大年所说在尹达担任主编一事上“毫无思想准备”。郭沫若是《历史研究》召集人，在谁担任主编这件大事上，刘大年不事先和郭沫若商量，而在开会讨论的前一天晚上找同是从延安来的范文澜私下商议并做出决定，从组织原则上说，这样做是不妥的。何况范文澜和郭沫若虽然相互尊重，但由于学术观点的不同，本来关系就比较微妙。在这种情况下，郭沫若当然“怫然作色”。

二

1955年，《历史研究》编辑部将贺昌群的《论西汉的土地占有形态》提交郭沫若，请他审阅。郭沫若于2月18日写了详细的审稿意见并返回《历史研究》编辑部。兹录如下：

> 贺先生的《论西汉的土地占有形态》读了一遍，写些意见如下。
>
> ①第一页、正文第一行“春秋战国的旧贵族……”，文中屡以“春秋战国”连文，实则两个时代大有不同处。
>
> ②第一页正面倒数4—6行“战国时商人地位很低，与奴隶相仿佛……可见始皇时商人地位低下还未大变”，有问题。当时的白圭、计然、陶朱、吕不韦……不能说是“奴隶”。“贾人”殆如《周礼·职官》中所隶属的“贾”，是一部分管采办的奴隶，不能与富商大贾混同。

③第一页背面一行“方兴未艾的商叶资本”这说法是对的，但与②矛盾。文中如此矛盾者下文尚有，如16页正面倒数4行“战国以来富商大贾……”云云，即是。

④二页、背面10行“这个政策对社会生产力起了强有力的推动作用”，“力”字当删。

⑤三页背4—8行，董疏说的是秦，接下去虽有“汉兴循而未改”，应有所交代。汉所“循”者乃制度，非“赭衣半道，断狱岁以千万数”等等也。

⑥同，12行“《史记·卷百二十》”应是“百二十二”。

⑦同，16行（倒3行）“小盗”应是“小群盗”。

⑧四页正2行“捕不满品者”“不”字原作“弗”。

⑨五页正3行“封建的土地国有制”——这是本文的中心思想，但有问题。“土地国有制”是原始公社的孑遗，西周的制度就是这样。武帝没收集权私有土地为国有，主旨在“破坏氏族的联系”，但一般地仍是土地私有制，即土地地主所有制，此其所以为封建制的特征。如贺所说，文中大有矛盾。如十四页正倒2—3行论王莽“收天下田为王田”“强烈受到地主阶级的反对”，那正是完全的“国有制”，然而行不通，也就正证明武帝中央集权的封建统治的成功不能说为建立在“国有制”的基础之上。这是关键性的问

题，请作者考虑。

⑩十二页正、6行“为涿郡太守”下应加虚线……同9行“迁河南太守”下亦应加……又“豪强胁息”下应补“野无行盗”四字。

⑪同页正倒4行“赵光汉”“光”当为“广”。

⑫十四页背6行“群小日近”上应补“请寄为奸”四字，又11行“何独私养……”上夺一“奈”字。

⑬五页正，倒5行“加深了矛盾的客观发展”，语意不明，是什么“矛盾”加深了？应说明。

⑭六页背、5行“大抵逃逋皆在大家”，原本作“逋流”，俞樾云“当作逋赋”。俞樾说大有见地，因下文明言“细民不堪，流亡远去”。如逃往大家，大家那有那样的慈悲，养畜那许多人？又“中家为之色出”，“色出”颇费解，疑有字误。解为“很高兴”，不一定妥当。

⑮六页背倒3行“百金中民十家之产”，“中”可读去声，当也。《管子·轻重篇》中多此字例。

⑯九页1行前抄脱了一行“轺车一乘直万服牛二六千　凡訾直十五行”，当系抄写者之误。又2行所引简文，抄写错乱，应照原简改抄。

⑰十六页正，倒2行“前富既衰”，“富”下夺“者”字。

⑱十八页注17“作出这样非常错误的推论”，注欠明白，应简单说出是怎样的“非常错误”。

以上大小意见十八条，提供作者参考。第九条特别重要。西汉的土地制度的骨干是土地私有制而非国有制，武帝打击大地主和富商大贾，解释为“破坏氏族的联系”是对的，但不能说“武帝时代，汉天子掌握了遍布全国的大量的公田，大一统专制封建主义的中央集权就是凭藉这样一个社会经济基础而造成的”（原稿十三页背，倒一——二行）。如果真是那样，那就是后文所说的“违反封建历史发展生产规律”（十四页背二——三行）了。武帝打击大地主而扶植中小地主，这是在农业上的基本政策。他采取盐铁酒酤等国营政策和均输平准以利流通，同时打击富商大贾，这是在财政经济上的重要措施。因此，所以国库富裕，能不加农业税而足以应军需上的大量消耗。并因此而收揽了中等以下的民心，所以政权能够巩固。

又二页一行“如桑宏羊、东郭咸阳、孔仅辈，都是盐铁工业的大商人”，大有语病。东郭咸阳是齐地的盐业工商业家、孔仅是南阳冶铁工业家、桑宏羊是“洛阳贾人子”，究竟是什么商人，不知道。

郭沫若

二、十八

此意见请送贺昌群先生阅（郭）。[1]

① 《郭沫若书信集》（下）第177—180页。据手稿校订。

贺昌群（1903—1973），四川乐山人，郭沫若的老乡。他早年进商务印书馆编译局，后来曾担任中央大学教授、南京图书馆馆长等职务，在戏曲、敦煌学、西北考古学、魏晋南北朝史的研究等方面都有突出的贡献，是20世纪中国著名的历史学家，代表作有《魏晋清谈思想初论》等。

郭沫若审读的《论西汉的土地占有形态》是贺昌群在《历史研究》发表的第一篇文章。贺昌群1954年进入中国科学院，担任历史研究所第一所研究员，中国科学院图书馆副馆长。贺昌群进中国科学院工作，得力于郭沫若的举荐。1953年，在中国科学院筹建历史研究所第二所的时候，郭沫若曾给院党组写过一封推荐信：

> 贺昌群，现任南京图书馆馆长。贺本系隋唐史研究专家，研究态度踏实，著述颇多。此类专才宜集中至第二历史研究所，从事研究工作。请党组考虑，向文化部调用。张稼夫同意。
>
> 郭沫若
>
> 十月三日[1]

贺昌群的《论西汉的土地占有形态》原稿我没有找见，但从郭沫若这封信可以推测，贺昌群在初稿中的一个关键性论述，是汉武帝时期实行“封建的土地国有制”。郭沫若不同意这一论述。因为从马克思主义理论来看，社会发展的五种形态

① 《郭沫若致党组》，《刘大年来往书信选》（上）第61页。

除原始社会和共产主义社会之外，奴隶社会、封建社会、资本主义社会都是私有制。当然，郭沫若也不仅是理论先行，他还发现了贺昌群文章中的前后矛盾。贺昌群论述王莽“收天下田为王田”，从而遭到地主阶级的强烈反对，贺昌群认为这是“违反封建历史发展生产规律”。如果汉武帝也是实行“封建的土地国有制”的话，那他和王莽的土地政策就是一致的，为何汉武帝能够成功，没有违背历史规律？而王莽却失败了，违背了历史规律呢？贺昌群初稿中的这一矛盾被郭沫若敏锐地抓住了。

《论西汉的土地占有形态》经过修改，发表在《历史研究》1955年第2期上。可能是由于修改时间太短——从郭沫若提出修改意见到文章发表，只有两个月时间，留给贺昌群修改的时间可能不足一个月——贺昌群这篇文章的正式发表版中有着比较突出的矛盾。他一方面保留自己的论述，另一方面又吸纳了郭沫若的意见。郭沫若否定了“封建的土地国有制”，贺昌群在正式发表版中没有再提这个概念。郭沫若认为“武帝时代，汉天子掌握了遍布全国的大量的公田，大一统专制封建主义的中央集权就是凭藉这样一个社会经济基础而造成的”这句话是和后文矛盾的，贺昌群做了如下修改：“武帝时代，汉天子掌握了遍布全国的大量公田，是形成专制封建主义中央集权的重要物质条件。”其实这处修改和原稿只是表述不一样，并没有实质上的不同。郭沫若在审稿意见中提出：“武帝打击大地主而扶植中小地主，这是在农业上的基本政策。他采取盐铁酒酤等国营政策和均输平准以利流通，同时打击富商大贾，这是在财政经济上的重要措施。因此，所以国库富裕，能不加农业税而足以应军需上的大量消耗。并因此而收揽了中等以下的民心，所以政权能够巩固。”这是郭沫若的观点，而贺昌群几乎原封不动写到自己论文的正式发表版中：“武帝打击大地主，扶植中小地主，这是在农业上的基本政策；采取盐铁酒酤等专卖政策和均输、平准以利物质流通，平抑物价，这是在财政经济上打击富商大贾的重要措施；因此收揽了中等以下的民心。又没收了大批地主的土地，汉天子的实力空前加强。”但问题在于，“扶植中小地主”只是郭沫若为了说明西汉是私有制而提出的观点，贺昌群在文中并没有给出实例，他对此可能有保留意见。所以贺昌群这篇文章虽然做出了修改，解决了一些初稿中存在的问题，但又产生了新的问题，并不能自圆其说。其实，这体现了郭沫若和贺昌群在学术观点上的分歧，郭沫若不承认有“封建的土地国有制”，而这是贺昌群研究中国封建社会土地关系的核心概念。他后来在《汉唐间封建土地所有制形式研究》中“将隋以前的封建土地所有制称作是国有土地所有制，之后，随着时代的发展，逐渐变为地主土地所有制”[①]。也就是说，贺昌群虽然在这里遵从了郭沫若的审稿意见，但后来还是坚持提出了“封建的土地国有制”的概念。

贺昌群原稿开首处春秋战国并举，没注意到这两个时代的区别。郭沫若将春秋战国之交作为奴隶制结束、封建制兴起的重要时代。所以在郭沫若看来，春秋战国绝不能并举。贺昌群认为“战国时商人地位很低，与奴隶相仿佛”，这与后文中的

① 刘卫芳：《贺昌群史学成就探究》，河南师范大学硕士论文，2014年，第16页。

“战国以来富商大贾……”确实矛盾。这两处经郭沫若指出，贺昌群做出如下修改：“战国的旧贵族——诸侯公卿大夫的世卿阶级，逐渐被新起的地主阶级所代替，汉初，社会上充满着战国以来的旧势力——富商大贾、强宗巨族、地主豪强，特别是富商大贾最为猖獗。”只提战国，不提春秋，而且删除了战国时期商人地位低的表述，修改得也很简洁。

至于郭沫若指出的其他问题，如引述中存在脱文和错字，引《史记》卷次有误等等，贺昌群都按照郭沫若的意见做了修改。从这里也能看出郭沫若在审读这篇稿子时查阅了很多资料，花费了不少工夫，充分体现了他对这篇稿子的重视。

贺昌群是在1949年后才开始向马克思主义史学靠拢，用马克思主义理论研究中国封建社会的，《论西汉的土地占有形态》是贺昌群转向马克思主义史学的较早的成果。对于如此著名学者的马克思主义转向，郭沫若高度重视。后来，贺昌群在《历史研究》还发表了《升斗辨》（1958年第6期）、《秦汉农民起义的原因及其历史作用》（1961年第6期）、《东汉更役戍役制度的废止》（1962年第5期）等文章，属于《历史研究》推崇的著名学者。

三

历史学家何兹全在回忆中说：“‘百花齐放，百家争鸣’双百方针提出后，学术气氛比较松动，学术界又提出历史分期问题来讨论，我也技痒，‘春色关不住’，大胆冒出来参加讨论。我写了一篇《关于中国古代社会的几个问题》。1950年左右在师大历史系兼职上过课的张云飞先生当时在《历史研究》任编辑，我把文章拿给他看。他不敢作主，就拿给尹达同志看。据说尹达还拿给郭沫若先生看过。不知是尹达的话还是他传达郭的话，说过一句‘公说公有理，婆说婆有理呀’。转了好久，《历史研究》始终没有用。后来我就要回来，登在1956年8月号的《文史哲》上。”[①]

郭沫若确实审过稿，并把审稿意见以书信的形式告诉了《历史研究》编辑部。这封信的手稿只署了“二、十九”，没有署年份，收录进《郭沫若书信集》时，系于1953年。《郭沫若年谱长编》在收录这封信的条目下加编者注：“此件系《郭沫若书信集》‘据手稿编入’，末署‘郭沫若　二，十九’。《郭沫若书信集》编者标为‘（1953年2月19日）’，不确。中国历史问题委员会设立于1953年8月，决定创办刊物应在1953年8月以后，《历史研究》创刊在1954年2月。据此，批复不可能作于1953年2月，只能作于1954年2月。”[②]这里的考证也是错误的。何兹全这篇文章后来发表在《文史哲》1956年第8期，文末附注为：“这篇文章的初稿写于一九五四年五月间，从初稿写成到现在，在同志们的帮助下我曾作了几次修改，谨此致谢。一九五六年六月廿九日。”所以，郭沫若这份审稿意见只能写于1954年5月至1956年6月之间。有可能写于1955年2月19日，也有可能是1956年2月19

① 何兹全：《爱国一书生》，《何兹全文集》（第6卷），中华书局2006年版，第2944页。

② 林甘泉、蔡震主编：《郭沫若年谱长编》（第4卷），中国社会科学出版社2017年版，第1480页。

日。何兹全将文章投给《历史研究》，“转了好久，《历史研究》始终没有用”，也就是说这篇文章放在《历史研究》编辑部的时间比较长。由此推测，何兹全应该是初稿写成后不久，即1954年，这篇文章就送到《历史研究》编辑部了，而郭沫若的审稿意见写于1955年的可能性比较大。兹录郭沫若的审稿意见如下：

> 何兹全的《关于中国古代社会的几个问题》，问题很多。他自己已经说明，他的文章是建立在“对比”这个方法上的，关于西方的知识他自己说“不够”。（二十三页15行）东方的呢，他也有好几处说到在关键性的地方材料不够。
>
> ①“唯一成问题的是奴隶劳动是否大量使用于农业劳动，这方面没有有力的材料。”（十二页5行）
>
> ②“曹操和日耳曼间的相同处……对此我是没有更深入的了解的。”（二十三页背2行）
>
> 像这样的研究态度，基本上有问题。然而作者却喜欢迅速作出过早的结论，所以全文中“似乎”、“大概是”、“可能是”、“大体上必然是”、“恐怕是”、“当然是”一些盖然性的话有一二十处之多；而“我认为”、“我总认为”、“我则以为”这样武断的语句也可不少。
>
> 我对西方资料亦无直接研究，不能多说话。关于中国的材料，则确切知道有些问题。
>
> 《左传》昭十六年的“商人”是殷人吗？（五页

背、倒1行）

③“汉武帝以后土地集中起来，‘富者田连阡陌，贫者无立锥之地’（董仲舒语）……”（十三页背倒4行）董语见《汉书·食货志》，是说秦自商鞅以来的现象。那种现象已经产生，能说秦汉还是小农经济吗？

④为什么不从全面来看问题？战国以后的上层建筑是奴隶制国家形态吗？儒家的封建思想的支配如何说明？

其他小错误、小问题尚不少，不具列。

郭沫若

二、十九[1]

何兹全在回忆录里说，尹达或者郭沫若的意见是“公说公有理，婆说婆有理呀”。从这封信来看，这个意见不会是郭沫若的，有可能是尹达的。何兹全此处提示是为了说明他和郭沫若在中国古代社会分期观点上的不同。何兹全在文章中讨论了三个问题：“一、西周春秋是前期古代社会；二、战国秦汉时代的奴隶制及其在社会经济中所起的作用；三、东汉时期奴隶制向封建制的过渡和封建社会的成立。”何兹全认为，西周春秋是“由公社解体到发展的奴隶制国家的过渡时期”，“东汉到魏晋这个三、四百年的时代，就是中国古代社会向封建社

① 《郭沫若书信集》（下）第54—55页，据手稿校订。

会转化的过渡时代”[①]。这和郭沫若的观点是不同的。郭沫若认为，商代就进入了奴隶社会，奴隶社会过渡到封建社会的时间在春秋战国之交。这就比何兹全的分期提前了好几百年。不仅如此，何兹全的观点和其他主流马克思主义史学家的观点也不相同。“解放后，中国历史学界占领导地位的是范文澜的学派。范老以西周是中国封建社会的开始时期。史学界的领导人物如翦伯赞、吕振羽多持此说。于是大、中、小学的中国历史教学都采用此说。魏晋封建说是和毛泽东的教导唱反调的。我写了这篇文章，是大胆的。但发表以后，却时时提心吊胆。怕不定何时，要受批判。”[②]

但郭沫若并不是因为何兹全在古代社会分期上的观点和他的观点不同就简单否定了这篇文章。他主要是从学术论证的周密性上进行考察的。他认为何兹全掌握的材料不完整，而且“盖然性的话”较多，主观推测的地方多，这样做学问是不严谨的，而且何兹全仅从经济基础考虑问题，没有从上层建筑这个角度进行全面考察。这其实体现了郭沫若自己做学问的态度。无可讳言的是，郭沫若所指出的何兹全文章中的很多问题，在郭沫若的《中国古代社会研究》中也存在：比如对马克思主义理论的生硬套用；比如面对有限的先秦材料，很多地方只能是推测。但郭沫若有他的强项，那就是在研究中国古代社会分期上有着长期的独立的史料准备，他解读了大量的甲骨

① 何兹全：《关于中国古代社会的几个问题》，《文史哲》1956年第8期。

② 何兹全：《爱国一书生》，《何兹全文集》（第6卷）第2946页。

文、金文，对很多传世经典的创作年代重新做了考订，他的论述建立在坚实的史料基础上。而从何兹全的论文来看，他在这些方面的准备显然是不够的。《历史研究》在创刊号和第2期连续发表陈寅恪的文章，陈寅恪的文章以史料考证见长，这充分说明了《历史研究》对史料和考证的重视。所以即便是用马克思主义理论研究古代社会，如果不是建立在扎实的史料基础上，郭沫若也不会给予肯定。

值得一提的是，尽管何兹全在回忆录中没有提到郭沫若的审稿意见，但郭沫若提到的一些问题他还是尽可能做了修改，这或许是来自和郭沫若有相同意见的其他“同志们的帮助”吧。对于何兹全原稿中的“曹操和日耳曼间的相同处……对此我是没有更深入的了解的”之类表述，郭沫若认为“像这样的研究态度，基本上有问题”。何兹全的正式发表稿修改为：“读者中或者有的会说中国社会发展和罗马不相同，不能拿罗马情况来和中国相比，从而说明中国的问题。我觉得中国古代和罗马古代，因为都是奴隶社会，因之，也就有共性，当然也有其特殊性。我用共性说明问题，并不意味着抹杀特殊。”[①]这显然是注意到了郭沫若所提的类似意见的结果。

四

在郭沫若90周年诞辰之际，史学家钱祖夫将他保存的两封

① 何兹全：《关于中国古代社会的几个问题》，《文史哲》1956年第8期。

郭沫若书信公布在《江海学刊》上。第一封写于1955年1月30日，兹录如下：

钱祖夫同志：

我是一月十日出国的，廿六日返京。忙于他事，您九日的信和大作，今晚始得阅读。在我出国期间，您的信曾送交《历史研究》编辑部，他们有信来，我现送您一阅。您对罗书的批评，基本上是正确的。但如编辑部前次给您信中所说，您文亦有缺点。罗书之作既在解放以前，在当时反动的国统区中能够说出该书中所说的一些见解（尽管有错误），已颇难得。批评当有与人为善的精神，不可求全责备。再者对敌与对非敌，在态度上亦应有所不同。编辑部对于您的稿件的处理，我觉得是可以同意的。您所提及的《新建设》的态度，我觉得也比较恳切。例如所说“引文较多，缺少新的见解”，似不失为坦率的批评。每种刊物的编辑同志，据我所知道，都是很忙的。外来投稿很多，都需得亲自看或请适当的人看。如每一种稿件都希望得到详细的答复，那是力所难逮的。因此，我觉得我们应以同志爱来对待编辑同志。即使自己受了委曲，我觉得也不必过于计较。同志，您才二十岁，我很惊讶您的写作能力，您是有远大的前途的，希望您不要轻易“失望”。我这些话，写得也比较直爽，请您宽大地接受。哲学研究所的筹备，由潘梓年同志负责，不久将出《哲学研究》杂志，你可直接和他通信（交科学院即可）。

敬礼！

郭沫若

一月三十日[①]

钱祖夫，生平不详。现在能查到的，是他曾经发表过4篇文章。除了公布郭沫若书信的《郭老对青年作者的亲切教诲》一文之外，已知他最早的文章是发表在《光明日报》1953年7月11日《史学》副刊第8号上的《关于太平天国的民歌》。这篇文章引起了吕骥的重视，吕骥曾给他写过两封信。他将吕骥的来信以及他的追忆写成《精心采集 珍惜“下里巴人”的乡音——吕骥同志有关太平天国民歌事的二封信》发表在《江苏社联通讯》1983年第3期上。此外，他还在《明清小说研究》1985年第2期发表《介绍张闻天早年有关〈红楼梦〉的诗文》。从这4篇文章来看，他对太平天国、《红楼梦》有所研究。

钱祖夫1955年1月9日致郭沫若的信，现在已经查找不到。据钱祖夫回忆：“五十年代中期，我在工作之余，对太平天国史颇有兴趣。对于历史学家罗尔纲先生评论‘天朝田亩制度’的专著，读后有些不同看法，认为有些问题值得商榷，于是写了一篇文章寄给《历史研究》杂志。过了一段时间，未得复信，对编辑难免有些意见，误认为他们不敢得罪‘大人物’。此外，我还就别的课题写了一稿寄给《新建设》杂志，也碰到类似的情况。由于当时年少气盛，缺乏严于律己的精神，就冒

① 《郭沫若致青年作者的两封信》，《江海学刊》1983年第1期。

冒然于1955年元月九日给郭老写了一封‘诉苦’的信。”[1]

钱祖夫提到的罗尔纲专著，是《太平天国的理想国——天朝田亩制度考》，商务印书馆1950年出版。这本书研究“天朝田亩制度渊源何在，有何根据，其施行的实情以及影响又何若等等方面”，“初稿成于一九四一年。到了一九四六年在四川李庄时，将初稿修改，承商务印书馆接受印行。”[2]由于商务印书馆迟迟未出版，到1949年，罗尔纲又做了第三次修订，终于在1950年出版。

钱祖夫给《历史研究》投稿，又给郭沫若径直写信，直接批评一位太平天国研究权威的著作。写信者和收信者大概都会想到两个月前发生的李希凡和蓝翎批评俞平伯《红楼梦》所引发的事件。

1954年，李希凡、蓝翎两位年轻人将他们写的《关于〈红楼梦简论〉及其他》投给《文艺报》。《文艺报》很长时间没有发表，作者写信去问，也未见回音。这篇文章另外发表在《文史哲》1954年第9期。毛泽东知道这件事后，给刘少奇等政治局部分成员和主管文化宣传工作的领导同志写了一封信：“驳俞平伯的两篇文章附上，请一阅。这是三十多年以来向所谓红楼梦研究权威作家的错误观点的第一次认真的开火。作者是两个青年团员。他们起初写信给《文艺报》，请问可不可以批评俞平伯，被置之不理。他们不得已写信给他们的母校——

① 钱祖夫：《郭老对青年作者的亲切教诲》，《江海学刊》1983年第1期。

② 罗尔纲：《自序》，《太平天国的理想国——天朝田亩制度考》，商务印书馆1950年版，第1页。

山东大学的老师，获得了支持，并在该校刊物《文史哲》上登出了他们的文章驳《红楼梦简论》。”“事情是两个‘小人物’做起来的，而‘大人物’往往不注意，并往往加以阻拦，他们同资产阶级作家在唯心论方面讲统一战线，甘心作资产阶级的俘虏，这同影片《清宫秘史》和《武训传》放映时候的情形几乎是相同的。被人称为爱国主义影片而实际是卖国主义影片的《清宫秘史》，在全国放映之后，至今没有被批判。《武训传》虽然批判了，却至今没有引出教训，又出现了容忍俞平伯唯心论和阻拦‘小人物’的很有生气的批判文章的奇怪事情，这是值得我们注意的。”①郭沫若也是毛泽东这封信件的收信人之一。

和俞平伯一样，罗尔纲也是胡适的学生。1955年，罗尔纲在郭沫若领导下的中国科学院历史研究所第三所工作。所以郭沫若高度重视钱祖夫的信。郭沫若对于太平天国是有过研究的。他搜集了很多这方面的材料，但他本人没有写文章，而是将材料提供给秘书王戎笙等人，后者在他的指导下成为太平天国研究的专家。所以郭沫若对罗尔纲的著作是有发言权的。对于这位不相识的钱祖夫，郭沫若耐心劝导。郭沫若不客气地指出，钱祖夫的文章也有缺点，罗尔纲不是敌人，“批评当有与人为善的精神，不可求全责备”。而且请他理解编辑部工作的难处。郭沫若还特别安抚这位年轻人：“同志，您才二十岁，我很惊讶您的写作能力，您是有远大的前途的，希望您不要轻

① 毛泽东：《关于红楼梦研究问题的信(一九五四年十月十六日)》，《红旗》1967年第9期。

易‘失望’。”并特别谦卑地要求他的“宽大”。后来不见钱祖夫这篇文章发表，也不见钱祖夫有其他行为。这表明郭沫若通过晓之以理、动之以情的方式，说服了钱祖夫，没有酝酿成更大的风波。而罗尔纲也没有受这件事的丝毫影响。1956年，罗尔纲在《历史研究》发表资料考证文章9篇，大都是关于太平天国的，充分展现了他的学术能力。

之所以说他们这次通信，双方都可能想到了《红楼梦》研究批判。因为不久后钱祖夫就给郭沫若写了第二封信，讨论的正是批判胡适学术思想等问题。这封信现在查找不到，1955年5月6日，郭沫若给钱祖夫回了一封信。兹录如下：

祖夫同志：

我五四返京，今天看了您这封长信，谢谢您。您在工作余暇，还肯仔细阅读，留心总结，是很好的。批判胡适，主要目的在宣扬并深入学习马克思主义，因有立必有破，从批判反动思想中更容易接受正确的真理。意见小有异同，足征学有深浅，在讨论进行中，由辩证的统一，便可逐渐趋于一致。您的意见，不妨把它写出来，不必顾虑。您这封信，我寄还您。因这是您的劳动产品，您如要写文章或许有底稿的作用。

郭沫若

五月六日[①]

① 《郭沫若致青年作者的两封信》，《江海学刊》1983年第1期。

郭沫若这封信，可以和他在两个多星期后修改刘大年起草的中国科学院学部成立报告稿中的观点对照阅读。[①]在批判胡适、批判胡风时期，郭沫若坚持从正面出发看问题。“有破有立”，“破”是为了“立”。批判胡适也罢，批判胡风也罢，并不是为了整人，“主要目的在宣扬并深入学习马克思主义”，而对于牵连进来的具体个人，则要“与人为善”。这种态度，郭沫若一直坚持。他也希望钱祖夫这位年轻人在时代风浪中“与人为善”。

---

① 参考本章第三部分。

筹备中国科学院学部

1953年，中国科学院代表团访问苏联，受到苏联科学院院士和学部制度的启发。同行的中国科学院党组书记张稼夫回忆说："我们了解到，苏联科学院有八个学部，分得很细。学部是学术行政领导机构，科学家通过学部进行活动。联共党对科学的领导是通过科学院学术秘书处进行的。学术秘书处由十几个科学家组成，都是党员，在学术上至少是博士以上的专家。学术秘书处实际上是联共党领导科学的中介，通过这个秘书处把联共党的方针、政策贯彻下去，同时把下面的情况反映上来。""他们这一套组织很科学，工作方法很灵活，对我们有参考价值。"[①]因为有这样的了解，代表团在归国报告中特意提到苏联院士制度的作用。中国科学院是否设立院士制度，在当时引起了讨论。后来提出折中方案：设立学部委员会。政务院副总理兼中国科学院院长的郭沫若根据中国科学院党组在1953年11月向中央提交的《中国科学院党组关于目前科学院工作的基本情况和今后工作任务的报告》，于1954年1月28日在政务院第224次政务会议上做了《关于中国科学院的基本情况和今后工作任务的报告》。报告指出："院对各研究所分学部领导，拟暂分为物理学数学化学部、技术科学部、生物学地学

① 张稼夫：《我与中国科学院》，《科学新闻》1999年第13期。

部、社会科学部等四个学部；各个学部由所属各所所长及院内外有关专家组织学部委员会（学部委员会组织条例另行规定）；学部委员会只管学术领导，不管行政事务。”[①]这是公开正式提出组建四个学部，组成学部委员会，由学部领导各研究所的方案。报告获得政务院会议批准。

1954年3月6日，《中国科学院学部暂行组织条例》经中国科学院第11次院务常委会通过。条例规定：“由院提出学部委员的初步名单，征求有关科学界代表人物的意见，然后由院决定呈政务院批准。”“学部委员人选确定后，由院召开学部成立大会，推选学部常委会分别讨论各学部近期工作问题及院委托讨论事项。”[②]

4月28日，《中国科学院学部暂行组织条例》经文化教育委员会批准后，中国科学院正式着手学部委员的遴选工作。在中国科学院编号为“1954-2-4-26”的档案中有两页署名郭沫若的铅印信件，兹录如下：

□□同志：

国家大规模建设已经开始，全国人民正以兴奋热烈的心情迎接国家过渡时期的总任务。科学工作在实现国家总任务中具有重要的意义。为了使科学研究能

① 郭沫若：《关于中国科学院的基本情况和今后工作任务的报告》，《中国科学院院史资料汇编1954》，中国科学院院史文物资料征集委员会办公室，1996年，第21页。

② 《中国科学院学部暂行组织条例》，《中国科学院院史资料汇编1954》第66—67页。

更好地服务于国家建设，为了替我国科学事业的繁荣与发展打好基础，就需要集中国内科学家的力量来共同负担对全国科学研究工作的学术领导的责任。

根据中国科学院经政务院批准的《关于中国科学院目前的基本情况和今后工作任务》的报告，我们准备今年在科学院内建立四个学部——物理学数学化学部、生物学地学部、技术科学部和社会科学部。组织国内优秀的科学家来参加科学院的学术领导，推动科学研究工作。

学部是科学院进行学术领导的机构，它的任务是重大的。因此学部的组成就需要国内科学家来共同研究，使学部的工作合乎我国科学工作的要求。科学院于五月间邀请了在京科学家们分别举行座谈会，并向京外科学家们去信，就学部的任务与学部委员人选的条件等广泛地征求了意见，这些意见是很宝贵的。现在需要我们进一步来共同研究学部委员具体人选的问题，希望您能在□□□□范围内推荐您所认为最适当的人选。在其他方面也欢迎您尽可能加以推荐。至于您所推荐的人选仅供科学院内部参考，本院负责不向外传。

根据许多科学家们在座谈会上以及书面的意见，我们研究了以后认为：为了使学部能充分体现其学术领导的职能，学部委员人选的标准就不宜失之太宽，首先应该把学术上的成就作为考虑学部人选的主要依据，其次也要考虑在推动我国科学事业方面的作用。

由于我国科学基础薄弱，发展不平衡，在目前情况下要求多方面（如学科、地区等）照顾是有困难的，将来在学部范围内尚有各种专门学术组织，请各方面的专家参加。以上这些意见提供您作为考虑人选时的参考。

与这信的同时寄给您一份《中国科学院学部暂行组织条例》和一张空白的推荐表格，我们希望能在您收到后十天内给我们答复。

此致

敬礼

郭沫若

年　月　日

第三段的“在□□□□范围”中的空格，应是针对不同收信人而填写不同的内容，据《中国科学院史料汇编1954年》，这封信的时间后来署为6月5日。对于推举学部委员，四个学部的办法不同。社会科学部在对部分社会科学家征求意见的基础上，委托学部主任和学部秘书拟出名单，供后续讨论。其他三个学部则由郭沫若以院长的名义发出上述信件，广泛征求意见。郭沫若这封信件一共发出了654封，收信的“六百多位科学家包括科学院的专门委员、全国科联常务委员、各专门学会理事长和从事研究工作的理事、全国高等学校有研究成就的系主任和教授、产业部门主要的科学技术人员等。在以后的几个月中，共收回推荐信527封，占发出的空白推荐信的81.7%。在陆续收回推荐信期间，学术秘书处从8月开始，根据各方面的意见拟定数理化学部、生物地学部、技术科学部委员的初步名单。1954年11月11日，院务常委会开会，第一次讨论学部委员名单。初次学部委员名单共160人，11月18日再次讨论后，委员增至172人。”[①]后来经过反复讨论，直到1955年5月31日，国务院全体会议第12次会议才批准了“中国科学院学部委员名单”，6月3日，周恩来总理签发国务院命令，发布233人的学部委员名单。

二

在学部委员的推荐和遴选阶段，争议最大的候选人是陈寅恪。据中国科学院党组书记张稼夫回忆：“矛盾最尖锐的是研究隋唐五代史的历史学家陈寅恪，他是这个学科的权威人士，不选进学部委员会不行，他下边一班人也会有意见。若选他进学部委员会，他却又一再申明他不信仰马克思主义。他们只好请示毛主席，毛主席批示‘要选上’。这样，陈寅恪就进了哲学社会科学的学部委员会。”[②]具体担任联系工作的是中共中央中南局宣传部副部长、历史学家杜国庠。在他的拜访下，陈寅恪应允担任学部委员。1954年9月4日，杜国庠致信中国科学院党组书记、副院长张稼夫：

稼夫同志：

① 李真真：《中国科学院学部的筹备与建立》，《自然辩证法通讯》1992年第4期。

② 张稼夫：《我与中国科学院》，《科学新闻》1999年第13期。

陈寅恪先生已答应就委员职。目前给您电报想已收到。第二日晚到达北京，现住北京饭店，有暇请约谈，当以详情奉告。

敬礼！

杜国庠 拜上

九月四日[1]

刘大年代郭沫若草拟了一封致陈寅恪的感谢信，郭沫若亲自做了修改。《刘大年来往书信选》收录了这封书信原稿的照片，兹整理如下。其中刘大年拟稿有而为郭沫若删除的，用删除线表示；刘大年拟稿没有而为郭沫若增加的，用下划线表示。

寅恪先生大鉴：

学友杜守素先生来京，~~得~~<u>获</u>悉~~先生身~~<u>尊</u>体健康，并已<u>蒙</u>慨允担任中国科学院社会科学学部委员，曷胜欣幸！

学部~~是~~<u>乃</u>科学院指导全国科学研究工作与学术活动~~的~~<u>之</u>机构，~~在这方面的~~事务不会很多~~，先生仍可全力从事学术研究，工作中有何困难，科学院定当设法予以解决。~~<u>不致影响研究工作。</u>目前~~成立学部之筹备工作~~正在积极~~进行~~<u>筹备</u>，~~一切~~详情将~~请~~<u>由</u>守素兄返粤时面达。

尊著<u>二稿</u>已在《历史研究》上先后发表，想已见

[1] 《杜国庠致张稼夫》，《刘大年来往书信选》（上）第93页。

到达览。对《历史研究》的编辑工作如有指导意见，望便中示知。编辑工作缺点颇多，质量亦未能尽满人意，尚祈随时指教，以期有所改进。尊处于学术研究工作中，有何需要，亦望随时赐示，本院定当设法置备。专此，即颂。

著祺！

郭

郭沫若修改之后，于1954年9月30日返还刘大年，并附便笺说："文稿略有润色，已书就，望交杜守素同志转。"[①]

陈寅恪和中国科学院的关系可以上溯到1953年。当时，中共中央决定组建中国历史问题研究委员会。9月21日，由陈伯达、郭沫若、吴玉章、范文澜等人参加的中国历史问题研究委员会第一次会议决定由郭沫若和陈寅恪分别担任上古和中古史所的所长。不久，中国科学院院务常委会议进一步明确了各所的正副所长。中国科学院派北京大学历史系副教授、陈寅恪的弟子汪篯带着郭沫若、李四光署名的邀请信前往广州，请陈寅恪来京就职。

1953年12月，陈寅恪口述《对科学院的答复》，重提他给王国维撰写的碑文，提出："对于独立精神，自由思想，我认为是最重要的，所以我说'惟此独立之精神，自由之思想，历千万祀与天壤而日久，共三光而永光'。"他的就职条件是："允许中古史研究所不宗奉马列主义，并不学习政治"；"请

① 《郭沫若致陈寅恪》注释，《刘大年来往书信选》（上）第97页。

毛公或刘公给一允许证明书，以作挡箭牌”。他还要求汪篯：“你要把我的意见不多也不少地带到科学院。碑文你带去给郭沫若看。郭沫若在日本曾看到我的（挽的）王国维诗。碑是否还在，我不知道。如果做得不好，可以打掉，请郭沫若做，也许更好。郭沫若是甲骨文专家，是‘四堂’之一，也许更懂得王国维的学说。那么我就做韩愈，郭沫若就做段文昌，如果有人再做诗，他就做李商隐也很好。我（写）的碑文已流传出去，不会湮没。”①

陈寅恪用了韩愈、段文昌的典故。韩愈曾写了《平淮西碑》，叙述裴度平息蔡州淮西节度使吴元济叛乱的战事。李愬的妻子是公主，她认为战功应归功于她的丈夫，于是令人毁去韩愈书写的碑文，令段文昌重撰碑文为李愬颂功。但后人记住的却是韩愈的碑文。李商隐曾写了长诗《韩碑》，尽力歌颂裴度和韩愈，表明公道自在人心。郭沫若对这个典故十分清楚。他19岁时曾评点李商隐《韩碑》诗：“谓韩退之平淮西碑：点窜尧典舜典字，涂改清庙生民诗。此二语者，非愈孰能当之，然亦少褒矣。”②皖南事变后他又写了一首七绝：“鹏鸟纵遭鸠鹞笑，凤鸾虽死不为鸡，韩碑毁去韩文在，莫道樊然无是非。”③也用了韩愈碑文的典故，为新四军鸣不平。没想到现在陈寅恪却讽喻郭沫若要毁去“韩碑”。

---

① 陈寅恪：《对科学院的答复》，《讲义及杂稿》，生活·读书·新知三联书店2002年版，第463—465页。

② 手迹复印件。

③ 郭沫若：《咏史》，《郭沫若全集·文学编》（第2卷），人民文学出版社1982年版，第116—117页。

汪篯除了带回陈寅恪的口述之外，还带回了陈寅恪的两篇文章和四首写给北京大学教授邓之诚的诗。这些诗表达了对共产党的不理解，翦伯赞注释后发表在中宣部内部刊物上。周恩来知道陈寅恪的口述后，在政务院的一次会议上讲："像陈寅恪这样的老一辈知识分子不了解共产党是正常的。他愿意留在大陆，不去台湾，是一位爱国主义者，我们要团结。"[1]

对于陈寅恪的讽喻，郭沫若并不在乎。就在郭沫若接到陈寅恪不来京就职的答复后不久，《历史研究》准备请陈寅恪做编委会成员。郭沫若为此事于1954年1月16日再次致信陈寅恪，此信我暂时没有找到。陈寅恪收信后立即回信："沫若先生左右：一九五四年一月十六日手示敬悉。尊意殷拳，自当勉副。寅恪现仍从事于史学之研究及著述，将来如有需要及稍获成绩，应即随时函告并求教正也。"[2]不久，汪篯带回来的陈寅恪《李唐之李武韦杨婚姻集团》和《论韩愈》分别发表在《历史研究》创刊号和第2期上。

从郭沫若修改的致陈寅恪的信可以看出，中国科学院对于陈寅恪的重视不仅是来自毛泽东、周恩来、陈伯达等人的指示，也包含了郭沫若的心意。和刘大年起草的信件对照，郭沫若将比较通俗的表达修改成比较文雅的表达，比如改"先生身体"为"尊体"，改"是"为"乃"，改"的"为

---

① 《郭沫若致陈寅恪》注释，《刘大年来往书信选》（上）第99页。

② 卞僧慧：《陈寅恪先生年谱长编（初稿）》，中华书局2010年版，第287—288页。

“之”。在郭沫若看来，陈寅恪是“雅人深致的老诗人”[①]，以文言和他通信是符合收信人的身份的。在谈到《历史研究》时，刘大年起草的原稿说“如有指导意见，请便中示知”，而郭沫若却修改为：“缺点颇多，质量亦未能尽满人意”，姿态是十分谦卑的。陈寅恪应允担任《历史研究》编委会成员和学部委员，当和郭沫若以谦卑的态度不懈努力、积极争取有关。

三

我在中国科学院档案中，发现了一封周太玄致郭沫若的信，涉及遴选学部委员。兹录如下：

> 郭老：
>
> 昨谈甚快，这里再把我的工作情况向你简单汇报。我现任编译局长（全院出版事业）、科学出版社社长兼总编辑（全国性的科学出版事业）、动物研究室兼任研究员［已展开研究，并领导实习生一人（党员）］、本院专门委员（实验生物学）、动物学会理事（五一年秋全国代表大会选出）。
>
> 我已发表的研究报告十种（用法文写的科学论文）：法国国家科学院宣读一种（刊在该院

① 郭沫若：《序〈再生缘〉前十七卷校订本》，1961年8月7日《光明日报》。

院报）、法国动物学会宣读一种（刊在该学会会报），法国生物学会会报刊登的有七种，巴黎大学出版局出版的书一种［一百三十多面，插图五十幅（自作的），价九十法郎，这是我得法国国家博士的论文］。

我出版的书编著的七种都收在万有文库第一二集及中华书局出版，翻译的九种也都在商务中华出版（以上论文及书目均已报学术秘书处）。

莫斯科大学沙赫瓦特金教授所著的《低级无脊椎动物比较胚胎学》（一九四九年出版）一书引用了我的图两种同我的一九三〇年的研究报告的摘要介绍，这在解放前的苏联专门书籍中不易看见的。

法国朗日洪教授所著的《显微镜学》（巴黎马松书店出版，有一千二百多面，是理、医、药、农各科的参考书）上有三处引用我的研究，称为周太玄方法，有一处用专节叙述。

这些材料或许你不详知，特分别列出以供参考。

此致

敬礼

于大姐同此致候

弟周太玄

三月二十二日[1]

---

① 《关于郭沫若对周太玄所汇报工作情况的批复》，中国科学院档案，1955-2-36-8。

据来信可知，周太玄和郭沫若在1955年3月21日进行了面谈，他们肯定谈到了当时正在进行的学部委员遴选。这封信可能是他们面谈时商量好的，有一个书面介绍，郭沫若好进一步推荐。

周太玄（1895—1968），祖籍河南，生于成都。1909年进入四川高等学堂分设中学堂求学，和郭沫若同学。1912—1916年，他在上海中国公学政治经济专门部学习。1919年，与李大钊、王光祈、曾琦等人组织“少年中国学会”。1919年到法国留学，结识周恩来等人。1924年，周太玄获硕士学位，进入巴黎大学研究院，在水母研究、细胞学等方面成就卓著。1930年，他以《蛹生活史之研究》获得博士学位。同年10月，应张澜邀请，他回成都大学任教。1931年，成都大学、四川大学等合并成四川大学，周太玄担任生物系主任和理学院院长。抗战结束后，他参加了国统区的民主运动。因国民党白色恐怖，他在1948年避居香港，担任《大公报》顾问。1950年3月，周太玄从香港飞到重庆，和刘伯承等西南军政委员会领导人见面。5月4日，周太玄到达北京。5月5日，郭沫若设家宴为周太玄洗尘。5月14日，周太玄见到周恩来总理。“总理又问我见到沫若没有？我说已交谈过几度了。总理说：‘他是希望你留在北京的。’（在这之前郭沫若曾对我说，在科学院刚成立的时候，他便想到要我来，他曾去向总理谈了此事，说总理很看重我，决无问题；但后来又考虑到香港的据点很重要，恐一时走不开。）”[①]之后，周太玄回到四川，一度出任重庆大学校长。1953年，周太玄调北京，出任中国科学院编译局副局长，不久担任编译局局长、科学出版社社长兼总编辑、中国科学院动物研究所一级研究员。

以周太玄在学术上的贡献和资历，他有资格当选为学部委员，故而他给郭沫若写了上述信件。郭沫若在信件右方空白处写道：“张稼夫同志：请您考虑一下，在学部委员名单中可否加入周太玄？郭沫若　三、廿二。”信件上方写道：“杨钟健兄谈请已与竺老谈过，竺谓名单已发出不能动了。”未署名，看笔迹应该是张稼夫所写。竺可桢是中国科学院副院长兼生物地学部主任，周太玄所属的学科归他负责，故而提名学部委员要经过他同意。据竺可桢日记记载，1955年3月24日，也就是郭沫若批示后的第三天，竺可桢“下午与杨克强谈。知周太玄想加入动物组学部委员，他前次以编译局局长地位耳，今日又以苏联1949年出版的《比较胚胎学》中引了他1930年工作，所以要求再考虑。”3月25日，郭沫若带团去印度参加亚洲国家会议。3月29日，竺可桢“上午为周太玄列入学部委员事与张副院长、贝先生、吴先生谈”[②]。大概这次会商决定了不将周太玄列入学部委员名单，给出的理由是“名单已发出不能动了”。

中国科学院第一次遴选学部委员，其名单经过了几次讨论。郭沫若推荐周太玄进入学部委员名单是在3月22日，距名单

① 刘恩义：《在初返祖国的日子里——周太玄先生传记片段》，《文史杂志》1988年第1期。

② 《竺可桢全集》（第14卷），上海科技教育出版社2008年版，第52、55页。

最终通过还有两个多月。这两个月中有些学者从名单中掉下来了，有些学者被新提上去了，“竺谓名单已发出不能动了”，其实后来经过了很多变动，当时竺可桢可能也始料未及。但周太玄没有进入公布的名单。从学部委员名单的几上几下，筹备工作耗时一年多，可以看出当时对学部委员这个称号的重视。郭沫若尽管是中国科学院院长，但他个人意见得经过集体多方协商，不一定能发挥作用。

四

经过一年多的筹备，中国科学院学部成立大会的时间虽然一推再推，还是在1955年6月1日至6月10日在北京召开。这次会议十分隆重，周恩来、陈毅、陆定一等党和国家领导人都参加了。郭沫若6月1日在大会做开幕词，6月2日做主报告。

郭沫若的主报告是大会的重要议程，需要经过大会讨论。中国科学院和郭沫若本人都很看重。主报告既要对1949年以来我国科学发展工作做简要总结和回顾，对学部筹备工作做简要介绍，更要对未来科学发展做出规划。学部秘书刘大年承担了主报告起草召集人的任务。

报告稿大概在5月下旬才正式提交给郭沫若，1955年5月23日，郭沫若就报告稿致信刘大年，提出他对报告稿的评价和修改意见：

大年同志：

报告稿大约是集体创作，文词、气势不大一致。

我只在文字上修改了一下，但整个地说，我对这稿子不大满意。

三项重点的提出是好的，但第一项的提法似乎应该从积极方面来说加强马克思列宁主义的学习，树立工人阶级的思想领导。反对唯心主义思想的斗争是一种学习方式，即所谓“不破不立”。此点请考虑一下。第三项对哲学以下各部门的分述，看不出重点，和所标示的提要不适应。请考虑一下，似可归为第四项现有社会科学各部门中所存在的问题，作为一个网篮包括进去，可能更有归宿一点。

是学部成立大会上的报告，关于学部的任务和作用似乎说得太少，不大集中。

我这些意见并不成熟，仅供参考。

敬礼！

郭沫若

五月廿三日[①]

由于报告稿初稿我没有找到，因此只能就定稿来研究郭沫若的修改。定稿分为三大部分：第一部分简要介绍学部的筹备和意义；第二部分“简略的报告一下我国科学工作的情况”，包括成就和缺点；第三部分“提出5点建议，请大家讨论”。

郭沫若认为初稿对于“学部的任务和作用似乎说得太少，不大集中”，这样的问题在定稿中也存在。好在6月1日郭沫若

① 《郭沫若致刘大年》，《刘大年来往书信选》（上）第118—119页。

所作的开幕词主要就是说明学部的任务和作用。“由于我国科学基础薄弱和各门学科发展的不平衡，就使目前科学事业的发展，还远赶不上国家建设的需要。为了解决这一矛盾，我们必要进一步贯彻理论联系实际、科学为建设服务的方针，增强全国科学界的团结，充分发挥现有力量，积极培养新生力量，加强学习苏联和各兄弟国家的先进科学成就，扩大国际间的科学文化合作与交流。而建立和健全全国科学领导中心，吸收全国优秀的科学家参加中国科学院的学术领导，使全国的科学研究工作和科学事业的发展更能根据国家需要有组织有计划地进行，则是解决上述问题的重要措施之一。中国科学院四个学部的成立，正是这一措施的体现。”“学部的成立是一个中心环节。这是由于集中了有代表性的科学家来分头进行工作，使科学院有可能对院内外科学研究更有组织、有计划地加强学术领导或指导，同时也为中国科学院进一步建立院士制度准备了条件。”①

定稿中没有“三项重点”的提法，大概是后来又经过了修改。但定稿中有这样的一段：“在进行科学工作中我们必须加强马克思列宁主义的学习，加强苏联先进科学的学习并吸取世界科学中一切有价值的东西，此外，我们还必须珍视祖国科学遗产。”②这大概就是初稿中的“三项重点”。初稿中关于“加强马克思列宁主义的学习”的表述，郭沫若有意见，这得

① 郭沫若：《中国科学院学部成立大会开幕词》，《科学通报》1955年第7期。

② 郭沫若：《在中国科学院学部成立大会上的报告》，1955年6月12日《人民日报》。

联系当时的时代背景。

在学部大会成立时，国内思想文化界的最重要任务是对“胡风反革命集团”的揭批。周恩来在学部成立大会的报告中的第一部分谈“中国科学工作者怎样团结起来”，其中用了很大的篇幅谈“胡风集团”，“我们正好利用批判胡适思想、检讨胡风的反动行为，联系每个单位进行思想改造”，“整个五年的工作重点放在从政治改造到思想改造，从个人主义到集体主义，热爱祖国，老老实实为人民服务”[①]。学部成立大会的最后一天通过了《中国科学院学部成立大会关于建议依法严惩胡风反革命集团的决议》。决议表示：“我们坚决要求彻底粉碎胡风反革命集团”，“建议政府对胡风反革命集团依法严惩”。“揭露和粉碎胡风反革命集团，是中国人民革命斗争的巨大胜利。我们必须从这个斗争中努力吸取经验教训。随着社会主义建设事业的发展，阶级敌人必然更阴险、更狡猾地以两面派的手法进行反革命活动。因此，我们号召全体科学工作者必须百倍地提高政治警惕性，努力学习马克思列宁主义，加强思想改造和思想批判工作，紧密地团结在中国共产党的周围，为揭露和粉碎胡风分子及其一切暗藏的反革命分子，为建设我们的社会主义伟大祖国而坚决斗争。”[②]

学部成立大会发表了关于“胡风集团”的决议，充分体现

---

① 《周恩来总理在学部成立大会上的报告》，《中国科学院院史资料汇编 1955》，中国科学院院史文物资料征集委员会办公室，1995年，第165、166页。

② 《中国科学院学部成立大会通过决议建议政府对胡风反革命罪行依法严惩》，1955年6月12日《人民日报》。

了大会对于知识分子思想改造工作的重视。这在筹备过程中应该就是重点准备的内容。郭沫若对初稿的意见是："应该从积极方面来说加强马克思列宁主义的学习，树立工人阶级的思想领导。反对唯心主义思想的斗争是一种学习方式，即所谓'不破不立'。此点请考虑一下。"他要求从正面讲问题，而且不提"胡风集团"，只是泛泛说"反对唯心主义思想的斗争"，这就将批判"胡风反革命集团"放在了报告中的极次要的地位，甚至可以说是一笔带过。看来，郭沫若没有充分认识到在学部成立大会上批判"胡风集团"的重要性。这和郭沫若当时的思想状态是有关系的。

"胡风事件"刚爆发时，郭沫若只是当成一般知识分子的批评与自我批评，并没有上升到"反革命集团"的高度。郭沫若有一篇未刊文写于1955年，具体写作日期不详，题为《胡风的思想本质和它的渊源》。他用毛笔写了整整39页，写好后进行了仔细修改。文章详细论证了胡风思想和辩证法的对立、胡风思想和文章与日本转向文人的思想和文风间的关系，并说明了胡风长期以来和左翼文人间分歧的实质。文章最后说：

> 胡风先生，假使他容许我向他劝告的话，我要劝他放下更大的决心，把他自己的矛盾统一起来。成为一位马克思主义理论家是大家所欢迎的，但必须表里如一。我相信爱护胡风的朋友们也必然会这样期待着他。
>
> 我自己也是必须经常进行思想改造的人。错误是人所难免的，但我们决不要坚持错误。往前看吧，整

> 个的国家都可以改造成为社会主义的国家，难道一个人就不能改造成为真正的马克思主义者吗？
>
> 请让我们共同努力！

郭沫若在这三段文字中，分明是以最大的善意劝告胡风改正错误，成长为一名真正的马克思主义者。郭沫若还以身作则劝诫胡风进行“思想改造”。这根本不是敌我矛盾，而是朋友间的谈心。这篇文章郭沫若写得那么认真，肯定希望发表，最后没能发表的具体原因不得而知，但这篇文章和当时对“胡风反革命集团”的定性是不一致的，这样发表出来是不合时宜的。

尽管郭沫若有上述修改建议，但最后的定稿从反面批判“胡风集团”比从正面谈学习马克思主义的文字还是要多一些：

> 中国科学院本部和各学部还须要有计划地有领导地组织学习马克思列宁主义，采取各种适宜的方式去组织学术批评与讨论。发扬科学民主、开展学术批评和讨论是先进科学发展的关键，必须掌握这个关键才能领导科学。资产阶级唯心主义是我们的敌人。任何方面的工作，哪里受到了资产阶级唯心主义的腐蚀，哪里便不能健康的发展。科学领域尤其是这样。我们必须彻底批判资产阶级唯心主义，扫清科学前进道路上的障碍。
>
> 现在，在全国范围内，广大干部和知识分子中，展开了反对胡风反动思想和反革命集团的规模壮阔的

> 思想斗争，这是新中国政治生活中的重大事件，中国的科学家们应该勇敢地参加这个斗争，要认识到从思想上政治上组织上彻底粉碎胡风反革命集团，才能保证中国社会主义革命的顺利进行。我要着重指出：不要说我们科学工作系统中便无胡风分子或类似胡风分子，这种想法是完全错误的，要知道反革命分子的破坏是无孔不入的，特别因为科学家们经常埋头于具体业务常常不过问政治，这一弱点更容易给胡风集团与类似胡风分子以可乘之机。我们必须加以警惕，在科学系统中展开反胡风斗争，来肃清敌人和纯洁自己。[①]

也许郭沫若对这份报告稿的定稿仍然不大满意，所以没有将它收进他的集子。当然这并不能说明问题，因为郭沫若1949年后的很多报告都没有收进他自己编的集子，自然，由郭沫若著作编辑出版委员会编辑的《郭沫若全集》（38卷）也就没有收录这些报告。

① 郭沫若：《在中国科学院学部成立大会上的报告》，1955年6月12日《人民日报》。

延揽古代史研究人才

一

1953年12月15日，郭沫若致信中国科学院学术秘书刘大年：

昨天，何北衡同志来访。谈及周孝怀老先生有信给他，提到两件事。一件是译经工作，马一浮（陈毅同志曾到杭州去访问他，并邀他去沪游览）到上海，周与马谈及，马也赞成。就是把十三经译成白话文，我看这工作是可以做的。周意每月需几百万元开支，这数目也不大。我请他拟一个详细计划来。譬如成立一译经组，摆在上海，让周主持。他可以推荐些人来，怎样进行分工，房屋是否需要等等。何北衡答应把这意见转达。我意，在上古史所中附设一“译古组”恐有必要。老先生们搞的，或许不一定合用，只要他们肯搞，也好。让他们搞出后，再看。十三经等是不失为研究古代的资料的。

第二件是关于搜集近代文献的工作。这事，我叫何北衡当面和您谈，他会来访您。关于搜集近代文献，的确是值得做的，问题是要拟出一套办法出来。近代史所恐也须准备这一笔预算。由近代史所主持，通过各级文教机关就地进行搜集或采访。

郭沫若

十五[1]

① 《刘大年来往书信选》（上）第67—68页。据手迹复印件校正。

周孝怀即周善培，1875年出生在四川。成都保路运动时，周孝怀在成都担任警察总局总办，参与开展了很多新政，比如在青羊宫开办劝业会等，促进了成都工商业的发展。当时郭沫若正在成都上中学，印象很深，曾写了三首《商业竹枝词》，通过对商业场的游客如梭、骏马高车、电厂鸣笛的描述，歌颂周孝怀治理下成都商业的繁荣景象。郭沫若还在《反正前后》中回忆说："当时做巡警道的是周孝怀，他是清朝末年的一位干员，他在那不生不死的新旧官场中委实是巍然地露出了一头角。他起初本是一位落魄的名士，在我们嘉定还卖过字的，后来不知怎样便做到了巡警道，大约在这些地方也正足以表示他的大有才干了。""这位周先生在当时——由封建社会转移到资本制度的当时——倒不愧是一位不言而行的革命家。虽然他自己容或没有这样的意识，而他所归属的当时的官场又是以拿办革命家自豪的封建势力的集团，但他所举办的事业可以说全都是对于封建社会的破坏，对于封建社会的革命。他比他当时的职业的革命家，所谓'乱党'，在使中国产业资本主义化的一个阶段上，倒是做了一番实际工作的。"①

辛亥革命后，周孝怀不再参与实际政治，但他曾经多次设法解救过张澜。中华人民共和国成立后，他担任全国政协特邀代表。1953年，他给张澜、黄炎培写信，要求代陈毛泽东、周恩来，请政府考虑明令结束三反五反，安慰冤屈者，释放无罪者，以安抚人心。毛泽东将信转给周恩来和有关部门，希望酌情处理。

何北衡，1896年生，四川罗江县人，北京大学法律系毕

① 郭沫若：《反正前后》，《郭沫若全集·文学编》（第11卷），人民文学出版社1992年版，第195、197页。

业。他在民国时期曾任重庆警察局局长，四川省建设厅厅长、水利局局长等职务，还曾一度担任西南实业协会总干事。中华人民共和国成立后任全国政协委员。

1953年，在中央成立历史问题研究委员会，提倡历史研究中的“百家争鸣”的背景下，何北衡向郭沫若转达了周孝怀的翻译十三经和收集近代文献的计划，得到了郭沫若的明确支持。

这件事不久就有了一定的进展，1954年3月18日，郭沫若致信历史研究所第一所副所长尹达：

尹达同志：

何北衡同志来，交来周孝怀老先生关于古籍铨译的意见和方案（原件请打出后交还孝老），现由北衡兄当面交您，请仔细商讨。我有几点意思写在下边。

①铨译馆的经费，望催办公厅，及早核定，可以略照原拟数目增加一些。图书购买费应予以考虑。

②馆长仍请周孝老担任，但需一助手帮忙，北衡兄愿任此事，似可由北衡兄任副职，或其他名义。

③上海房屋，北衡兄言他有办法，他不久将往上海一行。望备一信由北衡兄持交上海办事处，以便取得联系。

④其他应办事体，由北衡兄面谈，请商酌决定。

郭沫若

三、十八[①]

① 《郭沫若书信集》（下）第181页。我见到该信的复印件未署年份。《郭沫若书信集》将此信系于1955年，有误，因和《顾颉刚日记》对读，此信当写于1954年。

何北衡到上海不久就找到了房屋，据顾颉刚日记1954年4月4日载："至周孝怀先生处，听何北衡先生报告，并讨论古籍诠译馆事。""孝怀先生去年入京，访张表方、郭沫若二公，谈翻译古籍事，因有古籍诠译之设。郭派何北衡来沪觅屋，并与诸人谈。现馆址已觅定中国科学社余屋，惟孝老体衰，而上海真能做诠译工作者实不多，我又将离去，觉此事前途颇黯淡也。"[①]顾颉刚1954年8月22日抵达北京，此后一直在中国科学院历史研究所第一所任研究员。

1955年3月17日，何北衡给郭沫若写了一封信，兹录如下：

沫若先生：

关于古籍铨译工作之推进问题，如果成立铨译馆，及邀请众位老先生来京座谈，都有困难的话，我个人还有一点建议，兹说明如下：

一、由历史研究所选定一些能够担任铨译工作的老先生，分别与之订立特约，各人铨译一种或几种古籍，只须补助所需用的助手的生活费及纸笔费，如同是征集稿件一样，只在事业费及稿件费项目内开支少数费用，而无成立机构，及增添固定人员之困难，因各位老先生大多已有其他名义及生活费来源，只是对铨译工作有热烈兴趣，愿各尽其能，对祖国文化有所贡献。

二、铨译原则，即照您历次所谈各要点，如"照原书真正本义，以浅近文言或白话，直译出来"，然

① 《顾颉刚日记》（第7卷），台湾联经出版公司2007年版，第526页。

后再由政府审查。其合于现在时代及环境而有效用者，则采取作教育及宣传之用，否则视为是某时代环境的思想文化产物，只须加以批判，而置诸古物陈列馆中，供后代考古学者之研究。

三、进行步骤，可否由您约周孝老个人来京一谈，商定可以特约之人选，以后即由历史研究所派人分别与各老订立特约，开始铨译，陆续交稿，可省却各老长途来京之困难。

闻周孝老最近在上海医院检查身体，医生认为健康无病，似此情形，或可再工作三五年，我不久将赴汉口出席民生公司董事会，或可与周老在汉或沪一晤。我亦甚希望行前与您一谈，再继续研究，谨先函达，并致

敬礼

何北衡

三月十七日夜[①]

据信封邮戳，这封信的时间为1955年3月18日，来自东四史家胡同57号何北衡，信笺为“中央人民政府水利部公用笺”，共三页。郭沫若在“沫若先生”几个字上画圈，在信上有批注。在“照原书真正本义，以浅近文言或白话，直译出来”等字下划线，批注为“这是周老的话，我的意思倒不是这样”。在“由您约周孝老个人来京一谈”等字下划线，批注为

① 据手迹复印件，得之黄淳浩先生处。

"目前无此可能"。在"分别与各老订立特约，开始铨译"下划线，批注为"此条似可考虑"。

在这封信的第一页左边，郭沫若给尹达写了几句话：

尹达同志：

请您阅后答复他吧。据顾颉刚谈，老先生要的还是生活，不妨问问他。

郭沫若

三、十九

看来，参与其事的顾颉刚1954年北上之后，郭沫若向他了解了一些情况，觉得这些老先生创立"古籍诠译馆"，可能主要是为了经费补贴生活。

关于"古籍诠译馆"之倡议，参加者还有柳诒徵。卞孝萱在《柳诒徵与〈中国文化史〉》中说，他1949年后同柳诒徵在上海相逢，"相与从事文管会与文史馆之筹建；继与周孝怀、徐森玉、顾颉刚诸老倡设'古籍铨译馆'，从事文化铨译工作。时政务院业已通过编制及预算，且派员莅沪洽谈，旋为有力者所阻而不果。凡此皆先生所乐与商榷、拟议、擘划者"[1]。申耆在《柳诒徵传略》中认为："一九五四年秋先生体气更衰，婴肠胃足软诸疾。先是北京有古典诠译馆之议，议邀先生

① 卞孝萱：《柳诒徵与〈中国文化史〉》，中国人民政治协商会议镇江市委员会文史资料研究委员会编《镇江文史资料·第11辑·柳翼谋先生纪念文集》，1986年，第178页。

至北京从事古典诠译工作，先生以病劝顾颉刚先生先行，至是同孝怀先生乃力促先生至北京，似以病杂未能成行。章士钊先生曾有诗纪其事：‘《题京鸳湖集》廿二绝之一，经先未肯吟哦，才较渊如不啻过，怪绝孝侯工说易，却甘低首汉田何。（自注：周孝怀近来北京，主张国故，并谓此一大业，非柳翼谋先生莫属）’。”①

卞孝萱认为“古籍诠译馆”为“有力者所阻”，至于阻力来自何人，他语焉不详。但从顾颉刚的反应来看，周孝怀等人成立“古籍诠译馆”，可能只是个名目，“真能做诠译工作者实不多”，更多是为了解决生活困难，顾颉刚的观点可能影响了郭沫若。郭沫若对这件事一开始挺有兴趣，虽然后来兴趣不太大，但也尽可能努力去满足老先生们的要求。

二

1954年11月15日，在中山大学任教的商承祚给郭沫若写了一封信：

沫若先生：

北京承教倏已两月，归后内外工作比较略忙。在学校方面，当须着手订出小型科学研究计划，业已

① 申耆：《柳诒徵传略》，晋阳学刊编辑部编《中国现代社会科学家传略》（第五辑），山西人民出版社1985年版，第300页。引文中的《题京鸳湖集》第一句应缺一字。

选定楚遣策（竹简）一题，先设法认识其文字，然后在三礼中□有关丧礼之记述，钩稽其名物，所得者想亦寥寥耳。不知有以教我否？又，弟久有意重新整理《殷虚文字类编》，苦于无暇不能手自摹写其文字，意与心违，荏苒至今。近物色得一人，能篆书，可以协助，但其生活，非私人力量可能负担，如科学院能月拨临时僱工费四五十万元，则工作可以开始，成书期以两年，请考虑后，赐覆为荷！至如何改编，将来再谈。

鉩文和货币文，为春秋战国时期文字之另一种，迄无一部比较完备或尽无成书，如罗福颐《古鉩文字徵》所取材料有限，白文弃而不取，殊为怪事！将来亦欲另成之。此等资料，迩年来所得亦不少也。岭南气候正暖，当须开电扇。北地朔风当砭人肌骨矣。

敬候

撰祺！

承祚拜

十一月十五[1]

郭沫若收到这封信后，给尹达就商承祚提出的要求在信的末尾空白处做了如下批示：

① 据手迹复印件，得之黄淳浩先生处。

尹达同志：

我觉得可以津贴他，请他先搞鉨文和货币文。孙海波有《甲骨文编》，似比商的类编好。不知孙今在何处，该书似可考虑补充校印。望您考虑一下，以便函复（由院或所拟稿）。

郭沫若

十一、廿

商承祚（1902—1991），广东番禺人，古文字学家、考古学家、书法家。早年曾师从罗振玉学习古文字，被王国维称为在古文字领域有前途的“四少年”之一。1930年代在北京师范大学、北京大学、清华大学、金陵大学等校任教授。全面抗战爆发后随金陵大学南迁，曾在齐鲁大学、重庆大学、重庆女子师范大学等校任教授。1948年开始担任中山大学教授。其著作有《殷虚文字类编》、《福氏所藏甲骨文字》、《殷契佚存》（2册）、《浑源彝器图》、《古代彝器伪字研究》、《长沙古物闻见记》、《长沙出土楚漆器图录》、《说文中之古文考》等。

抗战时期，商承祚和郭沫若都在重庆，他们之间有过交往。“闲谈及讨论学术等问题，各抒已见，侃侃而谈，或街头漫步，吃担担面，手撕鸡，相得甚欢。”郭沫若还曾给他写了小条幅，以及一幅写上“含咀殷周，睥睨秦汉；陶铸尧舜，笔削春秋”联语的书法作品。[①]这种关系是很亲密的。

---

① 商承祚：《追忆往事　如晤故人》，《郭沫若研究》（第2辑），文化艺术出版社1986年版，第363—364页。

信中提到的《殷虚文字类编》是商承祚编撰的我国第一部字汇性质的甲骨文工具书，1923年由决定不移轩出版了自刻本，1927年出版了删校本。从这封信看来，在中山大学任教的商承祚找到了助手，准备重新整理《殷虚文字类编》。郭沫若是甲骨文专家，他对这本书比较清楚。在他看来，整理这本书的价值不大，因为孙海波的《甲骨文编》比《殷虚文字类编》要好。与其花钱整理《殷虚文字类编》，不如找到孙海波，请他把《甲骨文编》整理出来。

孙海波，河南潢川人，主要研究甲骨文。1934年毕业于北平师范大学研究院，先后在中央研究院历史语言研究所、北平师范大学国文系、北平中国大学中文系、北平师范大学、云南大学中文系任职。1949年后曾任云南大学教授、河南省历史研究所研究员等职。孙海波编撰的《甲骨文编》于1934年在哈佛燕京学社石印出版，14卷，5册。该书从《铁云藏龟》《殷墟书契前编》《殷墟书契后编》等甲骨文著作中择要收录2000多字，属甲骨文字字汇性质工具书。在郭沫若过问下，中国科学院考古所组织力量配合孙海波重新整理了《甲骨文编》，于1965年在中华书局影印出版。

商承祚来信中提到“鉨文”。“鉨”是“玺”的本字。在秦以前，官私印章尊卑贵贱都称“鉨”。鉨文又称“封泥”，是刻在印章上的文字，也包括一部分陶文。罗福颐是罗振玉的第五个儿子，著名的篆刻家、古文字学家，长期从事古玺印的搜集整理工作，《古鉨文徵》是他的代表作之一。商承祚认为这本书有缺陷，他收集了不少资料，想重新编一本。此外，商承祚还想研究货币文字。郭沫若认为这两项研究比重新整理

《殷虚文字类编》重要，因此指示尹达津贴商承祚研究鉨文和货币文字。1983年，商承祚、王贵忱、谭棣华合编的《先秦货币文编》在书目文献出版社出版。这算是中国科学院津贴在20多年后结出的成果。

三

1955年9月30日，柯大让为他父亲柯昌济的工作，给郭沫若写了一封信。

郭沫若院长：

有一事请问您。我父亲早年从王国维学，专门研究金石甲骨已卅余年，曾在北大师大任课。一九四四年被日宪逮捕，同时亦被学校解聘。一九四五年至解放后一直失业，解放后担任秘书工作至今，学用不一致已数年。据我之了解，他如能继续研究金石甲骨，是较为有利的。因为，一、他识别古代文字能力较强，对钟鼎文及秦汉以来金石铭文碑帖看过较多。二、他对古代文化有一定的研究基础，研究殷代历法及生产发明都下过功夫（未成书）。三、他对古文经史有一定基础，曾从我祖父柯绍忞学经史，对《尚书》《易经》较熟，对元史亦较熟，对古音韵学有一定基础。解放后对我们祖先远古历史文化应加以研究，不知目前有无专门研考古学之机关？需否专门研究金石甲骨之人员？目前河南等处陆续发现甲骨甚多，如培养专门研究人员，非短期所克，我父名柯昌济，现在山东省工作，任省文管会秘书，如能转业所学，困难比初学的人会少些。专此函询，肃请

公祺　盼示

敬启人柯大让

住上海金坛路三十五弄十九号

现任第一机械工业部工程师

九月卅日[①]

柯昌济（1902—1990），著名的古文字学家和历史学家。他出身于书香门第，其父柯劭忞是著名的元史学家，所著《新元史》被认为集元史研究之大成。他的哥哥柯昌泗是著名的史学家和金石研究家，曾在东北大学、北京大学、辅仁大学等校任职，著有《后汉书补注》《鲁学斋金石记》等。柯昌济早年跟随王国维学习古文字学，1921年出版了《殷墟书契补释》，王国维称他和唐兰、容庚、商承祚为当时古文字研究领域中崭露头角的“四少年”。据传，他“天资聪颖，读书过目不忘，任你举问某书上有关文字学的片段，他大多皆能回答出处，故师兄弟之间都称他为‘活图书馆’”[②]。1925年，柯昌济毕业于清华大学文史研究院。他曾任京师图书馆馆员，还担任过北京大学、北京师范大学历史学系讲师，有《甲骨文字解谊》

① 据手迹复印件，得之黄淳浩先生处。

② 管继平：《商承祚：千秋学术有传人》，《梅花知己　民国文人印章》，上海辞书出版社2014年版，第159页。

《金文分域编》等著作，发表《殷金文卜辞所见国名考》等文章。1944年被日本宪兵逮捕，照柯大让的说法，从此就失业了。但有工具书说他曾于1945—1947年间担任北平中国大学教授。[①]1949年后担任山东省文管会秘书。

郭沫若在这封信上方给尹达批示“尹达同志：□□□此人似可延纳。郭沫若”，其中“此人”前三字笔迹模糊，认不清楚。1955年，柯昌济任中国科学院山东分院历史研究所研究员，这应该就是得力于郭沫若的这条批示。1959年，柯昌济又到上海任职，后来曾发表《中国上古的国族》《〈中华姓氏源流考〉举例》等文章，在学术上有一定的贡献。

四

1956年3月19日，考古学家冯国瑞给郭沫若写了一封信：

沫若先生：

五三年在京晋谒后回到兰州，因个人家庭子女上学等问题，对您所面许调配上古史研究所工作未能积极争取，想到在京工作转有不少困难，因此搁置起来。社会主义各项事业的突飞猛进，尤其象我这样未老不老的旧知识分子特别的激动。读到您和周总理的许多文件，启发性日在动荡，打算总要把自己的一些微小的智能力量贡献出来才会甘心。

① 李福长编：《20世纪历史学科通论》，齐鲁书社2012年版，第523页。

略谈近况如下。解放后我由兰大中国文学系主任调西北人民图书馆，随着在西北文化部作了几件考古勘察工作，烟云寺、天梯山、麦积山三个石窟。五三年因写麦积山石窟的总结材料在北京住了两个月，由邓宝珊省长的介绍才见到了您及董老，唯一的愿望在您的领导下静候适当调配。回兰州后不久即调在政协甘肃省委员会作专职委员已经两年了。事实上与半生专力文教工作完全脱节，该会主要委员大多数是青海少数民族起义武职人员，日常随之学习开会，获益很多，而抛弃多年所研究的文教工作，自感可惜。今年在京所开的考古工作会议，您的讲话在报上发表后才读到，更感到特别兴奋。大会决议在五七年要开考古学术会议，只感羡慕而已。无形中自己站在门外了，感到无所适从的苦闷，愿向您提出以下的请求。

1. 科学院西北分院在兰州建立，袁翰青主其事，如有考古研究部门愿参加专职或兼任工作，得用其所学（生活居住上给些照顾）。

2. 北京科学院上古史或考古研究所，能列一兼任职从事研究工作，多年所积存材料，曾与夏所长黄文弼都谈过的。

3. 兰州大学我有系主任的旧名义，如能归队在校从事研究，词曲、考古、音韵等工作，予以照顾，使生活比较安稳更好。

以上三点要求，请您设法在可能范围内予以帮助。

再略谈一下各种社会关系。1. 郑振铎部长，因考古工作得到他的了解。2. 夏鼐所长、黄文弼先生是多年考古的朋友。3. 向达先生近年帮助我研究西夏文，常有往还。4. 梁思成是任公先生的关系，对我勘察石窟的古建方面鼓励很大。5. 叶恭绰先生对文物中写经刻经旧遗物的搜求研究联系很多，近来有些小发现特感兴趣。6. 邵力子先生关系较深，多得到他的启发教育。7. 黎锦西先生是抗战时期西北师院同事。8. 清华研究院在京的如赵万里、刘盼遂、王以中，在南开的谢国祯，山大的陆侃如，都经常有联系。

对现在协商会工作并不是不愿干，在学习上，思想改造上，农村视察上，同志团结上，都得到了益处，起了作用。因感旧知识分子的问题，在甘肃，我在极小的研究工作上，算是一个。给您呈述一番是必要的。一下做不到，我想缓缓的总能达到些愿望。以后继续函述一切，当不厌烦在西北的文物考古等方面不断向您供献意见。我今年才五十六，精力尚健，子女较多，家庭成分是小土地，出租八亩地，已由天水入社。在兰州租住三间房子，协商待遇较低，生活困难。

此致

敬礼！

冯国瑞

五六年三月十九日①

① 据手迹复印件，得之黄淳浩先生处。

郭沫若收到这封信后，随即批示给尹达：

尹达同志：

冯国瑞，我觉得是有工作能力的人。信中所提①②两点似可考虑。采取津贴的形式，请他把积存的材料整理出来，似乎也可以。

郭沫若

三、卅一

有了决定望回他一信。

冯国瑞（1901—1963），字仲翔，号牛翁、渔翁，晚年号麦积山樵、石莲谷人，生于甘肃天水麦积区石莲谷，著有《麦积山石窟志》等，1924年考入东南大学攻读国学，1926年考入清华研究院，1927年从清华研究院毕业。梁启超在给甘肃省省长薛笃弼的推荐书中说："冯君国瑞，西州髦俊，游学两京，已经五稔，今夏在清华研究院以最优等成绩毕业。其学于穷经、解诂为最长，治史亦有特识。文笔尔雅，下笔千言。傍及楷法，浸淫汉魏，俊拔寡俦。此才在今日，求之中原，亦不可多觏。百年以来，甘凉学者，武威张氏二酉堂之外，殆未或能先也。"[①]可谓赏识有加。在梁启超的推荐下，冯国瑞1928年被聘为兰州中山大学教授，后来成为邵力子的私人秘书，1941年赴西北师范学院国文系任教，1949年任兰州大学中文系教

① 刘雁翔、杨皓：《梁启超致冯国瑞手札及学者题跋》，《民国档案》2012年第3期。

授，后在西北人民图书馆、甘肃省图书馆特藏室工作。冯国瑞对麦积山石窟有着长期研究。1953年文化部组织麦积山石窟考察团，特邀冯国瑞参加，冯国瑞与常任侠、王朝闻担任考察团的研究工作，后随考察团到北京整理了两个月资料。冯国瑞回兰州后不久就调入政协甘肃省委员会任专职委员。

1956年2月21日，中国科学院和文化部联合召开的全国考古工作会议在北京开幕。郭沫若出席了开幕式，在题为《交流经验，提高考古工作的水平》的报告中指出，这次会议的任务是“适应国家建设的新形势，从考古工作方面来进行全面规划，加强领导，以最紧张的努力，争取在十二年内使我们的考古工作接近世界的先进水平”[①]。这次会议宣读了26篇考古发掘专题报告，开展了学术性的自由争论，并对考古工作的规划、方针和任务进行了讨论。在2月27日的闭幕式上，中国科学院考古研究所副所长夏鼐和文化部文物局局长王冶秋分别做了考古学术和考古工作安排方面的总结报告。闭幕式当天，郭沫若致信尹达：“考古会议还开得不错。下一次的会议，大家的意思把它延到明年四月，我觉得比较好些。”[②]

从这封信来看，冯国瑞显然对自己的工作不大满意。1956年2月份的全国考古工作会议开得比较成功，《人民日报》多次做了报道，这对冯国瑞是一个刺激。故而冯国瑞致信郭沫若，希望从事专业工作。冯国瑞主要提到的是生活方面的要求，他

① 郭沫若：《交流经验，提高考古工作的水平》，1956年2月28日《人民日报》。

② 《郭沫若书信编》（下）第190页。

生活贫困，希望有些补贴。郭沫若同意给他补贴。此外，郭沫若希望他能够在补贴下将他所存的材料整理出来。

不幸的是，在这次通信一年之后的1957年，冯国瑞就以“文物大盗”的名义被打成大右派，监督劳动改造。但郭沫若对冯国瑞一直是关注的。“据冯之家书，1962年，时任中国科学院院长的郭沫若派人到兰州，将冯之稿本五十余种带去北京，准备由考古研究所整理出版。不意数年后‘文化大革命’爆发，不徒出版无望，稿本亦下落不明。”[①]郭沫若大概认为当时冯国瑞已经无力整理积存的材料，故而带回中国科学院整理。一年之后，冯国瑞逝世。

五

1956年10月11日，郭沫若给华石斧的弟子刘炤写信，此信已经查找不到，内容大概是向保管华石斧手稿的刘炤打听这些手稿的下落及目录。10月15日，刘炤自东四魏家胡同十六号给郭沫若回了一封信，报告他代为保管的华石斧手稿情况，并请郭沫若派人来取。

> 沫若院长：
>
> 十月十一日手示奉悉，华石斧先生遗稿，卷帙浩繁，因无子息，久代笥藏，兹承垂注，炤因患高血压

① 刘雁翔：《冯国瑞敦煌写经吐鲁番文书题跋叙录》，《秦州文史研究》，甘肃教育出版社2014年版，第279页。

症，未能赍呈，至以为歉。拟请托一负责同志，持函来取，以便点交。

民初著者掌河北博物院，海内金文，得以广搜博证，壹志专攻，其未刊各稿，编纂次第，略述如下。

《鼎彝铭文类纂》、《周季异文类纂》、《古象索隐》三稿，皆依说文古籀补例，以说文为纲，将所有资料，记入《籐花榭说文》、《古籀补》、《段氏说文》三书眉额中。另有已释未释各资料共四本。依据眉额资料，参以释文，曾分写各稿，均未蒇事。《古象索隐》上卷，考释亚形中整体文字，阐明亚形中象形文字之整体意义，惜未属稿，仅成下卷。

《羲教钧沉》，前半部，已载《河北博物院画刊》内，后半稿本尚待排比抄写。

《海经证今》，全部业已写定。

先将以上各稿资料，送呈审阅，目录附后。俟有必要，再当谒陈。炤近日时出针灸，恐值相左，本周星五六日上午，在家恭候。肃复，

顺颂

道祺百益。

刘炤谨启

十、十五

呈阅各稿目录列后

一、《鼎彝铭文类纂稿》一册，（未写完）。

二、《周季异文类纂稿》一册，（未写完）。

三、《古象索隐》下编稿一册，（未写完）。

四、《周季异文类聚参考稿》一册。

五、上三种文字已释未释资料原稿共四本。

六、《籐花榭说文》一函。

七、《说文古籀补》一函。

八、《段氏说文》一函。

各种资料，均见六七八三书眉额内。

九、《河北博物院画刊》壹百廿期合订五册（以后停刊）。

《羲教钩沉》前半部载在刊内，后半部资料，因系单页，恐有散佚，故未送上。

十、《海经证今》一册（全部写定）。

附已刊三种

十一、《文字系》一部（赠阅）。

十二、《秦书集存》一部。

十三、《秦书八体原委》一部。①

郭沫若收到这封信后，立即回了刘炤一信。此信我没有查找到。10月16日，郭沫若将刘炤信转给尹达，并附上短笺：

尹达同志：

刘易白（炤）来信请一阅。陈石斧遗著请由一所派一位同志，在星期六上午，持公函往索取。我处已

① 据手迹复印件，得之黄淳浩先生处。

去信告刘。

敬礼！

郭沫若

十、十六[①]

尹达收到郭沫若来信后于10月17日以历史研究所第一所的名义起草了一封致刘炤的信：

易白先生：

郭院长嘱我所派一位同志前往尊处，取陈石斧先生遗著，兹由所中孔令士同志前往就教，望予接洽。石斧先生遗著，望交令士同志带回，是为切盼。

敬礼！

一所

十七日[②]

此信由尹达手写在“中国科学院历史研究所第一所”的信笺上，信笺左边空白处尹达写道“请清抄盖章尹”，在另一页，尹达写道：

即上写一公函，由令士同志去一下，把稿子取来。

礼拜六（二十日）上午去。

东四魏家胡同十六号。

① 据手迹复印件，得之黄淳浩先生处。

② 据手迹复印件，得之黄淳浩先生处。

取回后，原信退回。

尹[①]

上述几封信围绕着华石斧手稿展开。华石斧（1872—1927）即上述信件中所说的陈石斧，原名华学涑，号实甫，后改名华石斧，天津人。他父亲华祝萱是同治年间的进士，曾任户部侍郎。华石斧在1897年考上举人，担任刑部主事，亲历了戊戌变法。1898年后，他致力于创办学堂和实业，后曾任农工商部的高等实业学堂监学官。辛亥革命后，他随严智怡投身于博物馆事业，在直隶商品陈列所的基础上创办天津博物院，担任副院长。由于严智怡任职较多，顾不过来，华石斧成为天津博物院的实际主持人。天津博物院出版了王襄的甲骨文字著作《簠室殷契征文》《簠室殷契类纂》等。后来天津博物院为军阀李景林占据，不能开放，华石斧退而治学，在甲骨文、金石拓本等方面卓有贡献。[②]华石斧1927年逝世，王襄在《哭华石斧诗》中写道："夜台长别不胜悲，回首春风冷绛帷。梦幻科名旧京业，整齐文字发新思。壮心本欲期千古，时论何甘冀一知。太息名山安足恃，几编遗著好将持。"[③]这不仅写出了华石斧命运多舛的一生，还特意点出了他没有出版的遗著。华石斧的很多著作，比如《周季异文类纂稿》《古象索隐》，在他

① 据手迹复印件，得之黄淳浩先生处。

② 陆惠元：《天津博物馆事业的拓荒人华石斧》，天津市文史研究馆《天津文史丛刊》1989年第11期，第101—109页。

③ 王襄著，唐石父、王巨儒整理：《王襄著作选集》（下册），天津古籍出版社2005年版，第2613页。

逝世时尚未出版。这些稿本由刘炤保存。1930年代，华石斧部分遗著被整理成《华夏文字变迁表说明》《中华民国现在通行文字》《羲教钩沈》《文字的起源》等发表在《河北第一博物院》半月刊等刊物上，《文字系　附董理文字之我见》于1939年由天津市文化教育振兴委员会铅印出版。但尚未出版的占了绝大部分。

华石斧的著作有一定的影响，黄宾虹曾说："近人华石斧学涑著《文字系》，言昔者伏羲作卦，首取天象，先民未解地文，故凡仰观所得，画属于天。斯言甚确。"[①]南开大学校长张伯苓1947年9月22日亲自致函天津市教育局："兹阅贵局□□华石斧先生著《文字系》多部，拟请惠拨四部，以充本校图书馆浏览之需，至为纫感。"[②]

我们从上述往来邮件中可以看出，在郭沫若过问下，华石斧的手稿由中国科学院派人取走。遗憾的是，这些著作现在仍然未见出版。

六

1971年夏天，郭沫若先后致信两位高层领导吴德和吴庆彤，推荐一位"右派"学者宋谋玚。吴德当时担任国务院文化组组长。吴庆彤担任国务院办公室党的核心小组负责人，协助

① 黄宾虹：《章法论》，《琴书都在翠微中　黄宾虹自述》，文化艺术出版社2015年版，第29页。

② 梁吉生、张兰普编：《张伯苓私档全宗》（下卷），中国档案出版社2009年版，第1314页。

总理、副总理处理国务院日常事务。

郭沫若给吴德的信写于1971年5月28日，兹录如下：

吴德同志：

中华书局标点本《资治通鉴》是有用的历史参考书，但该书的校勘、标点不很严肃。标点有错误得很可笑的；不加订正，自必贻误读者。兹有宋谋玚君（原山西大学教授，现下放湖南双峰龙田公社石坝子接受再教育）近连续寄来信件多种。中有《通鉴标点辨误（选录）》一篇，我仔细对校过，确是指出了标点本的错误。又有《通鉴校补》稿本八册，是属于校勘的范围，字太小，目力有限，未能过细看。宋君，我本不认识，看他对于《通鉴》的研究，确是下过苦工的。我现在将他寄来的信件统统转送给您，请您考虑：是否可以发交有关单位审核一下。如认为有可取处，似可直接和宋君通信，商量进一步的处理。如认为用处不大，或毫无用处，请将原件掷还我处，由我再向宋君交代。专此，顺致

敬礼。

郭沫若

一九七一年五月廿八日[①]

吴德收到信后，6月1日致信吴庆彤：

---

① 据手迹原件，郭沫若纪念馆馆藏。刊《郭沫若研究》2019年第1期。

庆彤同志：

郭老来信及山西大学宋谋玚教授寄来的东西一并送上，请交有关部门研究处理，结果告郭老。

敬礼

吴德

1/VI 71

当郭沫若知道这封信和所附稿本由吴德转交给吴庆彤后，他于1971年7月29日给吴庆彤写了一封信：

吴庆彤同志：

宋谋玚的《资鉴校补》及其它，闻吴德同志已转交你处。此人对于校点古书，我觉得颇认真。解释鲁迅的诗，也有独到之处。顷又来一信，提到标点古书事，颇有意贡献力量。来信送上一阅。唯此人历史，我不清楚，以前并不认识，如可调用，请先查明一下。

敬礼。

郭沫若

七、廿九[1]

从郭沫若这两封信中可以看出，宋谋玚多次给他写信，他

① 据手迹原件，郭沫若纪念馆馆藏。刊《郭沫若研究》2019年第1期。

应该也回过信。只是这些信件我还没有找到，不清楚他们通信的具体内容，但他们至少讨论了《资治通鉴》的标点和校勘，也讨论到对鲁迅诗歌的解读。宋谋玚还将自己的文章《通鉴标点辨误（选录）》以及著作《通鉴校补》（稿本八册）寄给郭沫若看。对于《资治通鉴》标点工作，早在1956年7月5日，郭沫若就曾告诉尹达："《资治通鉴》的标点，据说大有问题，把司马光和胡三省合在一道去了，不知确否？如信然，足见标点古书也不轻松。"[①]如今他对宋谋玚的成果进行了充分肯定，并推荐给当时的实权人物吴德和吴庆彤，希望能够调用宋谋玚从事研究工作。

宋谋玚是湖南双峰县人，1928年出生于上海。1949年参军，毕业于第四野战军中南军政大学湖南分校。他加入中国作家协会，发表了不少文学作品和论文。1956年调到中央军委训练总监部，继续发表抨击时弊的杂文。1957年被《解放军报》头版点名批评，划为右派分子，开除军籍，送到太原高家堡农场劳动教养。宋谋玚在1962年被摘掉右派帽子，1963年到山西大学中文系任教。"曾在吴晗同志的指导下撰写《通鉴校补》、《通鉴干支考异》等书，并有《鲁迅旧体诗集校注》手稿。'文革'开始后，因与吴晗同志有通信关系和王中青同志介绍进山大中文系缘故，遂成为重点批判对象，第二次戴上右派帽子，公职被开除，遣送回了湖南老家。"[②]1971年宋谋玚和郭沫若通信时，正在"湖南双峰龙田公社石坝子接受再教

① 《郭沫若书信集》（下）第194页。

② 《宋谋玚教授简介》，《晋东南师范专科学校学报》1999年第2期。

育”。郭沫若明明知道宋谋玚政治上不过硬，但还是推荐给吴德和吴庆彤，这相当于给二吴出了难题。吴庆彤将郭沫若来信和相关材料转交给出版口领导小组，该小组于8月4日给吴庆彤提交报告，指出宋谋玚提出的通鉴的标点错误，大体上正确，但宋谋玚政治表现不好，调京工作不合适，其著述参考作用也不大。吴庆彤于8月5日批示将此报告转郭沫若，宋谋玚的工作未获调动。直到1979年，宋谋玚才调到晋东南师范专科学校中文系任教。而他的《资治通鉴校补》直到2008年才在三晋出版社影印出版。

当时，宋谋玚和多位文化界名人都有过书信往来，仅《茅盾全集》中就收录了茅盾在70年代初期写给他的20多封书信。此外，丁玲、唐弢等人也和他通过信。他不仅研究《资治通鉴》，也研究《红楼梦》、鲁迅旧体诗，表现出了多方面的学术能力。关于《资治通鉴校补》，宋谋玚曾经也向茅盾提及。茅盾在1971年11月1日的回信中说：“来信又言及尊稿《通鉴校补》未能出版事，大抵此等稿件，出版社视非热门货，拿到了时，有鸡肋之感。当今待办之事甚多，出版社于缓急之间，煞费踌躇；有急于要出书而患无稿之单位，亦有限制较窄而稿件积存无法处理之单位。你且耐心等候，将来事情上了轨道，有价值的稿件不至于永久埋没也。”[①]宋谋玚告知茅盾他的稿件被压在出版社，显然希望身为中国作家协会主席的茅盾能够施以援手。但茅盾仅仅安慰数语，让他且等机会。茅盾回复与郭

① 茅盾：《致宋谋玚》，《茅盾全集》（第37卷），人民文学出版社1997年版，第161页。

沫若的解决办法相比，显得较有意味。这固然是由于郭、茅二人在70年代初期身份地位的不同，也跟两人性格、处理问题的方法有关吧。郭沫若径直写信给高层实权派推荐正在下放改造的“大右派”，这是他对当时自己能力的自信，还是由于历经风浪仍然不变的热情率真的性格使然？或许两个因素都有吧。

第五章　有朋自远方来

约里奥-居里：保卫世界和平的战友

约里奥-居里是居里夫妇的女婿、法国著名的核物理学家，也是世界保卫和平大会理事会的主席，“两弹元勋”钱三强是他的学生，他对中国有着特殊的感情。1949年后，郭沫若长期担任中国人民保卫世界和平大会委员会主席，后来又当选为世界保卫和平大会理事会副主席。郭沫若和担任世界保卫和平大会理事会主席的约里奥-居里多次在世界保卫和平大会上见面，他们相互支持，共同推动了世界保卫和平大会工作的进展。本文以两人往来信函为主要材料，通过解读两人的交往，管中窥豹，探讨世界保卫和平大会这一长期被忽略的重要历史侧面。

一

弗雷德里克·约里奥，1900年出生。他父亲是巴黎公社社员，他的一个哥哥在第一次世界大战中阵亡。第一次世界大战结束后，弗雷德里克·约里奥考上了巴黎理化专科学校，著名思想家、物理学家、法国共产党员保罗·郎之万是他的老师。弗雷德里克·约里奥和郎之万的儿子是同学。后来，弗雷德里克·约里奥的女儿嫁给了郎之万的孙子。

1923年，约里奥从巴黎理化专科学校毕业后，在卢森堡一个工厂当了几个月的见习工程师后进入炮兵学校，从炮兵学校肄业后进入玛丽亚·居里的实验室做实验助理员。

1926年，弗雷德里克·约里奥和居里夫人的女儿伊莱娜结婚，他们决定将两人的姓氏合起来，以约里奥–居里夫妇的名字出现在科学界。1928年，约里奥–居里夫妇开始研究α射线，并于两三年后在实验中发现了中子。1935年，约里奥–居里夫妇获得诺贝尔奖。1939年，约里奥–居里夫妇发现，铀原子核在中子作用下分裂，运动相当慢的中子才能引起分裂。弗雷德里克·约里奥–居里还指出，铀原子核分裂成两半时，若干自由中子分离出来，这些中子又使邻近的铀原子核分裂，引起连锁反应。他的发现为原子弹的发明奠定了一定的理论基础。在希特勒占领法国期间，弗雷德里克·约里奥–居里奋起抵抗。他在1942年加入法国共产党。在美国向日本投放原子弹后，弗雷德里克·约里奥–居里开始致力于原子能的和平利用，并建造了原子堆。

1949年4月，郭沫若率领中国代表团出席在巴黎和布拉格同时举行的世界保卫和平大会，当选为主席团成员。在这次大会上，约里奥–居里担任大会主席，他在开幕词中声明反对原子武器、保卫世界和平。中国代表团高度重视他的意见。

会议期间，约里奥–居里收到钱三强从中国政府那里申请到的5000元美金。钱三强委托约里奥–居里用这些美金购买小件仪器设备和图书资料。约里奥–居里收到这些钱后，“很注意缜密行事，生怕发生意外，亲自把美元包好埋藏在自家花园的树下，还多次出去看仪器，或在法国托人购买，还写信请英国的朋友代购。而他这样做时，都以自己需要为由。”[1]从不隐瞒做事动机的约里奥-居里为了中国科学的发展，违背了自己一贯的做人原则，这让钱三强等人感动不已。

1950年3月19日，约里奥-居里50岁生日。郭沫若以中国人民保卫世界和平大会委员会主席的身份特意致电：“欣逢阁下五十大寿，谨致祝贺，并对阁下在保卫世界和平斗争事业中的献身的努力，致深厚的敬意。”[2]

不久，在美国的压力下，法国政府解除了担任世界保卫和平大会常设委员会主席约里奥-居里的原子能高级专员和原子能委员会委员等职务。郭沫若特意致电表示慰问：“我们获悉法国皮杜尔反动政府受美帝国主义者的指使，竟解除了你的原子能高级专员和原子能委员会委员的职务。皮杜尔政府这一反动措施，不仅违反了法兰西民主进步的光荣传统，并激起了全世界近十万万爱好和平的人民的无比愤怒。我们除对法国政府这一迫害和平运动的罪行提出严重抗议外，并向你致崇高的敬礼和亲切的慰问，祝你再接再厉地团结全世界的科学家、文学家、艺术家以及有正义感的广大人民，为保卫世界和平和人民民主而斗争！”[3]

为了维护中国利益，中国政府和郭沫若高度重视世界保卫和平大会和约里奥-居里的作用。钱学森博士在归国之前被美

① 葛能全：《钱三强年谱长编》，科学出版社2013年版，第273页。

② 《我保卫世界和平大会委会主席郭沫若电贺居里寿辰》，1950年3月20日《人民日报》。

③ 《我和大电慰居里并抗议法政府反动措施》，1950年5月5日《人民日报》。

国无理扣押。1950年9月25日，郭沫若致电约里奥-居里："我国航空力学专家钱学森博士于申请回国时被美警拘捕，物理学家赵忠尧教授和学生二名在返国途中，在日本横滨为驻日美军拘捕。此等蹂躏人权、摧残科学家的暴行，已激起中国科学界及中国人民的普遍愤怒。请你和贵会号召全世界科学家对美帝国主义暴行加以谴责，并要求立即释放被捕之科学家。"[①]

1950年11月，第二届世界保卫和平大会在华沙召开。郭沫若、钱俊瑞等7人组成中国代表团前往出席。11月15日，郭沫若与约里奥-居里、南尼、法捷耶夫、爱伦堡等人同车抵达华沙，受到数千人的热烈欢迎。11月22日，第二届世界保卫和平大会选出来自50多个国家的222人组成世界保卫和平大会委员会。23日，世界保卫和平大会委员会举行首次会议，选举约里奥-居里为世界保卫和平大会委员会执行局主席，郭沫若、南尼等人为副主席。

1951年11月1日，世界和平理事会第二次会议在维也纳开幕，约里奥-居里在会上发表了重要演讲。他强调保卫世界和平运动需要遵循三个原则："不同的制度和平共存是完全可能的"，"一切分歧都能够而且必须用和平方法求得解决"，"一个国家不应干涉另一个国家的内政"。他还认为："这次会议一定要拟出加强反对战争贩子的斗争的具体建议。要以简单明了的事例向一般人民说明和平能给予他们什么，战争的代

① 《美国无理拘捕钱学森等　郭沫若致电居里博士吁请谴责美帝无耻暴行》，1950年9月27日《人民日报》。

价是什么。”并主张裁减军备禁止原子武器以维护和平。[1]郭沫若出席了开幕式。5日上午，在题为《我们坚决地相信：和平一定战胜战争！》的发言中，郭沫若针对朝鲜战争表明了中国人民争取和平的立场。

也就在这一年，伊莱娜·约里奥-居里的学生、著名放射化学学家杨承宗学成回到中国。约里奥-居里不仅将钱三强托他采购的13箱原子能实验器材和珍贵的图书资料交杨承宗带回中国，还托杨承宗带口信给毛泽东：“请你回去转告毛泽东，你们要保卫和平，要反对原子弹，你们必须自己拥有原子弹；原子弹不是那么可怕的，原子弹的原理也不是美国人发明的；你们有自己的科学家嘛！”[2]这一口信对于中国领导人下定决心研发原子弹有促进作用。

1952年2月25日，郭沫若致电约里奥-居里主席，控诉美国在朝鲜和中国东北的细菌战：“我代表中国人民保卫世界和平反对美国侵略委员会向世界和平理事会和世界爱好和平的人民，对美国侵略者这种屠杀罪行提出正义的控诉：为了维护世界和平与人类的安全，全世界爱好和平的人民应该动员起来，制止美国侵略者在朝鲜进行细菌战的滔天罪行，要求美国政府立即停止其在朝鲜停战谈判中所使用的拖延战术，以便停战谈判能够顺利地达成协议。全世界爱好和平人民绝不容许美国侵

---

① 《世界和平理事会会议开幕　居里号召全世界人民加强保卫和平斗争　主张裁减军备禁止原子武器以维护和平》，1951年11月3日《人民日报》。

② 杨家翔：《心底无私天地宽　居里精神华夏传》，《军工英才》2014年第11期。

略者肆无忌惮地使用细菌武器，扩大朝鲜战争，破坏世界和平。世界保卫和平大会及世界和平理事会的禁止使用大规模杀人武器的庄严决议，必将为世界爱好和平人民的伟大力量所维护。”①3月1日，世界和平理事会秘书长拉斐德复电郭沫若：“我已把您的电报转交约里奥-居里主席，请他发表，我又把原文转交世界和平理事会全体理事及各国和平委员会。”②

3月28日，郭沫若率领茅盾、钱三强等人乘机抵达奥斯陆，参加世界和平理事会执行局特别会议。3月29日，国际民主法律工作者协会调查团团长布兰德魏纳致电约里奥-居里，报告调查团在朝鲜和中国东北调查的结果，证据确凿地证实了美国侵略者在朝鲜和中国东北施行细菌战的罪行。当天，郭沫若在约里奥-居里的主持下做了《关于美帝国主义细菌战罪行的报告》，陈述了美国在朝鲜和中国东北使用细菌战的事实，要求世界和平理事会组织团体到中国和朝鲜调查真相。4月1日，郭沫若和朝鲜代表李箕永在世界和平理事会执行局举行的记者招待会上展示了美国侵略罪证的文件和照片副本，放映了关于美国使用细菌武器的新闻纪录影片。在会议期间，针对郭沫若和朝鲜代表的提议，美国代表提出了不同意见，美国国务卿发表声明否认细菌战，并对约里奥-居里施压。

在表决中朝代表的提案之前，约里奥-居里组织了没有中

① 《郭沫若致电世界和平理事会　控诉侵朝美军进行细菌战　呼吁全世界爱好和平人民制止美国侵略者的这种滔天罪行》，1952年3月5日《人民日报》。

② 《世界和平理事会秘书长拉斐德复电》，1952年3月5日《人民日报》。

朝和美国代表参加的小型会议，约里奥-居里在会上说：“理事会支持不支持被侵害的中国与朝鲜的要求，是关系到世界和平理事会存亡的问题。若不能主持正义，还有什么理由让世界和平理事会存在下去。”[①]在约里奥-居里的主持下，4月2日，世界和平理事会执行局主席、副主席、执行局委员、秘书长、秘书、特邀代表等数十人联名发表《反对细菌战》：“我们仔细地研讨了有关目前在中国和朝鲜进行的细菌战的文件以后，深感焦虑和震惊。细菌战不仅是应该予以制止的丑恶罪行，而且是对全人类的威胁。我们向全世界男女的良心呼吁，号召他们要求制止细菌战和禁止细菌武器。”“我们同时要求采取强有力的行动，把那些使用最卑鄙龌龊、最骇人听闻的武器的罪犯们，作为战犯归案法办。我们确信，我们提出保护无辜者而惩办罪犯的要求，是代表着绝大多数人的意见的。我们代表他们捍卫最崇高的事业——一切儿童生存的权利以及对人性的尊重。如果各国人民不立即行动起来制止细菌战，那么，破坏力量的残酷狂暴是没有止境的。我们号召人类起来自卫。”[②]

在世界和平理事会执行局会议关于组织“调查在朝鲜和中国的细菌战事实国际科学委员会”的决议通过后，郭沫若“忍不住内心激动”，“一动不动地坐在座位上，长时间用手绢捂住眼睛，不想让人看出他在流泪”。他随后在休息室对钱三强

① 葛能全：《钱三强》，浙江科学技术出版社2008年版，第141页。

② 《世界和平理事会执行局奥斯陆会议 为反对细菌战发表告全世界男女书 号召禁止细菌武器把使用者作为战犯归案法办》，1952年4月6日《人民日报》。

等人说："总算没有辜负党和人民的委托啊！"[1]

4月3日，美国驻联合国代表沃伦·奥斯汀致信约里奥-居里，指责他"滥用科学"。一个月后，约里奥-居里回信："你指责我滥用科学，因为我反对罪恶地使用伟大的巴斯德的发现，因为我号召公众反对细菌战。我认为滥用科学的人正是在广岛和长崎用毁灭二十万居民的手段而开创原子时代的那些人。""不能因为朝鲜人和中国人选择了和你们国家不同的制度，也不能因为他们不是白种人，就认为凝固气油弹或用细菌来大规模地消灭他们是合法的。……因为我知道科学能给世界带来什么，所以我将继续努力，利用科学造福人类，不管他们是白种人，黑种人还是黄种人，而不是在某种天赋使命的名义下利用科学消灭人类。"[2]

钱三强随郭沫若出席了世界和平理事会执行局在奥斯陆的特别会议。会议结束后，钱三强到布拉格协助组建调查细菌战的国际调查团。据钱三强回忆："约里奥-居里由于积极从事和平运动，主持正义，反对侵略，主张科学为人类和平事业服务；他先是被法国政府撤掉了原子能总署高级专员职务，后又受到美国驻联合国代表和许多帝国主义喉舌的谩骂和攻击。正当约里奥-居里受到冷遇和迫害，精神苦闷的时候，郭老在繁忙的工作之中，仍然没有忘记这位老朋友。1952年5月他亲自给约里奥-居里发了慰问电，同时又托李一氓同志带亲笔信给我（我正留在布

---

① 钱三强：《忆我尊敬的长者——郭老》，1982年11月17日《光明日报》。

② （英）莫里斯·戈德史密斯著，施莘译：《约里奥-居里传》，原子能出版社1982年版，第222页。

拉格协助在巴黎的约里奥–居里组织细菌武器调查团），嘱咐我在布拉格多留二三星期，除了彻底完成组团任务外，也是对约里奥–居里先生一种安慰。”[①]郭沫若在这封亲笔信中写道：“您这次做了很好的工作，总理、定一、同志们都表示满意，把您辛苦了。我们的意见，望您待国际委员会组成后一道回国，望您把这一任务彻底完成。居里先生处我已有电慰问，今天李一氓动身，我写了一封信，托他带去。您多留二三星期，我想对于居里先生也当是一种安慰。余由长望同志面详。”[②]

1952年10月21日，在亚洲及太平洋区域和平会议成功举办后，郭沫若致信约里奥–居里：“遵照您正确和宝贵的指示，亚洲及太平洋区域和平会议获得很大的成就后闭幕了。全体代表一致赞成并拥护在维也纳召开世界人民和平大会。我们的亚洲及太平洋区域和平会议作出决定，组织了一个联络委员会，并推选宋庆龄先生为主席。”“我衷心地感谢您对于组织国际科学委员会所作的很大努力。这个委员会的报告书对于争取世界和平具有非常重要的意义。最近您在普列叶大厅所发表的正义声明，标志着和平运动已推进了一步，中国人民向您表示崇高的敬意。请您把我们的谢忱转达回国后继续英勇斗争的国际科学委员会的各位委员们。”[③]

---

① 钱三强：《忆我尊敬的长者——郭老》，1982年11月17日《光明日报》。

② 葛能全：《钱三强年谱长编》第193—194页。

③ 《宋庆龄郭沫若分电约里奥–居里　报告和平联络委员会成立　盼望他对联络委员会今后的工作给以指导》，1952年10月31日《人民日报》。

1952年12月，世界保卫和平大会在维也纳召开。据郭沫若回忆，在这次大会上，约里奥–居里曾对郭沫若表示：“他愿意和他夫人一道，并带着一部分助手，到中国来帮助我们展开和平利用原子能的研究。我们当然是很欢迎的。但因为种种关系，他终于没有来。约里奥–居里屡次对我们说，他是热爱中国的。我们中国人民失掉了这样一位真诚的友人，实在是一件遗憾的事。”[①]所谓“种种关系”，指的是苏联的阻挠。

1952年7月，世界和平理事会第三次会议在柏林召开；1953年5月，世界和平理事会常务委员会会议在斯德哥尔摩召开；1955年1月，世界和平理事会常务委员会扩大会议在维也纳召开；1955年6月，世界和平大会在赫尔辛基召开。在这些会议上，约里奥–居里和郭沫若相互支持，为保卫世界和平，支持弱小民族的反抗斗争做出了巨大贡献。

二

1956年3月17日，弗雷德里克·约里奥–居里的夫人、居里夫人的女儿、著名物理学家伊莱娜·约里奥–居里去世，享年59岁。3月21日，法国在巴黎大学为她举行了国葬。3月20日，郭沫若致电弗雷德里克·约里奥–居里：

> 惊闻你的夫人，世界著名的科学家和敬爱的和平战士伊伦·约里奥–居里不幸逝世，我谨以沉痛的心

① 郭沫若：《献身精神的榜样》，1958年8月18日《人民日报》。

情表示深切悼念，并向您致以衷心的慰问。

约里奥-居里夫人将其一生贡献于科学发明和保卫世界和平的崇高事业，并且作出了卓越的成就。她虽然和我们永别了，但是她为发展科学和人类进步事业所表现的创造性和勇敢精神将永远活在我们的心中。

亲爱的主席同志，我希望你保重身体。[①]

此外，《钱三强年谱长编》的编者从2011年5月清华大学百年校庆展览中全文照录了一封郭沫若1956年3月28日致约里奥-居里的信件，并注明原件属巴黎居里研究所档案。这封信为郭沫若研究界所不熟悉，兹录全文如下：

亲爱的约里奥-居里同志：

这一次因为国内正在从事制定十二年科学研究的远景规划，我不能来参加斯德珂尔摩会议，谨向您请假。

中国代表团人数虽不多，但是是相当有力的。团长是我们人民代表大会副委员长陈叔通，还有几位人民代表大会的代表，现任的部长和省长，他们是可以充分代表全中国人民保卫和平的意志的。

世界科学家协会四月初要在北京开理事会并举行

---

① 《郭沫若电唁伊伦·约里奥-居里逝世》，《新华社新闻稿》1956年第2115期。

十周年纪念大会，中国科学家都很感到兴奋，我们将努力协助，使会议能够顺利地进行。请您放心。

最近您夫人逝世，是全体中国科学家和我个人所深切悼念的，我们认为这是世界的一个损失。我们大家都很关心您的健康，衷心地希望您为了和平事业和科学事业，特别保重您的身体。您的健康是关系着我们全人类的幸福的。

亲爱的主席同志，您有好几次曾经表示愿意到中国来访问。您想像得到，我们中国人民和中国科学家是怎样恳切希望您真正能来，把您的卓越的智慧给予我们以建设性的指示呀！

今天我同我们的总理周恩来同志谈到您，他要我特别写一封信来向您慰问，并欢迎您到中国来。

亲爱的主席同志，我知道您是不适于坐飞机的，您来的时候可以坐火车，也可以坐船由香港入境。

您如果肯来，随便什么时候都好，随您带什么人都好，您愿意在中国住好久就住好久。中国可能没有法国，特别是巴黎，那样的美丽和方便，但我们要尽我们的力量安排，使您感觉到就像在家里一样。

亲爱的主席同志，请您务必来吧。只要您决定了，就请通知我们，我们就可以安排一切。当然，我们也是遗憾的，没有能在生前把您的夫人也迎接到中国。

您所关心的中国的科学研究工作，目前正在进展中。您的高足钱三强博士现在在莫斯科，当您来到中国时，他可能已经回到中国了。

明天我们的代表团就要动身由苏联到斯德珂尔摩去了，我赶着写这封信托他们带去。不再多写了，谨向您致衷心的慰问和致意。

郭沫若

一九五六.三.廿八 于北京[1]

三

中国人民保卫世界和平委员会、中国人民对外文化协会、中国科学院、中国全国自然科学专门学会联合会、中国文学艺术界联合会决定于1956年12月共同举办“世界文化名人本杰明·富兰克林、皮埃尔·居里、玛丽·居里纪念会”。

为了这次大会的成功举办，上述单位向美国知识界、欧洲知识界等发出了邀请。但成效不大，“先后收到了十五名美国科学家的回信，他们感谢这一邀请，并表示由于得不到美国政府的护照而不能亲自来中国参加大会”[2]。有幸的是，大会邀请到了居里夫妇的外孙女、约里奥-居里的女儿、法国核物理学家海伦娜·郎之万和她的丈夫米歇尔·郎之万。

在郎之万夫妇出发之前，约里奥-居里给郭沫若写了一封信，请郎之万夫妇带去北京转交到郭沫若手上。兹录译信如下：

① 葛能全：《钱三强年谱长编》第264—265页。

② 《富兰克林、皮埃尔·居里、玛丽·居里 三位世界文化名人纪念会在京举行》，1956年12月12日《人民日报》。

主席先生和亲爱的朋友：

我怀着极为激动的心情，在我女儿和她的丈夫动身前往中国的前夕，把这封信交给他们。我的女儿海伦娜·郎之万和她的丈夫密歇尔·郎之万，都是科学博士和核物理学家。

我很高兴，北京将举行皮埃尔和玛丽·居里的纪念会以及郎之万先生和夫人能有机会前往出席并访问您的国家。倘如我能够接受您友好的邀请，亲自去北京参加12月12日的纪念会，那我将感到很荣幸。我深感遗憾，由于健康关系，不能长途跋涉。

请允许我利用这封信向您说明，我对于中国的需求和困难是了解的，但我更关怀的是中国所获得的成就以及它在国际上所取得的地位和日益增长的威信，一切关心人类未来和维护和平的人们对这点都有同感。这就说明了为什么我们对于您的国家——以及您本人——争取国际和平的努力是如此的重视。中国的参与不仅关系到和平运动的发展和亚洲和平的维护，并且对于全世界各国争取和平行动的发展和效力是极其重要的。

我很荣幸在和平会议以及我的科学活动中有机会和您的同胞认识，体会到他们高尚的品质并且获得了他们的友谊。我这个人的经验导致了我对中国人民的关怀、热爱和尊敬。至于那些没有机会与中国朋友建立个人关系的我国同胞们，也了解在每一个国家所流传的“中国的智慧”。这也使他们认识到中国愈来愈多地参加国际事务是很有利于和平的。

中国艺术家在法国以及欧洲其他国家所受到的欢迎，就足以使您衡量他们对中国的关怀和友谊。

我希望能有新的机会与您见面，并在和平运动以及其它所有的工作中和中国朋友们一道工作。

我也希望很多学生、研究员和教授们能经常借助从巴黎到北京和从北京到巴黎的道路，更多地和更紧密地加强中法两国人民工作上的合作和友谊。

主席先生和敬爱的朋友，谨祝您身体健康和工作愉快。

此致

敬礼

腓特烈·约里奥-居里

1956年12月7日于巴黎[①]

郎之万夫妇到达北京后，12月11日晚上，郭沫若在主办单位领导吴玉章、赵毅敏、吴有训、老舍、欧阳予倩、周培源、钱学森的陪同下，宴请了郎之万夫妇以及前来参加纪念会的波兰物理学家、华沙大学教授兹沃托夫斯基，玛丽·居里大学教授泰斯开以及美国作家阿贝·察佩克。

12月12日，“世界文化名人本杰明·富兰克林、皮埃尔·居里、玛丽·居里纪念会”在北京召开。吴玉章、陈叔通、楚图南、周培源、老舍、欧阳予倩等1200多人出席了大会。

① 《约里奥-居里给郭沫若的信》，《科学通报》1957年第2期。

郭沫若在开幕词中表彰了三位科学家，并揭示了纪念大会的意义。在提到居里夫妇时，郭沫若说："皮埃尔·居里和玛丽·居里夫妇是原子能时代的开创者。他们最先发现了放射性的新元素镭和钋，阐明了放射性物质的多种重要性质和放射的各种基本效应。""居里夫妇在发现镭后，他们为了要使镭尽快地服务于人民，为人民医治疾病，因此，也立即公开了提取镭的方法，拒绝申请专利权。居里夫妇一贯主张原子能的和平利用。他们预计到'在罪犯们手中，镭可以成为危险的东西。'他们坚定地声称'我是在希望人类将要从新发明中取得幸福，而不是取得祸患的那些人中间的。'第一次世界大战期间，居里夫人为了救护伤兵，将X射线设备装置在汽车上，到战场上轮回地诊疗伤兵，挽救了大批伤兵的生命。这种热爱人民，忠诚地为人民服务的精神和崇高的道德品质，不能不引起我们无限的崇敬。""在纪念伟大的科学先进——富兰克林和居里夫妇的今天，我们十分高兴，有来自远方的外国科学家参加我们这个会议，我们热烈地表示欢迎，并希望他们把我们的愿望，转达给世界各国的科学家和人民。我们中国科学工作者一定要和世界各国的科学家和爱好和平的人民一道，努力撤消一切人为的壁障，促进国际间科学文化的交流，发展各国人民和科学工作者之间的友好合作，使和平永远克服战争。"①

海伦娜·郎之万在大会上介绍了居里夫妇的伟大成就，她特别提到居里夫妇在科研工作所遇到的艰难险阻，并引述居

---

① 《富兰克林、居里夫妇纪念会开幕词》，1956年12月13日《人民日报》。

里夫人的话说："我们的社会，为一种追逐荣华富贵的欲望所笼罩着，它并没有认识到科学的价值，它不懂科学是国家最宝贵的财产，它也不充分体会到科学是改进人类生活，减轻人民疾苦的一切进步的基础。希望这个真象能够更广泛地和更深入地传播在大众的意识里，使得我们的将来，不至于像前人一样的艰苦，让他们为人类的普遍幸福开辟新的领域吧。" 海伦娜·郎之万认为："但是这个呼吁的价值，已经在社会主义制度的、象我们今天荣幸地被邀请来到的中国这个国家里实现了。只有这样的国家，才能对它的科学家寄以最大的热爱，才能给以有效的注意，才能为了国家的利益而对科学事业建立最有利的条件。"①

大会结束后，郭沫若给约里奥-居里写了一封信，这封信有一份1页的A4纸打印稿，现存中国科学院档案中。打印稿上有冯敏写于1月5日的备注："此函已由王局长带到郭老家交朗之万先生带回法国，登记存档。"另外，中国科学院还请杨承宗将此信翻译成了法文。郭沫若在这封落款为"1957年1月5日"的信中说：

> 去年十二月十二日在北京举行的皮埃尔和玛丽·居里的纪念会，中国科学家都以海伦娜·朗之万教授和密歇尔·朗之万教授的光临，感到非常的高兴。海伦娜·朗之万教授在大会上所作的出色报告，

① 《为了人类付出宝贵的劳动　海伦娜·郎之万的讲话》，1956年12月14日《人民日报》。

博得了大会热烈的欢迎。我们感谢您的推荐。我个人并感谢您给我的富于鼓励的长信。

我个人这次也以能有机会接待您的女儿海伦娜·朗之万和她的丈夫而感到极大的欣慰。他们在中国期间的访问，大大地加强了中法两国人民的友谊和科学的交流。现在乘他们回国之便，托他们转致这一封问候的信。

关于目前世界和平运动的步骤，我们有些意见已向朗之万先生和夫人表达了，请他们转告您。

我们恳切地希望有更多的法国科学家和文化工作者能来中国访问。[①]

四

1958年8月，约里奥-居里在巴黎逝世，郭沫若第一时间发去了唁电，兹录电文如下：

世界和平理事会：

惊悉世界人民所热爱的伟大和平战士和杰出的科学家约里奥-居里主席逝世，我谨代表中国人民保卫世界和平委员会和中国人民表示深切的吊唁。约里奥-居里主席始终站在时代的最前面为人民服务，把自己光辉一生献给了科学研究和人类的进步事业，

① 《致约里奥-居里的问候信》，中国科学院档案，1956-4-86-24。

世界各国人民都感谢他。特别是最近十年来他的智慧和精力是和日益壮大的世界和平运动紧紧联系在一起的。在维护世界和平和反对战争势力的斗争中，他表现了坚强不屈的精神。在禁止核武器和其他大量毁灭性武器的运动中，他尽了最大的努力。他经常号召爱好和平的世界各国人民团结起来，掌握自己的命运，永远消灭战争。他为世界上一切善良的人们树立了光辉的榜样。

我们和各国人民一起痛惜失掉了这样一位伟大的和平战士和卓越的科学家。他的逝世是和平运动和科学事业的一项重大损失。但是约里奥–居里主席在他一生中所做出的各项伟大贡献，是永垂不朽的。他的光辉榜样将永远鼓舞着人类前进、他所遗留下来的义务我们一定要努力承担下来。我们要学习和发扬他的崇高品质和斗争精神，更高地举起鲜明的旗帜，使保卫世界和平和增进人类幸福的崇高事业，获得新的更大的成就。

郭沫若

1958年8月15日[①]

郭沫若还写了《献身精神的榜样》，悼念这位世界和平运动的战友。他高度称赞约里奥–居里：“他是世界进步科学家的一面旗帜，是世界科学联合会的主席。单单作为科学家，他的

---

① 《伟大的和平战士永垂不朽　郭沫若致电世界和平理事会　吊唁约里奥–居里逝世》，1958年8月16日《人民日报》。

名字就可以列入世界文化巨人的行列的，他对于人类文化是作出了卓越的贡献。”同时，“他对于和平运动上的贡献是不亚于他在科学研究上的贡献的”。郭沫若回忆了约里奥-居里和世界和平运动的发展，他认为，世界和平理事会之所以能够取得这样大的成就，“应该归功于约里奥-居里主席的正确领导”，由于约里奥-居里经常和放射性物质接触，防护设备不够完善，健康受到影响，不能坐飞机，但还是坚持长途跋涉，出席和平大会。在向约里奥-居里致敬的同时，郭沫若还向从事世界和平运动的苏联作家法捷耶夫致敬。他说：“亲爱的约里奥-居里同志和法捷耶夫同志，你们是尽了自己应尽的责任，你们就请安息吧。你们所遗留下来的任务，我相信世界各国进步的科学家、作家、社会活动家是会努力继承起来的。我们中国人民一定要学习你们的好的榜样；在我们党的领导下已经彻底解放了的生产力，我们一定要尽量地无止境地使它发生作用；我们一定要鼓足干劲，发挥高度的积极性和创造性，为提高人类文化和保卫世界和平的崇高事业，作出不断的贡献。”①

中华人民共和国成立初期，中国和大多数西方国家没有建立外交关系，保卫世界大会成为中国向西方知识分子展示中国的建设和中国人民的精神面貌、争取西方知识分子同情和支持的重要平台。作为中国人民保卫世界和平大会委员会主席，郭沫若多次出席世界保卫和平大会，和很多西方知识分子建立了深厚的友谊，约里奥-居里是其中最有代表性的一位。我对两人友谊的钩沉，是为了管中窥豹，见证20世纪50年代中国和西方知识分子共同致力于保卫世界和平的一段史实。

---

① 郭沫若：《献身精神的榜样》，1958年8月18日《人民日报》。

日本物理学家坂田昌一的病

在新出版的《郭沫若年谱长编》中，编者查阅中国科学院档案，整理出了一系列郭沫若致坂田昌一、坂田信子夫妇以及有山兼孝的书信。本文根据这些新面世的书信，结合《郭沫若研究》第9辑（1991年）披露的郭沫若致坂田夫妇的六封信，以及中国科学院的其他相关档案，试图较为完整地呈现出以郭沫若为代表的中国科学院领导层和这三位日本学者的交往经过。当时，中日邦交尚未恢复，中日两国学界的交往对于推动两国人民的相互信任和和平共处具有十分重要的意义。正是从这个角度上看，这批档案和书信成为值得关注的文本。郭沫若的秘书王廷芳和女儿郭平英都曾撰文描述。本文在新发现的材料的基础上，对此事情的来龙去脉做一更详尽的叙述。

一

坂田昌一（1911—1970），日本著名理论物理学家，长期从事原子物理学和粒子物理学的研究。他对中国人民保持友好态度，曾经率团参加1964年北京科学讨论会，他在基本粒子研究上的成果受到毛泽东的关注。

坂田昌一和郭沫若的第一次见面，是在1955年12月郭沫若访问日本期间。1955年，郭沫若带领由15名中国科学家组成的代表团访问日本，这是中华人民共和国成立后中国对日本的最高级别的访问。12月9日，担任日本学术会议会员的坂田昌一教授特意从名古屋赶到京都会见郭沫若，两人一见如故，相谈甚欢。郭沫若邀请坂田昌一访问中国，坂田昌一十分高兴地接受了邀请。

1956年5月上旬，坂田昌一随日本和平代表团访问中国。5月7日，郭沫若设宴招待他们，这是坂田昌一和郭沫若的第二次见面。坂田昌一回国后，于6月30日给郭沫若写了一封信，以此表达他的感激之情。中国科学院联络局收到这封日文信后，翻译成中文，并原稿于7月12日送给郭沫若。联络局附了一封给郭沫若的信："七月八日我院接到日本名古屋大学理学部坂田昌一先生给郭院长的来函。""现将来信原文以及译文转至郭沫若院长，请郭院长阅看后退回我局。"

坂田昌一在信中写道：

> 前次我被中国保卫世界和平委员会及中国科学院邀请到贵国访问之际，承蒙你方的殷勤招待，真是感谢之至，我在此表示衷心的谢意。
>
> 我亲眼看到以深渊的学问和高尚的道德为基础正在建设中的新中国的面貌，身受感动。尤其是新中国的科学在十二年计划之下正在稳而迅速的发展，这对我们科学者来说是件极其喜悦庆贺不尽的事。
>
> 通过这次的旅行，我得到很大的确信就是我认为中日两国学问交流的进展不仅在保留两国的学问传统以及进一步发展其学问上必要，而且为实现亚洲的和平，为世界的和平也是不可缺少的要素。

在我离开北京之际，本想我应该再次访问您，向您表示衷心的感谢，但在您百忙中我怕给您增加麻烦就没访问您，实在对不起得很。我接受的您给与汤川秀树先生的信件已转至汤川先生。在贵国的时候你方提出的关于邀我们物理学代表团访问的事情，现与基础物理学研究所以及日本物理学会正在商谈中，你们对我们的深厚友谊，我们都深受感激。

汤川先生最近赴往欧洲，后还要转赴美国，九月底才回国，因此物理学代表团的出发时期最早也要在今年年底。关于这件事今后我方需要给你方增加很多麻烦，请你方多协助。

六月廿五日我出席日本学术会议计划审议会之际，向茅诚司会长报告这件事商谈的结果，学术会议为实现中日物理学交流准备尽最大的努力。

其次周总理接见日本和平代表团之际，在发言中中国方面想派遣农业专家到日本，视察研究稻米的增收。关于这件事先生当天也在同坐，想必您定能记得。我与茅会长商谈的结果，我们准备推行招待工作。到具体联系的时候由日本学术会议与你方联系。

以上是我向您表示谢意的同时报告了一些事情。回国后本应早日写信向您表示感谢，但到今天才写信实在对不起得很。最后祝先生健康，祝中国科学发展。①

---

① 《函转日本名古屋大学理学部坂田昌一给郭沫若的来信原文及译文请郭沫若院长审阅》，中国科学院档案，1957-4-19-11。本文所用该信采用该档案中的译文。

中方邀请日本物理学代表团访华。经过一年的筹备，1957年5—6月，日本物理学代表团访问中国。这次访问由朝永振一郎担任团长，有山兼孝担任副团长。中方本来希望汤川秀树和坂田昌一能够来华。但由于汤川秀树涉及原子能研究，坂田昌一则由于1956年访华未经日本政府允许，故而这次没有得到日本当局同意，所以双双缺席了。

郭沫若对于两位的缺席深表遗憾，他给坂田昌一写信说："朝永先生们这次来增加了中日两国学术界的友谊。我们受到很大的鼓舞。您和汤川先生这次没有来，可谓美中不足。我们希望汤川先生和他的夫人能够来中国访问，请您代为转述。汤川先生如能来访，任何时候都好。请他决定后告诉我们，我们将以最大的热忱，表示欢迎。"[①]

1964年8月下旬，中国承办了国际科学讨论会。这次会议规模大、规格高。来自亚非拉和大洋洲共44个国家和地区的367名代表来北京参加了会议，会议收到299篇论文。由61名来自各个学科领域的日本科学家和学者组成日本代表团，坂田昌一担任团长，有山兼孝担任顾问。坂田昌一十分重视这次会议，他在8月22日的开幕式上热情洋溢地强调将反对帝国主义和反对殖民主义的态度贯彻到学术研究中去。郭沫若在开幕式上致欢迎词。

8月27日晚，郭沫若在四川饭店宴请了坂田昌一和全体日本代表团成员，郭沫若为61名成员每人写了一幅字。在郭沫若

① 《致坂田昌一关于希望汤川和他的夫人来华访问的函》，中国科学院档案，1957-04-020-77。

身边工作了20年的王廷芳回忆说："郭老一次写这么多字送人是唯一的一次。"[①]日本客人喜不自禁，坂田昌一和有山兼孝紧紧地握住了郭沫若的手。

二

1968年，坂田昌一教授被诊断为代谢性骨病，经过放射性治疗，其家属希望能够在中国找到具有疗效的中药。作为坂田昌一的挚友，有山兼孝于10月8日给郭沫若写信，咨询中药治疗办法。兹录译文如下：

郭沫若先生：

许久不见了，自从离别贵国以后，贵国开展了辉煌的文化大革命，取得了巨大的成果，对此，感到非常庆幸。以后，看到了先生很精气饱满，担任更重要的工作，从心里感到庆幸。

我个人，在名古屋大学理学部做了26年的教授，今年三月底已经退休，家也搬到东京去住了。借这个机会，对迄今为止各方面受到友好的情谊表示深切的谢意。以后，仍希和过去一样，能蒙受您的厚谊与指教。

现在，要谈到想托先生代为帮忙的事情了。先生

① 王廷芳：《郭沫若夫妇与两位日本科学家》，《百年潮》2002年第10期。

很熟悉的坂田昌一教授，今年夏天以来，听说得了代谢性骨病，因而住了名古屋大学附属医院。接受了C放射线治疗。治疗后，稍觉轻快。不久以前就干脆出院在自己家中疗养。关于病状问题，因为有主治医生开的“介绍信”附在此信中，所以医生阅后，就可以判断病情。

其次是，他的家里人渴望能托我为他弄到对此病有疗效的中药服用，所以我才非常冒昧地衷心希望想拜托先生代为寻找中药。如果时间来得及的话，能请访华参加国庆节观礼的日本代表团［日本中国友好协会（正统）、日本中国文化交流协会联合会］团员村冈久平带来，那就是最快的办法了（药钱请向村冈久平索取即可）。但是，如果村冈久平回国时来不及携带的话，麻烦你们请将药品寄给东京日本中国文化交流协会村冈久平收（事务局副局长）。（药费及邮费在药品收到后即付上）。

实际上，最初是坂田教授自己给我写信来，附有主治医生的“意见书”，想委托我顺便能弄到中药，正好此时，我又想到上述在北京的村冈久平，遂于10月3日寄他一信，托他弄到中药并托其带回来。可是，以后几天，坂田教授家属又把本信所付的“介绍书”（以前的“意见书”过于简单，所以又写了一分记有详细资料的“介绍书”，这个“介绍书”对坂田教授保持秘密。）拿到我这里来，并且托我根据这个“介绍书”记录的材料寻找中药。可是，这个时候，已经过了10月3日几天了，这次如像上次一样把信寄给上述的村冈久平的话，如果信在村冈离开北京后到达，信再转给村冈，结果，兹到手的时间就太晚了。为了准确起见，所以才冒昧向先生提出这件事。敬祈原谅。以上实在是太对不起了，请原谅。

有山兼孝

六八、十、八

东京都南多摩都多摩町楼个丘1-43-7[①]

10月28日，中国科学院给对外友协发去文件《关于日本人有山兼孝来函要求我为坂田昌一提供中药事》（〔68〕科院革办外字第076号）并附有山兼孝来函译文。文件称：

最近，我院郭沫若院长收到日本人有山兼孝来信，内称：坂田昌一教授今夏开始患代谢性骨病，住院经西医治钴60放射治疗后，稍觉轻快，于是，不久前便出院回家疗养。

来函又称：坂田昌一本人及其家属均曾分别请有山兼孝按诊断书所述病情为其寻找中药，故有山兼孝特此来函并附来诊断书，请郭沫若院长为坂田寻找中药。

根据郭沫若院长对以上来函的意见，我们曾往

① 《关于日本人有山兼孝来函要求中科院为坂田昌一提供中药的函（附有山兼孝来函译文）》，中国科学院档案，1968-04-0024-0026。

中医研究院广安门医院作了了解，经该院组织有关医生研究坂田病情诊断书后，所得结论为：坂田患有多发性骨髓瘤，目前正处于稳定期，但随时有恶化的可能。

该院认为：此病不易治疗，亦无特效药。但为满足对方要求，该院根据信中所介绍的部分病情，提供了一个较稳妥的疗养性处方，即：按此方服药后，对病可能有些益处，但很难痊愈，亦不会使病情恶化。该院还说：此病若在我国进行中医临床治疗，目前尚无把握。与此同时，该院曾提醒我们需防止日本人借此对我国治疗癌症的研究成果进行摸底。

鉴于以上情况，我们拟对有山兼孝来信采取以下两种处理意见：

1.以郭院长名义复函对方，以不掌握坂田患病详情为由，婉言拒绝为其寻找中药。

2.以郭院长名义复函对方，提供广安门医院所开处方，供坂田在日本进行汉医治疗时参考。

我们较倾向于按第二种意见处理，当否，请速批示。①

11月7日，对外友协将此事汇报给国务院外办：

---

① 《关于日本人有山兼孝来函要求中科院为坂田昌一提供中药的函(附有山兼孝来函译文)》，中国科学院档案，1968-04-0024。

> 我会收到科学院革委会关于请示给日本物理学家坂田昌一提供中药的文件。（见附件）
>
> 坂田为日本著名物理教授，1964年“北京科学讨论会”时，任日本代表团团长，对我友好。目前，正积极在日本筹组下届在北京召开的科学讨论会。
>
> 考虑到他在日本的影响，拟同意科学院第二种处理办法，即以郭沫若院长的名义复函对方，在不泄露我治疗癌症秘密的原则下，提供中药处方，供其参考。
>
> 以上当否，请批示。

汇报该事项的文件签发一栏写有“拟同意科学院第二种处理意见，请外交部会签”，主送一栏写有“国务院外办”，郝德青于11月18日圈阅并批示“同意友协意见”。

中国科学院外事办收到文件后，于11月26日致信郭沫若秘书王廷芳：“关于为坂田昌一提供中药事一文，业经对外友协和外交部会签后，报外办批示同意我院第二种意见。现已将以郭院长名义给有山兼孝的复信稿拟就，请郭老过目修改为盼。”“因此事拖的时间已久，故我们准备在发信时，请广安门医院将处方从新抄写，以将开处方的时间改为最近较合适的日期。”郭沫若于11月28日在“请郭老过目”几个字上用红笔画圈，并批示说“最好航空寄出，不必另抄”[1]，体现了他

① 《关于拟同意以郭沫若院长的名义函复日方在不泄露治疗癌症的原则下提供中药处方的函》，中国科学院档案，1968-04-0024-0028。

对这事的热情与急切。

复信稿由中国科学院外事组李明德拟就，郭沫若做了大量修改。下文中原为李明德拟稿中有，却被郭沫若删除的文字，用删除线表示。原为李明德拟稿所无，而为郭沫若增加的文字，用下划线表示。郭沫若的批示用括号表示。

有山兼孝先生：

~~你~~1968年10月8日的来信收到。获悉坂田昌一教授~~近来~~身体欠安，深~~感~~为挂念，请~~先生~~代为转达我个人和中国同行们对坂田教授的问候，~~谨~~切望坂田教授早日恢复健康。

接到先生的来信后，我即分别请~~北京广安门医院的~~有关医~~生~~疗单位研究了于关于坂田教授病情的‘意见书’。~~他们根据“意见书”中所述病情初步认为，坂田教授所患骨病系“肾虚”，因肾主骨，所以在治疗上应着重滋肾补骨，佐以平肝（降压），同时，食物宜吃清淡，脂肪类食品少吃，宜多吃蔬菜、水果、芹菜之类，平时，在情绪上要开朗乐观。~~（病理不必写上，日本人吃东西非常清淡，也可不必写。）

由于~~他们~~不掌握~~有关~~坂田教授的临床诊断详细材料，故意见颇难一致，也难以对症下药。~~但为满足坂田教授的家属及先生来信所求，以对坂田教授恢复健康有所贡献，他们根据意见书所述的部分病情，提供了一个处方，以供坂田教授在贵国进行汉医治疗时参~~

考。因此，回信拖延，乞谅。（另一行）尊信需要汉药方，兹谨将北京中医研究院广安门医院处方一件送上，以供参考。该处方中的所有的中药，闻均可在贵国的汉药房购到。

自从先生访问我国后，我国在伟大领袖毛主席亲自发动和领导下，掀起了一场轰轰烈烈的无产阶级文化大革命。在两年多的革命风暴里，我国亿万革命群众，在毛主席的无产阶级革命路线指引下，在以毛主席为首，林副主席为副的无产阶级司令部的领导下，经过极其复杂，极其尖锐的阶级斗争，终于揪出了以刘少奇为代表的企图篡党、篡政、篡军的资产阶级司令部及其在各地的代理人，夺回了被他们篡夺的那一部分权力，在全国除台湾省外二十九个省、市、自治区全部成立了革命委员会。现在，这个波澜壮阔的（日本报上都有记载的事，不必叙述。）目前我国无产阶级文化大革命，已经取得了伟大的、决定性的接近全面胜利，。全国亿万群众热烈响应刚刚胜利闭幕的中国共产党第八届扩大的十二中全会所发出的伟大战斗号召，正坚决心用毛泽东思想统一认识，统一步伐，统一行动，为夺取无产阶级文化大革命的全面胜利第九届全国代表大会在适当时候胜利召开而奋斗。想先生听到这一胜利消息时，一定非常高兴早已关注到，我们愿意共同表示庆幸。

最后再次请先生代我为转达对坂田教授的问候，祝愿他早日痊愈。，以更加饱满的精力，在教学和科研工作中取得更大成就，为中日两国人民的友好作出更大贡献。

顺致问候。

郭沫若

1968年11月28日

该信按照郭沫若的修改打印出来。打印稿的左下方写有“盖郭院长章后已以科院革办外字第091号发出 1968.11.29”[①]。

三

1970年1月12日，有山兼孝再次给郭沫若写信为坂田昌一求中药。中国科学院外事组李明德在《关于日本人有山兼孝再次来信为坂田昌一索要处方处理经过》的备忘录中记载：“1970年1月19日接到日本人有山兼孝来信，内称，坂田昌一教授多发性骨髓癌复发，目前病情恶化，连续每天输送400cc鲜血，故未及找人将信译出，便立刻将来信转郭院长阅示。”“王廷芳同志于21日晨来电话告：郭老已亲自拟就复有山兼孝信稿，建议我组取回后发出，并将过去（1968年秋）关于此事的处理经过汇报给刘西尧、王锡鹏等同志。”郭沫若20日的复信为：

① 《致王庭芳关于请郭沫若院长修改“关于为坂田昌一提供中药的复信稿”的函》，中国科学院档案，1968-04-0024。

有山兼孝先生：

新年恭喜。

一月十二日手书奉悉。

请向坂田昌一教授问候。

所嘱之件，已经交有关部门研究，结果如何，当尽快手答。

专此，顺候

教安。

郭沫若

一九七〇/1/20

据李明德的备忘录，他于21日上午从中科院取回这封信，并将此事汇报给刘西尧、王锡鹏等人。刘西尧打电话告知，他就此事写信向总理请示，“总理批示同意先将复信发出，然后将有山兼孝的来信及有关坂田昌一的病情诊断书转卫生部研究处理”。刘西尧还说：“总理的上述指示已由他告诉了卫生部的负责同志。”21日下午一时半，郭沫若致有山兼孝的信用航空挂号寄出。

1月22日，卫生部将他们配置的处方抄录给中科院。刘西尧随即送给郭沫若，并附信说：“送上卫生部军管主任邱国光同志送来给坂田昌一的治疗处方，请阅处。”郭沫若看过处方后，当天就草拟好了给有山兼孝的信，送给刘西尧并复信说：“对坂田病症的处方，我写了一信给有山兼孝，请您过目后，交外事组付邮。”“有山兼孝来信等件，请交外事组存档。”[1]郭沫若这封给有山兼孝的去信，目前没有找到。

1970年2月，郭沫若在收到坂田昌一的贺年卡后致函坂田昌一：

坂田昌一先生：

贵恙近况，谅有好转，此间同志甚为悬念。感祝早日康复。

上月22日应有山兼孝氏之嘱，曾奉上中医第二次处方，想已到达。望能有所贡献。敬祝痊安。

郭沫若

一九七〇年二月三日

蒙赐贺年片，已拜领，谢谢。[2]

郭沫若给坂田昌一复信的前后，有山兼孝于1月29日、2月6日两次致信郭沫若，中国科学院外事组于3月30日托人翻译，所译内容如下：

郭沫若先生　　1970.1.29

敬启者：刚刚收到1月20日来信，今天又收到1月22日来信，极为感谢。麻烦您实在是非常过意不去的事情，然而不管怎样，很快地得到您的关照，将珍贵

① 《请刘西尧同志将写给有山兼孝的信交外事组付邮的函(附郭沫若复信抄件)》，中国科学院档案，1970-04-0004-0003。

② 郭沫若：《致坂田昌一（一函）》，《郭沫若研究》第9辑，文化艺术出版社1991年版，第201页。

的药方配成并寄来，真是从内心里表示深深的谢意，对于尽力协助的各位先生也衷心表示感谢，如果您再有珍贵的话语见赐的话，那就更谢谢了。

自从上次以后，坂田教授的病情继续像先前那样，可是今天把您来信中赐教的意旨及时地使教授知道了，他表示非常感激，并向您致以深切的谢忱！

该处方马上求名古屋大学文学部的中文专家译成日文，及时地开始用药并有了进展。

谨报告如上，并深致谢忱！

恳切地祝愿先生和其他各位先生身体健康！

有山兼孝　敬白

名古屋市中区菊里町18

名古屋市立女子短期大学①

中国科学院院长　郭沫若先生　　1970年2月6日

前些天，蒙您的关怀，很快的寄来了送给坂田昌一教授的处方笺，如此深厚情谊，不甚感谢、感激。接到华翰，立刻在翌日致上了感谢信，可是那以后，我们在处方笺上发现了不明白的地方，所以虽然屡次麻烦，至感惶恐，不得已还是恳请得到您的帮助，就只好以极为不安的心情写这封信了。

在处方笺上记载的20种药材中，有两种我们觉得

① 《关于转去有山兼孝给郭沫若的感谢信的函》，中国科学院档案，1970-04-0004-0019。

有困难：

（1）鸡血苊

我们赶快请教了生药学专家，东大教授柴田和京大名誉教授木村，他们判断这可能与鸡血藤为同物，然而在可能范围内竭尽了全力，可是这味药日本国内的中药店没有，至今没有搞到手。

（2）阿肢珠

无论是上面两位教授也好，还是中药店也好，这是一味什么药都不得而知。

鉴于以上情况，两位教授的意见不要用，在上述两样药欠缺的情况下，想将18味药调配服用，同时写此信恳请得到您的帮助，此外别无办法。

在这方面

（a）现在的采取的用18味药调配的办法，今后是否继续服用？

（b）请告诉我们代替该两种难以取得的，估计在日本可能搞到的药材。

（c）最最感觉不好意思的是用什么办法使我们能得到此两味药材呢？能帮助我们吗？

考虑到这些情况，实在是诚惶诚恐过意不去，可是"务请支援我们一下吧"，从心里提出这样一个愿望来了。

再有，坂田教授的近况是自从1月初第五次输血后，病情像先前一样，最近再度显示红血球浓度有稍微减少的倾向。

坂田教授夫妻也是从心里表示感谢与感激，教授本打算致先生一封贺信，由于涉及患病之事有些惶恐，看来是什么也没有写的样子。

以上，诚心的恳求帮助。

有山兼孝

名古屋市立女子短期大学[①]

据李明德的备忘录："有山兼孝第二封来信（2.6）来后，立刻根据刘西尧同志和郭老指示，首先将内容转告给卫生部军管会马清峰同志（2月13日），2月16日上午到卫生部曹文庸同志处，曹告：鸡血苞即鸡血藤，若无此药，可用丹参五钱代，阿肢珠是阿胶珠，肢是胶的笔误，他们估计是打字员将胶字打成了肢字，这是卫生部的错误。若无此药，可用阿胶三钱，熬好以后代用。在无以上两种药物时，原廿种药物中的十八种仍可照服。""后将上述情况转告给王廷芳同志后，王告代郭老拟一复信稿。2月16日下午将复信稿转给郭老批改后于当天发出。并按郭老指示，与卫生部曹文庸同志联系，于17日下午备好了上述两药各三十剂（分别为9两和一斤半），18日上午请邹庆东向卫生部取去交王廷芳同志，再由郭老交西园寺公一转给对方。"

王廷芳代拟，郭沫若修改过的复信为：

① 《关于请求郭沫若解决中药方中两味难得的药材的信》，中国科学院档案，1970-04-0004-0010。

有山兼孝先生：

二月六日信悉。

经将信中所陈之事咨询有关单位研究后，得知：鸡血苨确即鸡血藤。如无此药，可用丹参五钱代。阿肢珠是阿胶珠之笔误，此药可用阿胶三钱，熬好以后代用。原处方中所列二十种药物，在无以上两种时，亦可继续照服。

坂田教授的健康，同为我国朋友们所十分关切。恳切地望他早日康复，并请代为问候。

专此。顺致

教安

郭沫若

1970年2月16日①

有山兼孝接到郭沫若2月16日的回信后，于3月8日写了回信，兹录译文如下：

郭沫若先生　　　　1970年3月8日

非常感谢地拜读了您2月16日的来信，从报纸上知道先生到尼泊尔进行访问，而在出访前的百忙之中您还及早地赐与信函，更加觉得惶恐不安了。您使我（以前的）疑点得以详细地判断清楚，不胜感谢之

① 《致有山兼孝先生关于处方的有关事宜的函》，中国科学院档案，1970-04-0004-0007。

至，但是由于我从二月底即去东京出差，暂时耽隔在那里，致谢函多有延误，实在很抱歉！

坂田教授的病情，自服药以后，患部的疼痛消除了，血液浓度保持中等程度，食欲增进，精神好转，停止了点滴注射（输液），最近已经恢复到吃饭时能在床上坐起上半身的程度了，主治医生对此又惊又喜。面对这种西医难以想像的恢复情况，医生们至此全都对中医的极好的功效给以高度的评价了。先生这种无上的热情厚谊，以及自先生起贵国朋友们的热情鼓励，坂田教授及夫人、家属、友人、同事和弟子，表示衷心感谢与感激。坂田教授是民主的现代科学家，虽然以尊师一样的厚情，像我自身的事情一样来麻烦您，于心不安，而且我又是怀有不好直接给您写信的心情的人，所以我的请求信也好，感谢信也好，不是自己直接上书给您的，而是来自坂田夫人的委托，以诚惶诚恐的心情，由我代表她将此意旨奉上，致以深切的敬意。先生的手迹（题字）已经装上镜框挂在病床旁边的墙上，教授对它得以朝夕拜读，以温暖的心情接受先生的鼓励。

以上，谨致深切的敬意，对于先生和贵国诸位朋友的深情厚谊，坂田教授再一次表示衷心的感谢！

祝您身体健康，并取得更大的成就。

有山兼孝　敬白

名古屋市立女子短期大学

名古屋市中区菊里町18

再者

中医药方加上先生的题字手迹，对坂田教授是一种科学方面和精神方面的无上支援，使他重新获得了精神上和肉体上的力量，这一点再报告给您，顺致深切的谢意。过几星期后再把病情向您报告。

3月18日，郭沫若在有山兼孝的1月29日来信的原件上批示："两封信，我都看了。交外交组译出，请院领导一阅并抄送卫生部。"另一封信指有山兼孝3月8日的来信。这封信上也有郭沫若的批注："汉药方，服后有了效果。"据李明德3月19日的备忘录："今天接到从郭老处直接转来的有山兼孝给郭老的两封信。其中1月29的来信，我组未曾看过，便被先送到郭老处。因此，有山兼孝2月6日的来信，向我询问有关阿胶珠和鸡血藤之事的处理，事先并不知有1月29日的信件。此信今与郭老一并转来的3月8日的来信，一起转去院图书馆代为译出。""因原1月11日及2月6日的两封来信，当时急于处理，未能译出，故与上述两信同时转图书馆译成日文。然后再按郭老三月十八日的批示办理。"①

1970年3月20日，坂田昌一亲自给郭沫若写了一封信，兹录译文如下：

① 《郭沫若院长在坂田昌一患病期间的往来文书》，中国科学院档案，1970-04-0004。

郭沫若先生 1970-3-20

久疏问候，首先对贵国无产阶级文化大革命的伟大成就，致以衷心的祝贺。

前些时候，西园寺公一先生转来的信已经拜读了。我自前年夏天以后，身体不好，最近半年来被送到医院住院治疗，这次您通过有山兼孝先生寄来第二个中药处方，真是太感谢了。直接给百忙中的先生添麻烦实在于心不安，表示歉意。由于我及时地继续服用该药，所以我想不久会恢复健康的。实际上，最近已经渐渐地能在床上坐起来，因而写信的事也就轻松地做到了。对于先生的帮忙，谨致由衷的谢忱。

最后，衷心祝愿先生身体健康，工作进步！

坂田昌一 敬具

3月25日，有山兼孝给郭沫若写了信。3月30日，坂田昌一再次给郭沫若写信。中国科学院外事组收到信后请人翻译了，于4月13日将译文报给郭沫若，并附信给王廷芳：“坂田昌一和有山兼孝两教授分别于今年3月30日和3月25日致函郭院长，对郭老所赠鸡血藤、阿胶珠两味中药表示极大感谢。坂田在信中还称：‘我的病情已经全面好转，渐渐地恢复了。’”“上述两信已译出，现送上，请郭老阅悉。”“另：遵西尧同志指示，已将坂田按处方服药后病情已有好转一事，简报总理并中央办公厅。”郭沫若用毛笔黑墨在信的左边竖行批示道：“阅，退外事组存档。郭沫若，四、十三。”又用红色钢笔在信的左下方空白处批示：“译文在有些字句上不大准确，请注意。郭沫若又及。”[①]

郭沫若在坂田和有山信的译文上做了修改，加删除线的，是郭沫若删除的，加下划线的为郭沫若增加的文字。他还做了批注，第一封信的批注文字加括号表示。

中国科学院院长郭沫若先生　　1970.3.25

拜复

您委托西园寺公一先生2月18日发来的信和两种中药（鸡血藤、阿胶珠）已经由日中文化交流协会事务局村冈副局长在一两天前无误地交到我的手里了，谨致谢意！先生在百忙之中如此无比热情洋溢的关心，坂田教授夫妇和我们大家都从心里表示无比的感激感谢之情，唯有最最深切致以谢忱。

马上从现在起就~~把~~和以前~~收到~~的18种（这18种是他们在日本配的）中药加在一起，服用下去了~~，~~。其前次去信之后，坂田教授的~~此后~~病情~~就~~也慢慢地~~显出~~有向好的方面发展的样子，我们非常庆幸！

以上谨致深厚的谢意！

（不是加上两味药立即见效。）

有山兼孝　敬白

---

① 《关于送上日本友人坂田昌一教授给郭沫若院长的感谢信的函》，中国科学院档案，1970-04-0004-0011。

郭沫若先生　　3月30日

迳启者，前些天您通过西园寺公一先生寄来的两种中医药材已经准确无误地收到了。这两种药在日本是难得的珍品，我对先生的友好帮助深为感谢。特别是您在百忙之中对我的病予以种种关怀，我实在过意不去。

由于先生的帮助并托中国医学之福，我的病情已经全面的好转，渐渐地在恢复子；但愿尽快地恢复健康，有朝一日为中日学术交流多少做点贡献。

恳切祝您身体健康：谨此匆匆致谢！

坂田昌一

再者，顺便托人奉上一点不值钱的东西（薄礼），您如能回忆起日本的口味来，我就感到很荣幸了。[1]

中国科学院外事组给王廷芳的信中说，刘西尧指示给总理汇报。该汇报于4月12日以《日本友人坂田昌一按我处提供的处方服药后病情已有显著好转》（〔70〕院革字第096号）为题报总理并中央办公厅。汇报说："日本友人坂田昌一教授于1968年秋患多发性骨髓肿后，经日本国内西医治疗无效，特请名古屋女子短期大学校长有山兼孝致函郭沫若同志请求帮助。当

① 《关于坂田昌一和有山兼孝两位教授对郭沫若所赠两味药材表示感谢的报告（附感谢信译文）》，中国科学院档案，1970-04-0004-0014。

时，按郭沫若同志指示，请卫生部提供了一份中医处方。坂田照服后，病情好转。”“今年一月初，有山兼孝再次来信称，坂田昌一病情急骤恶化，请郭沫若同志再次提供更为合适的处方。当时，又请卫生部根据对方来信所附病情诊断书提供了第二份中医处方，并烦归国的日本友人带去其中二种稀少的中药。”“坂田昌一和有山兼孝最近分别给郭沫若同志来信，对我国的帮助再三表示感谢。坂田三月三十日来信称：‘由于先生的帮助并托中国的医学之福，我的病情已经全面好转，逐渐地恢复了。但愿尽快恢复健康，有朝一日为中日学术交流多少做出点贡献。’”①

5月12日，中国科学院革委会外事组给王廷芳写信：“我组今天接到有山兼孝5月6日给郭老的来信及所附坂田昌一近照一张，另有主治医生关于坂田病情的临床诊断经过及坂田夫人对病情的追述。”“现将来信及照片呈上，请郭老阅示。”郭沫若在信笺的左下方用红笔竖行写道“（来函要点）坂田教授的病情逐渐好转，打算在本月底退院。送来《临床经过书》及坂田夫人的《追记》，想请中国大夫看看，如药方须更改，望仍交付有山兼孝转。”信笺的右方，郭沫若用红笔批示：“请向刘西尧同志汇报。郭沫若，五、十三。”

中国科学院咨询了卫生部。5月26日，卫生部军管会业务组复函中科院革委会外事组：“你组科革〔70〕外字第081号函悉。关于坂田教授疾病的治疗问题，我们又与前次开处方的大夫

① 《关于接到从郭沫若处直接转来的有山兼孝给郭沫若的两封信的处理问题》，中国科学院档案，1970-04-0004-0005。

进行了联系，他的意见原方可以照服，因鼻出血，人参可改用西洋参；阿胶珠可用阿胶；如白血球上升，可以不用鸡血藤。”[①]

收到此函后，中科院外事组发现跟以前的药方有出入。5月28日，李明德做了一个电话记录：“因我组原抄录的给坂田的处方中本无人参，而一直是用的西洋参，故接到卫生部业务组5月26日的复函后，几次为此询问对方，5月28日下午卫生部业务组一姓蔡的女同志来电话告：他们经询问广安门医院处方大夫后，他们说，既然原用西洋参，此药不像人参那么热，所以，坂田出鼻血则与服用西洋参无关，而是由于坂田本身的原因造成，故，西洋参可照用，无需再改。其它仍如5月26日文，即：阿胶珠可用阿胶；如白血球上升，可以不用鸡血籐。”

经过这些准备之后，郭沫若亲自起草了给有山兼孝的复函：

有山兼孝先生：

五月五日来信及附件均收到。坂田教授病情逐渐减轻，同申庆贺。

经征询处方大夫意见，据云：处方不必更换，原方可以照服，但阿胶珠可以改用阿胶；如果白血球上升，则可不用鸡血藤。

敬礼！

郭△△

五月　日

① 《致卫生部军管会业务组关于送上坂田昌一教授近照、临床诊断经过及坂田夫人对病情追述的来信函》，中国科学院档案，1970-04-0004-0018。

该函经打印后，署上日期“1970年5月30日”，打印稿下方注明：“已于5月30日以科革字第034号发出，航挂，盖郭老的印章。”①

四

1970年9月30日，坂田昌一感觉身体状况允许，亲自给郭沫若发了一封电文，对郭沫若提供中药和亲切关怀表示感谢。这是他生命最后的文字。

10月14日，中国科学院外事组致信王廷芳：“我组现在收到日本名古屋大学坂田昌一教授给郭老的来电一封，特转去，请查收。”在信纸的左下方，有李明德的附注：“来信原件在刘西尧秘书处”。信纸的右方郭沫若用钢笔竖着写了一行：“我的慰问电是经过外交部办的”，在信纸的右上方，郭沫若用红笔批示：“送外交部。译文有大错，我已改正。十、十五”。

郭沫若批示之后，10月17日，李明德给中科院核心小组递交了一个关于译文的报告，报告中说：

> 坂田来电于9月30日21时10分递送我院，当时，由传达室收下，传达室在10月1日上午交收发室。在节日放假期间，此电一直在收发室存放。10月4日下午，我组到收发室取文件时，才在收发室文件架上发

① 《致有山兼孝庆贺坂田教授病情逐渐减轻并转告医生意见的信》，中国科学院档案，1970-04-0004-0015。

现此电，我组因电文系拉丁字母拼音，怕给郭老增添麻烦，故于10月5日送请院情报所代译。因我组无日文翻译。10月14日下午，我组收到情报所革命领导小组业务组12日的来信及所附的来电中文译稿。我组当即将坂田来电及译稿一并送收发室转郭老。

现根据情报所张运恒同志和二连负责人于同志称：他们接到电文后，交给了负责国外情报翻译工作的二连同志们，由日文、英文等翻译人员三、四人共同配合译出后，又经校对，才退外事组。这次译稿与原电出入较大，这与我们没有向情报所同志提供资料有很大关系。

上述翻译及错误处理不及时，都是由于我们工作不够细致和责任心不强所造成的。我组除将这一情况转告情报所，请他们引起注意外，我们今后将从此次事件中吸取教训，加强责任心，力求翻译的准确无误，避免类似错误再度发生。

多年之后，李明德回忆说：

因为当时正处于“文化大革命”中期，中国科学院的外事活动几乎处于停顿状态，院外事组的人手极少，日语翻译已下放“五七”干校，与日本的交流工作只好由我这个英语翻译暂时兼管，我因不懂日语，故当时只好立即将来电请外单位代为翻译。一周后，译文转回，电文如下：

郭沫若先生：

我的学生在病中，承蒙先生多方关照并蒙寄来中医药方。先生在百忙中仍对我的学生予以种种关怀，使我的学生非常不安。特向您致以深切的感谢。

学生：在病中要好好疗养，尽快恢复健康，以便有朝一日为日中学术交流多少做点贡献。

坂田昌一

来电原文及上述译文转呈郭老后，郭老即于次日转来自己的如下译文抄件：

郭沫若先生：

小生我在病中，承蒙先生多方关照，并蒙惠寄中药方。先生在白忙中仍对小生我予以种种关怀，使小生诚惶诚恐，特向您致以深忱的谢意。

小生我在病中定要安心疗养，尽快恢复健康，以便有朝一日为日中学术交流做出微薄贡献。

坂田昌一

将“小生我”翻译成“我的学生”，当然属于“大错”，这也体现了当时特殊的时代条件，中国科学院这样的最高文化机构，居然连个日语翻译都没有。李明德还回忆说：“上述翻译事故发生后约一周，在中国科学院的院务会议上，郭老再次提及此次事故，并语重心长地提醒翻译人员，一定要努力学好外语，对翻译一定要认真负责，否则会酿成大错。郭老还说，在科学院外事组尚未调来合格的日语翻译之前，一切给郭老的日语信、电，均暂时转郭老自己亲自翻译。”①

1970年10月16日，有山兼孝致信郭沫若，报告坂田昌一去世。10月23日，中科院外事组将这封信送交郭沫若处，并附上给王廷芳的短笺：“现接有山兼孝给郭老来信一封，特转去，呈请郭老阅示。”

郭沫若将这封信译出，亲自用毛笔录在3页稿纸上，并在稿纸右边的空白处用红笔做了批注。批注加括号表示。

中国科学院院长　郭沫若先生

一九七〇年十月十六日

谨启：多年蒙赐厚谊的坂田昌一教授，已于本年十月十六日十二时三十八分，在名古屋大学附属医院，安静地永眠了。

生前在长久岁月中特蒙厚谊，发病以来无微不至地予以关怀、激励，而且在最近还受到慰问电，实在是使您多所费心，不胜感激之情，无言可喻。只有衷心地表示感谢。

（郭批：慰问电是由外交部发出的，经过了中央的批准。实际上是中央对坂田教授的关怀。）

以上的情趣，谨急切由我向您通知，对于您在坂田生前无限的厚情，表示深深的感谢。

① 李明德：《难忘的教诲——忆误译坂田昌一教授致郭老的一封电报》，《中国科技翻译》1990年第4期。

由最近病状看来，料到不幸之事已为日不远，尽可能想在生存中把病状由主治医写出《经过书》，向您报告，已经在作准备。就在这时，不幸的日子终于到来了。虽然已是事后，但把《经过书》同封寄上，请您过目。

（郭批：《病状经过书》差不多都是日文，不拟翻译了。）

由于您的费心所得到的中医处方，到十月十一日陷入意识不明之前日，一直都在认真服用。由于对中医药之绝大信仰而生出的强韧的精神力量，加上长期服用所生出的罕见的持久的体力，看来在减轻疾病的痛苦上，发挥了很大的效果，卧病时不用说，就在最后的阶段也是这样。对于蒙您费神赐给贵重的处方，请允许我再一次表示深甚的感谢。

（郭批：处方是西尧同志费心弄到的，这感谢应该由西尧同志接受。）

据坂田夫人所说，最近坂田教授回复先生的电文，是坂田教授最后自作的文章。坂田教授遗憾万分地永眠了，但我相信：日中两国科学工作者诚心诚意的协作必将永远进行下去。敬白。

（郭批：按：即是被译错了的那通电文。）

有山兼孝　名古屋市里女子短期大学校长

在中科院外事组给王廷芳的短笺上，郭沫若在“郭老”处画圈，在左下方用六行文字批示道：“①我把原信译出了，请将原信与《经过书》送给西尧同志看一看。②我回了有山兼孝一封信，要附送他所送来的《经过书》，请由院附入，封好，付邮。郭沫若　七〇、十、25”。在这页笺的上方，有刘西尧的批示：“我正有事，送来此信，只说郭老翻译的，要我看看，我也疏忽了，未看郭老写的，往信封里一装，今天翻出，已压了五天，请秘书同志以后也注意一下。刘西尧　十月卅日。”信的右下角钢笔注明：“已于10月30日下午发出，70科革二外057号航挂。”

郭沫若给有山兼孝的复信如下：

有山兼孝先生：

十月十六日手书奉悉。坂田教授永眠，已向坂田夫人电唁，希望节哀。

坂田先生是有所发明创见的人，身虽永逝，精神长在。他的中国友人都会长远怀念他。

足下对坂田先生的友谊，十分真挚，令人感动。我也相信：中日两国进步的科学工作者将永远诚意协作。不具。

郭沫若

七〇、十、廿五日

《经过书》奉还。最好由坂田夫人保存。[1]

不久，郭沫若还应坂田昌一的夫人坂田信子的请求，为坂田昌一题写了墓志铭：“科学与和平，创造日日新。微观小宇

---

① 《关于请刘西尧等同志阅日本有山兼孝给郭沫若的感谢信的函（附感谢信译稿）》，中国科学院档案，1970-04-0004-0009。

宙，力转大车轮。坂田昌一先生千古。”

五

1971年2月25日，郭沫若在接到坂田信子2月21日的来信后，给她写了回信：

信子夫人：

二月十一日手书，后乐园丹顶鹤与诗刻等写真，均拜领，感谢之至。

坂田教授辞世，同深悼念。但所留光辉业绩，照耀人寰，长垂不朽。

贵国新闻，传我将随桌球队赴名，殊非事实。但我相信：将来必有拜晤之日。

有山兼孝先生如见面，请为致意。

谨祝中日两国人民友谊与时俱进。

春祉。

郭沫若

一九七一年二月廿五日于北京[1]

“后乐园丹顶鹤与诗刻等写真”，涉及郭沫若和日本的一段特殊情缘。1955年12月14日，正带领中国科学家代表团访日的郭沫若参观第六高等学校旧址。当年郭沫若在这里上学时，

① 郭沫若：《致坂田信子》，《郭沫若研究》（第9辑）第202页。

常常到附近的后乐园中散步。1916年冬，他在家书中说：“复有鹤鸟数只，戏为水浴，丹冠素羽，与淡日而争鲜也。”[①]当地人将丹顶鹤奉为神鸟，第二次世界大战前，后乐园里有十只丹顶鹤，是园中最美丽的风景之一。但战争爆发后，由于无人喂养，丹顶鹤一只接着一只死去，最后两只也于1947年去世。郭沫若知道这件事后，十分惋惜。在当晚的欢迎会上，郭沫若应冈山“六高”同窗会会长田中文男之请，赋诗一首：“后乐园仍在，乌城不可寻。愿将丹顶鹤，作对立梅林。”1956年7月，郭沫若送的两只丹顶鹤到达后乐园，冈山人在相隔十年之后终于又见到这一神鸟，他们为这两只鸟分别取名为“茶目”和“黑目”。1961年春，冈山县知事和一些热心的朋友将郭沫若送给田中文男的诗镌刻成诗碑，立在后乐园。[②]这次，坂田信子将这两只丹顶鹤和诗碑都拍了照片，寄给郭沫若。

1971年4月20日，郭沫若在收到中国访日乒乓球代表团带回来的坂田信子的信件和她赠送的《自然》300号增刊之后，给坂田信子写了一封回信：

坂田信子夫人：

春花烂漫的时节，得奉华章，得展阅《自然》三〇〇号增刊，甚为欣幸。两者均蒙亲自送到中国桌球团宿舍，托人带回，厚谊高情，尤深感荷。

---

① 郭沫若：《致父母（1916年12月27日）》，《敝帚集与游学家书》，中国社会科学出版社2012年版，第235页。

② 晓昧：《后乐园与丹顶鹤》，《郭沫若研究》第9辑第260—261页。

坂田教授大作，前曾阅读。今得再接光彩，倍感亲切。念及“艺术长，人生短”之语，只能道得真际之一半。杰出的创造者与创造者之杰作永存，殊属毫无疑义。

中国桌球团赴日，所到之处，受到热烈欢迎，使中日两国人民的传统友谊，在新的基础上得到加强和发展，同表庆贺，并申谢意。

春祉。

郭沫若

一九七一年四月廿日[①]

1971年8月27日，郭沫若再次致信坂田信子：

信子夫人：

久不通音讯，时切怀念。接读三月十五日手书，得知今春曾行胆石手术，有缺问候，抱歉之至。深望倍加珍摄，彻底恢复健康，是所至祝。

惠赠坂田教授遗著十部，尚未寄到。不日到手时，将照所吩咐，分别赠送，谨先代表受领者及我自己表示感谢。

日前《周刊朝日》曾就坂田教授与我的交情，有所报导，我仅见广告题目，未知内容如何。但教授的

---

① 郭沫若：《致坂田信子》，《郭沫若研究》（第9辑）第202—203页。“艺术长，人生短”原为拉丁文，《郭沫若研究》翻译整理为中文并有注释。

风格，我个人以及他的中国友人都印象甚深，耿耿难忘的。

时势一片大好，中日友好，与日俱增，邦交恢复潮流，迎风高涨。缅怀故人，必当含笑于九泉也。未竟之业，愿共勉之。

敬礼。

郭沫若

一九七二年八月廿七日[1]

10月2日，郭沫若又一次致信坂田信子：

坂田信子夫人：

惠赠坂田教授遗著，已入手，感谢之至。已遵嘱分赠，均表谢意。科学院当早有谢函，特补及。

《周刊朝日》（6—9）及书简亦已先后收到。坂田教授与小生友谊一文，阅读了。未提及有山兼孝教授，确是缺欠。依小生所见，有山教授与坂田教授殆有骨肉手足，真情感人，为今世所罕见。

中日邦交恢复，确是一件喜事。坂田教授定当含笑于九泉也。

秋祉。

郭沫若

一九七二、十、二[2]

① 郭沫若：《致坂田信子》，《郭沫若研究》（第9辑）第203—204页。

② 郭沫若：《致坂田信子》，《郭沫若研究》（第9辑）第204页。

六

1972年12月10日，坂田信子给郭沫若写信，兹录译文如下：

郭沫若先生：

腊月已过十天，严寒季节，想必先生身体安好。

论文集已经出版，想给您寄去。您不久将会收到，有时间请阅读一下，倍感荣幸。

虽然著者已故，但是由于朋友们的协助，比预期出版得早，对此表示谢意。编辑论文集的本身是事务性的工作，而对我来说却是非常痛苦的，这是因为在编辑论文集的过程中著者书写每篇论文时的情况及著者在病中编写略年谱的情景都历历在目。

校对论文集时由于我心情不好，所以去远方四国、九州走了一趟。托福，论文集终于出版了，我也感到踏实了。

在痛苦之中，我仿佛决定了今后的大致方向，我将朝着这一方向走去。我受爱媛县新居浜市的小幼儿园的委托（早川幸男教授“名大物理”的双亲办的2个幼儿园中的一个）明春去那里工作。我丈夫的著作需要整理的文章还有很多，我打算带到新地方去搞，这是我一生的工作。

明春有可能的话，我想去中国拜访先生，亲自感谢先生对我的真诚照顾，同时，我丈夫也曾让我一定要去中国看一下，所以我想去中国访问。

我所以选择幼儿园的工作，是因为在我做姑娘时就有这种想法，更重要的是我认为今天在日本主要的问题是人，而且我对今天日本的学校和幼儿教育的情况反感。虽然我具有这种信念和理想，但也为自己缺乏实践经验而感到不安，所以想去看一下把培养人作为重要工作的中国的实际情况。我回顾起，1956年我丈夫在中国拍摄的相片中的那些清洁美观的托儿设备和儿童们幸福快乐的情景。

前些天，我和有山先生商量了访问中国的事，提出是通过中日友好协会的途径或别的途径为好？有山先生的意见请我直接和郭先生联系为好。

向郭先生及先生们给予我的关心和鼓励深表谢意。对我来说我没有把丈夫当作已故的人努力地继续完成了论文集的工作，所以心境也就踏实了，如果能和先生见面，并能访问我丈夫在贵国参观过的地方，必将会增强勇气，展望未来。

今天是众议员总选举的日子，我投了一票，但又感到很不满意。我认为无论是哪个政府，进一步发展中日友好是毫无疑问的。但在日本以经济领先，忘了重要问题状态下的这种正常化是不会有好结果的，我选择小城市的一个小的个人幼儿园工作，这方面也是一个原因。

请先生在百忙中保重身体。

坂田信子

1972年12月10日[①]

① 《中国科学院领导对坂田信子来访信的批示（附坂田信子给郭沫若的信）》，中国科学院档案，1973-04-0030-0001。

12月27日，中国科学院外事局三处提交报告："日本坂田昌一的夫人坂田信子给郭沫若院长来信，希望明春来我国访问，了解我国幼儿教育的情况。拟应同意她的来访，来信呈郭院长阅示（论文集尚未收到，以后送去）。"一位姓朱的领导加了一句"建议请友协考虑安排"，并于29日在文下批示道："请潘纯同志阅后呈郭老阅示。"中国科学院外事局局长潘纯于29日在他的名字上圈阅。郭沫若用毛笔在"建议请友协考虑安排"一句下画线，写上"中科院直接办，如何？"并在报告左方和下方批示说："欢迎她四月份来访三星期左右。并建议：同时邀请有山兼孝夫妇（如果有夫人）。有山是理论物理学家，可以请他作作报告。坂田夫人也可以谈谈坂田教授的业绩。来往旅费似可由院负担。如决定邀请，最好请争取时间通过东京办事处电告坂田夫人和有山教授，以便他们早作准备。送请西尧、武衡、建中同志核。郭沫若　七三年元旦。"王建中在他的名字上画圈，写上"同意"，武衡批示"对外局照办"。刘西尧在报告的左上方批示："完全同意郭老意见。应由科学院出面邀请直接办。不应由友协考虑安排。请即按规定手续报批办理。刘西尧　一九七三年元旦。"又在报告的右上方批示"请速办，并请将我们意见报郭老"①。

1973年1月29日，中国科学院外事局局长潘纯给坂田信子发出邀请："您和有山兼孝先生给郭沫若院长的来信，郭院长

① 《中国科学院领导对坂田信子来访信的批示（附坂田信子给郭沫若的信）》，中国科学院档案，1973-04-0030-0001。

均已收悉。郭院长嘱我给你们回信。欢迎你们在四月初或你们方便的时候来访。行期决定了，请即告我院，以便早作安排，并请将此意转告有山先生夫妇。”“你们从日本至香港的机票将由中国旅行社直接给你们寄去。”①

中国科学院外事局拟出了接待计划。3月20日，郭沫若批示道：“坂田信子、有山兼孝夫妇一行在京内外参观时，拟请彭恒武同志和陈冰同志（或韩瑞等同志）陪同；请多配备一名翻译。于立群同志身体不好，京外全程参观不能陪同。郭沫若　20/Ⅲ”。王廷芳在同一页另外粘了一张纸写道：“彭恒武同志在京陪同或到外地去有困难，可换成严济慈同志，我已请示了郭老，他同意。请报告领导，并征求严的同意，写入接待计划。王廷芳　20/3”②。

3月26日，外交部、中科院联合给广东、江苏、浙江、上海、北京等地发出《关于接待坂田信子、有山兼孝及夫人的计划》，该计划指出，外宾自4月7日由深圳入境，计划访问三周，接待“礼遇可稍高些”，“日程安排不宜过紧”，具体计划为：

一、迎送：

抵离京时由周培源同志及夫人、严济慈、彭恒武、潘纯、陈冰同志前往机场迎送。抵离外地时，请

① 《关于欢迎坂田信子等在方便的时候来访的函》，中国科学院档案，1973-04-0030-0004。

② 《关于转告郭沫若对接待坂田信子、有山兼孝夫妇的指示的电话记录》，中国科学院档案，1973-04-0030-0013。

各省、市科技局负责人和有关科技工作者（可酌情请一、二位女同志参加）迎送。全程由严济慈、陈冰等四位同志陪同。

二、宴请：

在京请郭沫若院长和于立群同志会见并宴请两次：

1.请郭沫若院长和于立群同志在家里会见并设宴招待坂田信子、有山兼孝夫妇。

2.请郭沫若院长和于立群同志陪同坂田信子等三人游颐和园并进午餐。请吴有训副院长和夫人以及迎送人员参加。同时会见以全国科协名义招待的几位日本教授。

在外地，请各省、市革委会有关常委宴请一次。

三、学术活动：

在京拟请有山兼孝教授作一至二次学术报告或学术座谈，人数八十人左右。由原子能所负责组织、彭恒武同志陪同。外地可酌情安排学术活动。

四、参观游览：

在京拟安排参观公社、原子能所、物理所、北京大学、幼儿园、工厂以及名胜古迹等。

外地拟安排去上海、苏州、南京、杭州、广州等地。

五、消息报导：

抵离京时发消息。郭院长会见各发一次消息，照相见报。

六、生活礼遇：

> 住套间房，室内摆烟、茶、水果，备“上海”牌车二辆。外宾在华期间的费用由我招待。[①]

4月10日晚上6点15分至7点，郭沫若、吴有训、周培源、严济慈等在人民大会堂西大厅会见了坂田信子一行。据中国科学院档案《郭沫若院长会见坂田信子等七位日本朋友的谈话记录（未经本人审阅）》：

> 坂田（递给郭老一份坂田教授的遗像）：坂田先生得病以后，过了二年半时间就去世了。在得病一年多以后，病稍好了些，就照了这张像片，现在送给您留作纪念（哭）。
>
> 郭：坂田先生虽然已经逝世了，但是他的容貌犹在。他在学术上有很大成就。请不要悲伤。这次你们几位日本客人还是一道来中国访问了。是我建议中国科学院在四月份邀请你，同时邀请了有山兼孝教授夫妇同来中国访问。又碰巧和河上、石田、桐源、漆户等四位同一飞机抵北京。我为什么选定四月份邀请诸位呢？因为四月份北京天气已经转暖，而且正是百花争妍季节。原来以为你们可以坐直达航机来北京的，结果还是绕了一圈，经过香港、广州花了三天时间。昨天本来应该到机场去迎

① 《关于接待坂田信子、有山兼孝及夫人的计划》，中国科学院档案，1973-04-0030-0014。

接各位客人的，因着凉，喉咙不大好，今天还很勉强。今天，我的夫人又病了，对不起！夫人（指坂田信子）的健康怎样？

坂田：今天，有山先生夫妇到医院去看病，因为在坂田先生患病时，我曾经和医生打过交道，所以很想看看中国的医院，因此就跟有山先生一道去医院了。我过去曾患胆结石病，动过手术，在天气潮湿时，就要多吐痰。我就索性就请医生看了一下。中国医生告诉我，我的脾有点虚湿，所以才多吐痰。这是我第一次才懂得这个道理。

郭：有山教授在东京住了一个多月医院？

有山：我每年要住三个月的医院。我的病是慢性病，日本医生告诉我因为年老所以治愈的希望不大。这次我来中国访问，对中医抱有希望，希望能治愈我这个病。

郭：请保重。你们在中国的日程是否太紧了？应当适当地调整一下，请注意劳逸结合，注意健康。

郭沫若在和河上益夫、桐源朝夫谈了几句后，有山兼孝谈到了坂田昌一。

有山：这一次得到你的邀请，我非常感谢。1956年坂田先生作为一个物理学家得到郭沫若先生的邀请，他是日本物理学界第一个得到访华的物理学家。通过坂田先生的访华，第二年，即1957年由二十几位日本物理学家组成的日本物理学家代表团得以访华。从此以后，中日两国物理学家的关系越来越密切，我们对此感到很高兴。过去中日两国科学家的交往是有困难的。去年恢复了中日邦交以后，减少了些科学界的交往方面的困难。我希望能够实现和加强日中科学技术交流的愿望（众鼓掌）。坂田昌一先生在1964年作为参加北京科学讨论会的日本代表团团长来中国访问，进一步加强了中日科学家的关系。日本有些科学技术虽然是进步的，但中国的科学技术也是蒸蒸日上，所以我们在1964年访华学到了不少东西，这对人类进步是有好处的，我们对此深有体会。为了日中两国科学技术的不断发展，坂田先生曾作了不少贡献，不幸的是坂田先生患病去世了，这对我们是一个很大的损失。在坂田先生患病的时候，郭沫若先生和中国科学院的各位朋友给我们以关照，他们答应了我们的请求，并迅速地给了我们中医药方和一些中药，我们对郭先生和中国朋友表示深切的谢意。

郭：惭愧得很。

有山：郭先生是我们亚洲科学界的元老。中国科学的发展和欧洲有些不同之处。我希望中国科学的发展能为亚洲和世界科学的发展作出贡献。

郭：日本科学家对科学的发展是作出了贡献的。我们的伟大领袖毛主席对坂田学说很欣赏。我们在座的中国同志都会怀念着他。坂田先生的业绩是永垂不朽的，他所走的路我们要继续走下去。我们应该携起手来，为人类进步作出贡献。

我不是什么元老，但是我的年纪确实老了。如果我还是年轻的话，真想再去日本，向日本人民学习（这时坂田夫人笑了），看见坂田夫人的笑容，我们就高兴了。

在会见将结束的时候，郭沫若说："坂田先生所开辟的道路是正确的，我们沿着这条路走下去，将是愈走愈宽广，愈走愈正确，愈走愈平坦，愈走愈光明。我们中日科学家都应沿着这条路子子子孙孙地走下去。好了，现在请吃饭吧！"①

据当时的简报记载："在回北京饭店的途中，坂田信子说：'我简直太感动了，到北京的第二天郭沫若先生和夫人就从百忙中抽时间来见我们，心中真是过意不去。'有山教授说：'今天见到了郭沫若院长和夫人，我觉得浑身是劲。'"②

4月15日，郭沫若再次接待了坂田信子和有山兼孝夫妇。"宴会之前先请客人到家里坐了一会儿。然后到北京烤鸭店去进晚餐，日本朋友对这件事非常感动。坂田信子说：'郭沫若先生在百忙中抽出宝贵时间再一次邀请我们，而且特意请到家里作客，这是我做梦也没有想到的事情。郭沫若

① 《郭沫若院长会见坂田信子等七位日本朋友的谈话记录（未经本人审阅）》，中国科学院档案，1973-04-0030-0029。

② 中国科学院外事局编：《接待日本坂田信子和有山兼孝夫妇简报》（第2期），1973年4月12日，中国科学院档案，1973-04-0030-0020。

先生和于立群先生把自己的子女都召集到一起和我们见面，这是郭沫若先生对我们的最热情、最友好的款待，我是一辈子也不会忘记的。’有山教授也对郭老讲：‘我没有想到在北京能来郭先生家里作客，而且和郭先生的儿女们见面，我心情很激动，衷心表示感谢。’当客人知道郭老的儿子郭汉英在物理所工作时，有山教授说：‘郭沫若先生的儿子是我的同行，感到很幸运，日本也有很多年轻的物理学家，希望郭沫若先生的子女们到日本看看。’坂田信子接着说：‘郭先生的儿子是搞物理的，这使我感到高兴。我们的后代将会沿着郭沫若先生和我丈夫建立起来的友谊之路发展下去，如果北京有条件的话，真想亲手做点日本菜给郭先生的孩子们尝尝。衷心希望郭先生的几个子女到日本来访问。’坂田信子还说：‘今天了解到于立群先生是中国著名的书法家，亲眼看到于先生所写的字，表示钦佩。于先生对中国文字、书法的发展做出了很大的贡献，我作为一个日本妇女也感到自豪。’晚餐结束时，坂田信子紧紧握着郭老的手说：‘今天我的激动心情是无法用语言能表达出来的，祝郭沫若先生健康、长寿，继续关照和指导我的工作。’有山夫人平时不大讲话，会见后的次日早晨说：‘昨天晚上我感到非常高兴。兴奋得一夜没有睡好觉，郭沫若先生对我们的关怀真是永世难忘！’”①

坂田信子希望郭沫若为她写一幅李贺的《莫种树》：“园

① 中国科学院外事局编：《接待日本坂田信子和有山兼孝夫妇简报》（第4期），1973年4月16日，中国科学院档案，1973-04-0030-0022。

中莫种树，种树四时愁。独睡南床月，今秋似去秋。”坂田信子常常吟诵此诗表达对坂田昌一教授的哀思。郭沫若没有写《莫种树》，而是自己做了一首《宜种树》：“园中宜种树，最好是梧桐。叶落日常在，冬来不觉冬。”并写了一个小跋：“坂田信子夫人嘱书李贺《莫种树》，今反其意成《宜种树》一首以应。”[①]请于立群录出送给坂田信子。

4月17日，郭沫若又写了一幅书法：“一生充实有光辉，满门桃李正繁枝。孟光不愧梁鸿志，天下英才教育之。”跋曰：“坂田信子女史乃故友坂田昌一教授之夫人，决献身于幼儿教育事业，嘱题，赋赠。”郭沫若又为“孟光不愧梁鸿志”一句加注：“梁鸿，纪元一世纪时隐士。所作《五噫歌》，富有阶级意识。东汉章帝想逮捕他，他隐藏起来了。其妻孟光，与鸿志同道合，以耕织为业。”并录《五噫歌》：“陟彼北芒兮，噫！顾览帝京兮，噫！宫室崔嵬兮，噫！人人劬劳兮，噫！辽辽未央兮，噫！”[②]

当天，郭沫若还写了一首诗送给有山兼孝：“樱花时节海棠开，好友随春一道来。园内牡丹犹有待，含情留客无忙回。”跋云：“有山兼孝先生下访即事，题求哂正，并以为纪念，惜笔墨劣耳。”[③]

按照计划，坂田信子一行4月下旬前往南方，在杭州、上海、广州等地参观。5月2日晚，坂田一行到达广州，她在广州革委会副主任罗范群举行的宴会上说：“一到北京见到了郭沫

① 郭沫若：《致坂田信子》，《郭沫若研究》（第9辑）第205页。
② 郭沫若：《致坂田信子》，《郭沫若研究》（第9辑）第204—205页。
③ 手迹见1979年《书法》第3期。

若先生，他比我丈夫向我介绍的还要好，他对我讲的话比父母讲的还亲切，我当时感动得哭了，我以前只在接到丈夫的骨灰时曾哭过。他们全家出来热诚的接待了我们，还给我赠诗，于立群先生在北京机场又安慰我，又说给我郭沫若先生对诗的解释，我激动的到南京下飞机时还未哭完。”坂田一行于5月4日上午从深圳到香港，“坂田信子夫人在深圳桥头依依不舍，又一次激动的流了泪，请严济慈同志向郭沫若院长和于立群同志转达她的敬意和谢意”①。5月4日下午，坂田信子、有山兼孝夫妇在香港乘坐飞机返回日本。

① 中国科学院外事局编：《接待日本坂田信子和有山兼孝夫妇简报》（第9期），1973年5月7日，中国科学院档案，1973-04-0030-0027。

李约瑟1972年访华

英国学者李约瑟（Joseph Needham，1900—1995），著名科学史家，1924年在剑桥大学获得哲学博士和科学博士学位，1932年出版了3卷本《化学胚胎学》，1942年出版了《生物化学与形态发生》，在生物化学和胚胎学研究方面较为知名。

1942年秋，李约瑟受英国文化委员会和英国生产部派遣，到中国援助战时中国科学界。他广交朋友，和很多中国知识分子结下了深厚友谊。在中国期间，他对中国古代科学和文明发生了浓厚兴趣，此后半个世纪，他将主要精力放在了《中国科学技术史》的写作上，这部著作在国际学界产生了很大影响。

中华人民共和国成立后，李约瑟先后八次到中国大陆访问，其中前四次均由郭沫若参与接待。王钱国忠编辑的《李约瑟文献50年》（贵州人民出版社1999年版）对于1952、1958、1964年这三次访问均有较详细的文献收录，但对于1972年这次访问，却几乎没有什么第一手资料。王钱国忠《李约瑟与中国》（上海科学技术出版社1992年版）、《李约瑟传》（上海科学普及出版社2007年版）对于李约瑟1972年的访华，也仅以竺可桢日记、相关回忆录等有限资料为基础进行描述，对于李约瑟访华的因由及具体情况语焉不详。有关郭沫若和李约瑟的关系，先后有两篇文章[1]提到，但所据多为《李约瑟文献50年》，故对1972年的访问几乎没有什么涉及。中国科学院档案存有李约瑟这次访华的详细文献，我以此为主要材料，对李约瑟1972年的访华略作讨论。

一

中华人民共和国成立后李约瑟第四次访华，早在1969年就提出了。中国科学院档案中存有两封1969年李约瑟致郭沫若的信，《李约瑟文献50年》均失收。第一封写于9月9日。李约瑟在这封信中推荐森林学家理查·巴比·伯克先生和数学家赛立尔·奥福特教授访华，并提出他本人希望1970年夏季访问中国。兹录所译主要内容如下：

> 从我上次给您写信至今，已有很长时间了，可是，现在我要写信给你介绍二位非常愿意访华的英国人，如果现在有可能（向他们）发出邀请或给予签证，他们可能对你和中国人民是极为有用的。
>
> 我想使你注意的第一个人的姓名是理查·巴比·伯克先生，他是（我们）这一学院的成员，是个极不寻常的人。几十年以来，他一直被认为是一位世

① 周九香：《郭沫若与李约瑟》，《郭沫若学刊》1997年第3期；张在军：《科学巨子与文学巨匠的友谊——李约瑟与郭沫若》，《郭沫若学刊》2012第2期。

界上许多国家的造林和更新森林学家。他建立了一个世界范围的，但是是非官方性质的被称为“森林之人”（Men of the trees）的组织，他把自己的毕生精力致力于促进农业和林业的发展。我随信附去几张关于他的介绍。因为没有机会考察人民中国的森林，他现在感到他对世界的观察仍然极不完整。我自己认为理查·巴比·伯克是一个完全友好的，致力于人类幸福的人；虽然他想去中国的主要目的是为了学习，但是，我想这样说可能合适：听他介绍世界其它地区，例如北非，所发生的情况，你们的森林学家可能获得许多东西。

我想使你注意的另一个人的姓名是赛立尔·奥福特教授，他是伦敦大学的数学教授，英国皇家协会会员。从英中了解协会一成立，他就一直是一位积极的会员，他还是出版物《Broadsheet》编辑顾问之一，这一刊物在国际事务方面，力图阐述中国的观点。他的地址为：中莱赛克斯郡，哈罗市，哈罗·威尔德，艾尔姆斯路70路。我不知他是否已经要求获得签证，或打算不久的将来这样做，但是，我曾答应在适当的时机我将替他写信给你，而我现在就是在做这件事。他是我们这一国家最杰出的数学家之一，而且，多年来一直是人民中国的热情的同情者。

一年前，我曾怀着我自己可能于1969年再次前往中国访问的希望，但是不幸的是，我的合作者鲁桂珍博士在今年年初因重病躺倒了，并且施行了一次危险的手术，此后，尽管健康完全恢复，但是，今年她却无力进行远程旅行了。所以，我把这一计划搁置一边，但是，现在是我应该再去中国的时候了，以便获得历次访问所给予我的那种鼓舞，所以，我现在希望，我可能能于1970年夏季与我的妻子和鲁博士一起前往中国。

与此同时，请允许我对第九次代表大会的成功表示祝贺，并表示希望，中国科学院在为人类知识和为中国人民的福利的工作中，变得越来越强有力。[①]

李约瑟1969年致郭沫若的第二封信写于11月18日，在这封信中，李约瑟推荐麦克尔·罗埃博士访问中国，并再次提出他本人希望于1970年夏天访华。兹录所译主要内容如下：

我写这封信为了问：我这里的同事麦克尔·罗埃博士能否到中国来访问。罗埃博士是剑桥大学的中文讲师，曾任“东方学教授会议”的书记。他是我们最有名的汉学家，对汉朝的历史尤有研究。他也出过一本多少带通俗性的有关中国历史的书，在这里流行甚广。他对于中国现代以及古代文化部非常有共鸣和了解。[②]

① 《致哲学社会科学部关于送英国剑桥大学堪维尔和凯斯学院院长李约瑟给郭沫若的函》，中国科学院档案，1973-04-0037-001。

② 据英文原文，本句中“部”字疑误，应译为“都”。

罗埃博士明年将有休假，极想访问中国，特别是要见：贵国的考古学家，并参观些有名的汉朝的坟墓和古迹。我想，要在中国给予经济支援方面不会发生什么严重问题，因为麦克尔·罗埃能自出路费和在中国的一般费用。我不知道他想在中国耽多久，不过我想，远道而来，如果考虑不能满两个月，那就未免不上算了。同时他还想知道文化大革命怎样改善了学者和广大群众的关系。

让我再加上一句话——我希望1970年能再来中国访问。实际上我由于在大学和学院里的职务，只能在夏季离开剑桥，不过从六月到十月之间，我随时都可以来。我还没有积极提出这个要求，也许明春开始着手进行。我的访问是否合适，极希望您不久就给个回信。也许您已经知道，我最近当选为“英中了解协会”的会长，我以前的“主席”之职已由我们共同的朋友戴利克·勃赖恩充任。[①]

二

李约瑟的两封来信，先转到中国科学院哲学社会科学部，学部感到难以处理，转给了郭沫若。郭沫若于1969年11月28日对这件事进行了处理。他上午给竺可桢打电话，回顾李约瑟

① 《致哲学社会科学部关于转送李约瑟给郭沫若要求访华的函》，中国科学院档案，1973-04-0037-002。

1949年后来访情况，并征求竺可桢的意见。竺可桢当天日记载："早餐后，背诵毛主席最新指示。收拾房间。得郭院长那边电话，说李约瑟想明年来访我国，过去他来过几次，是哪单位请的，并问我的意见是否约他来。我告他我所记忆解放后第一次是在1952年，他还参加了国际调查朝鲜美帝细菌战事；第二次在1959年；第三次1964。第一次是郭老以院长名义请的。第二、三次不记得，好像是对外文委的名义。因为电话所说简略，所以我又于上午写了一封信。"①这封信共四页，毛笔楷体，信笺为"中国科学院革命委员会"。主要内容为：

> 承询李约瑟过去来我国系什么单位邀请和是否明年邀请他，因电话中报告简略未尽欲言，所以特以书面奉知。据个人记忆所及，解放后李约瑟来我国三次。第一次是1952年，是以郭老名义（科学院院长名义）。他这次在我国时，参加了"调查在朝鲜和中国的细菌战事实国际科学委员会"（报告书发表在该年8月31日），李约瑟也是签名人之一。此事钱三强最接头。他第二次来我国是在1959，值我国建国十年国庆，第三次是在1964年国庆前后，国庆节那天晚上他还被邀上天安门，由周总理介绍和毛主席握了手。我记不清这两次是那单位邀请的，好像是对外文化协会。这两次他的主要目的是为他那本中国科学史找材

① 《竺可桢全集》（第19卷），上海科技教育出版社2010年版，第556页。

料（已出版五大本，尚有三四本未出）。

据我所知道他近年来的表现，无论对中苏争执和无产阶级文化大革命的态度，还是友好的。他是英中了解协会的主席，今年三月间苏修侵犯我珍宝岛以后他曾给伦敦《泰晤士》报一封信，指责苏修。登在该报27日，报上题为《中苏边境》。以后转载在3月29日《参考消息》第一页。在今年我国庆节前夕，他又曾发表过一篇文章题为《新中国长征途中的又一里程碑》，转载在9月29日（下）《参考资料》第9—13页。但我只知道他近来发表的两篇文章。我国驻英代办当然知道他的底蕴。

假使明年预备约他或其他外国科学家来我国，我们也得做一点准备工作。这二三年来，院中各研究单位，因除所担任与国防有关科研而外，因忙于完成斗、批、改的重大任务，所出成绩比较不多，急应抓革命促生产。如以生物学部各所而论，到近来建所地址，如微生物所在陕西武功，遗传所留北京，才慢慢地确定下来，但过去比较成绩较著名的生物所如上海的生化所和生理所，现在情况与将来任务，如目前尚未确定，愚见以为院中应抓紧分院把他确定下来。是否有当，尚请指示。[①]

① 竺可桢：《关于李约瑟来华询问有关问题给郭沫若的信》，中国科学院档案，1973-04-0037-009。

郭沫若之所以询问竺可桢，并得到竺可桢的详细回答，是因为竺可桢和李约瑟有着长期交往，对李约瑟的情况相对比较了解。

早在抗战时期，李约瑟和竺可桢就有所接触。1944年10月25日，在中国科学社三十周年大会湄潭分会上，竺可桢演讲中国二十八宿之起源，“李约瑟对论文极感兴趣，将由渠携去不少篇幅转交英美发表”[①]。而李约瑟在这次大会的演讲中认为，近代科学之所以不能在中国产生，“乃以囿于环境，即地理上，气候上，经济上和社会上的四种阻力”[②]。竺可桢对此也很感兴趣，特意引用在自己的论文之中。

1952年夏，李约瑟参加朝鲜战争中美国细菌战国际调查团来到中国，这是他在1949年后第一次访问中国大陆。6月22日，郭沫若在北京饭店宴请代表团，竺可桢陪同。李约瑟对是否参加调查团一直犹豫不定，起初只答应以联络员的身份参加，后来钱三强允诺他可以参观中国科学技术发展方面的情况并搜集史料，这对于李约瑟正在写作中的《中国科学技术史》无疑是十分难得的机遇，[③]于是他决定以正式成员的身份参加调查，并很快成为调查组的实际负责人。

---

① 《中国科学社三十周年纪念大会》，原刊《科学》1945年第1期，转引自王钱国忠《李约瑟文献50周年》（贵州人民出版社1999年版，第15页）。

② 竺可桢：《为什么中国古代没有产生自然科学？》，《科学》第28卷第3期，1946年4月。

③ 陈伟时：《朝鲜战争时期围绕细菌战问题的三场国际政治动员——基于中英两国档案的解读》，《历史研究》2006年第6期。

对于李约瑟思想上的矛盾，郭沫若是清楚的，他在8月7日给外交部副部长章汉夫的信中说："李约瑟又有信来，看样子我给他的信他尚未接到。此人，我觉得宜争取他多在中国留一个时期，回英国太早了，可能出毛病。故宜尽力争取他的夫人来华。请考虑。"[①]章汉夫第二天复信郭沫若："李约瑟在朝中调查细菌战工作中，表现不错，他们今日由沈起程返京，详细情形，当在承志回后，即去您处汇报，并讨论草拟报告工作应如何协助进行。""同意您争取李多留及争取李夫人来华的意见。俟李到后，您最好和他谈一次，如他表示愿意多留，除他再去信请他的夫人来外，我们亦可从旁促请。""英代表团三十人左右，将于本月来华，邀李事两周前已告英中友协，邀李夫人来华事，也曾侧面告该会负责人。"[②]但李约瑟于当年9月中旬就回到了英国。

李约瑟回国后，受到了英国新闻界、英国国会及英国科学界的质疑和攻击，一度陷入十分难堪的境地。但他没有屈服，而是坚持认为美国在朝鲜战争中使用了细菌武器，并为中华人民共和国辩护。1953年，鉴于美国政府抵赖并进一步准备细菌战的罪行，李约瑟发表公开信予以谴责："我之所以不得不相信指责的真实性，绝不决定于飞行人员所承认的（也不决定于他们现在在新的、不同的环境下所否认的）。我相信国际科学委员会中我的那些同事也有同样的看法。如我在去年所一再说过的一样，我们总是在大批中国科学家——其中有许多人，我

① 林甘泉、蔡震编：《郭沫若年谱长编》（第3卷）第1426页。

② 据手迹复印件，原信藏郭沫若纪念馆。

在第二次世界大战时就已经很熟悉的了——提供了客观的证据，使我们相信以后，才认为那是一个确实的证据。”[①]这封公开信受到中国的欢迎，《人民日报》予以转载。

竺可桢回忆说李约瑟第二次来华是1959年，属记忆有误，实际是1958年。1957年12月17日，郭沫若给李约瑟写信并发出请柬，邀请李约瑟1958年夏天访华。李约瑟收到宦乡转来的信和请柬后，于1958年1月复信郭沫若，十分愉快地接受了邀请，提出希望研究中国中医药史和中国最新的考古发现，并尽可能多的接触中国科学史和工艺专业的学者，他还希望重返他抗战时期在中国曾经到过的地方。[②]李约瑟这次访华，主要由中国科学院副院长竺可桢出面接待。6月1日，竺可桢“和李俨老去东郊机场接李约瑟和鲁桂珍，从广州来”。6月2日，“晚七点约李约瑟、鲁桂珍晚膳”。6月6日，竺可桢“三点至北大礼堂，听李约瑟报告中国古代科学的成就和西方的关系”。6月10日，李约瑟在中国科学院演讲。[③]此后，李约瑟到济南、上海、敦煌、兰州等地寻访资料，参观访问。

对于李约瑟1964年的来访，竺可桢说可能是对外友协邀请的。实际上也是郭沫若以中国科学院院长的名义邀请的。1964年6月7日，李约瑟致信郭沫若，附上了他希望参观访问项目的

---

① 《李约瑟博士发表公开信　斥美政府抵赖细菌战》，1953年11月19日《人民日报》。

② 《李约瑟致郭沫若（1958年1月）》，《李约瑟文献50年》第873—875页。

③ 《竺可桢全集》（第15卷），上海科技教育出版社2008年版，第106、107、110、112、116页。

清单。他希望参观化学工业和应用生物学，不同类型的农业，考古和历史博物馆，并想去他以前没有去过的地方。[①]7月3日，郭沫若到机场欢迎李约瑟夫妇，并于第二天设宴招待李约瑟夫妇。据我查找到的文献，李约瑟以英中协会会长的身份于8月10日在太原各界声援越南抗美的集会上讲了话。[②]李约瑟在中国一直待到了国庆之后。

这次收到竺可桢信件后，郭沫若在信的抬头“郭老”两字上画圈，在信稿第一页左上方写道：“送外事组，供参考。郭沫若，十二、一。”

三

中国科学院档案中，存有两页郭沫若写于1969年11月28日的信件。这封信的主要内容是郭沫若对于李约瑟访华的意见。该信没有抬头，不清楚是写给谁的。《郭沫若年谱长编》认为这是郭沫若给中国科学院外事部门的书面意见[③]。该信主要内容如下：

关于李约瑟夫妇和助手，及所推荐的三位学者

---

① 《李约瑟致郭沫若（1964年6月7日）》，《李约瑟文献50年》第881—884页。

② 《省城各界人民集会声援越南人民抗击美帝武装侵略的伟大斗争》，《山西政报》1964年第9期。

③ 林甘泉、蔡震主编：《郭沫若年谱长编》（第五卷）第2165页。

访华事，刚才已在电话中谈及。此时，由学部处理有困难。因学部明年要迁往信阳，李约瑟本人是自然科学家，所推荐的三人也有两人是属于自然科学的范围（一位是森林科学家，一位是数学家），和学部也不对口径。因此，学部仍把原信送到我处来了。我再转送到你处，请你们处理。（在电话中已得到你们同意。）我的意见是：鉴于时局的不稳定，他们的来访似乎可再推后一两年。请刘西尧同志考虑一下。如果你们同意我这个想法，问题很简单，请立即用我的名义回他一信，但把话说得委婉一点。

如我这个想法不周到，请征询一下外交部的意见，上报请示后再回答前途。[①]

由信中可知，郭沫若事先跟中国科学院外事部门有过电话沟通，然后才提笔写这封信。信中所说的学部，指的是中国科学院哲学社会科学部，郭沫若以院长的身份兼任哲学社会科学部主任。哲学社会科学部退给郭沫若，郭沫若在征求竺可桢意见并斟酌情况后，转外事部门。刘西尧当时担任周恩来总理和中国科学院之间的联络人，实际负责科学院事务。郭沫若提出让李约瑟推迟访华的计划，请刘西尧决定。

经过广泛征求意见和充分考虑，中国科学院采纳了郭沫若的意见，决定以郭沫若的名义回复李约瑟，请他推后一两年

① 郭沫若：《关于婉拒李约瑟要求访华的亲笔复函》，中国科学院档案，1973-04-0037-003。

再来访问。中国科学院存有两页写在“中国科学院发文稿纸”上的郭沫若复李约瑟信原件，事由栏写着“给李约瑟的复信稿”，是李明德的笔迹。“主办单位和拟稿人”栏目上写着“外事组　李明德　69.12.10”，核稿栏写着“拟同意，请郝梦笔同志批。曹文彬，12.11”。签发栏写着：“同意发，请将复信稿汇报给郭老，听取指示。尚可　69，12，11”。“郭老”两字上有圈阅。信件全文为李明德用钢笔所写，郭沫若用毛笔做了修改。

亲爱的李约瑟博士：

非常高兴接到~~你~~您今年9月9日和11月18日的来信。因我近日工作较忙，未能及时复信，乞谅。

~~你~~您与夫人和助手想于明年再来中国访问的打算，使我和~~你~~您这里所有的朋友都感到十分愉快。但在目前，中国科学院全体科学工作者，正在集中精力，为搞好无产阶级文化大革命的斗、批、改工作而努力。~~看来~~这项具有深远历史意义的改革科研体制的工作，在今后相当长的一段时间内，还将在我院继续进行。因此，我和~~你~~您这里的朋友们，都非常希望~~你~~您与夫人和助手能在一、两年后的适当时机到我国来访问，与我们一起共同欣赏我国无产阶级文化大革命斗、批、改的丰硕成果。我想，您一定会同意的。又如果伯克先生、奥福特教授以及罗埃博士能在那时~~再考虑他们的~~和您们一道来访，~~华问题，将更为适宜~~。我们也非常欢迎。请您向三位先生转达。

1970年即将到来之际，请让我借此机会，祝你您和您的夫人在新的一年中，身体健康，精神愉快，工作成功。

郭沫若　一九六九年十二月十五日

标删除线的文字，是李明德拟稿所有，为郭沫若所删除；标下划线的文字，李明德原稿所无，为郭沫若所增加的。中国科学院档案中还存有一份这封信件的打印稿，是按照郭沫若修改后的文字打印的。打印稿两页，第二页下方由钢笔备注："已于12月20日上午发出（科革办外字69.240号）（因对方懂中文，故未能译成英文）"。[1]

给李约瑟的信件发出的当天，中国科学院给住英代办处发出公函。这封公函用的是红头的"中国科学院文件"笺，编号为"〔69〕院革字第369号"，主要内容为：

英中了解协会会长李约瑟博士于今年9月9日和11月18日两次给我院郭沫若院长来信，李在信中除表示自己与夫人和助手鲁桂珍愿于明年访华外，还推荐了森林学家伯克先生、数学家奥福特教授以及汉学家罗埃博士来我国访问。

经请示外交部后，我院已以郭院长名义回复李约瑟，将其夫妇和助手以及所推荐的三位学者访华推缓

① 郭沫若：《关于推迟李约瑟和夫人及助手来华访问的复信稿》，中国科学院档案，1973-04-0037-008。

一、两年再予接待。

为将来接待上述人员访华做准备，现特函请你处了解李所推荐的三位学者的有关情况，并请将李约瑟夫妇及助手近况，一并告我院。

随函附去郭沫若院长致李约瑟的复信抄件及李9月9日和11月18日的来信抄件各一份。[①]

四

中华人民共和国外交部和中国科学院于1971年4月5日联合向国务院提交《关于英国皇家学会会长等人希望恢复中英科技文化交流问题的请示报告》（〔71〕科字第67号），报告提出“日前，中英关系已有缓和，因此，我们对驻英代办处去年十一月十四日来文，今年二月二十二日来电和三月十四日所提关于中英科技文化交流一事，提出以下建议”，其中建议的第二点为：“中国科学院曾于一九六九年十二月十五日以郭沫若院长的名义回复英中了解协会会长、剑桥大学冈维尔和凯厄斯学院院长李约瑟，将其夫妇和助手鲁桂珍以及李所推荐的三位学者（森林学家伯克、数学家奥福特和汉学家罗埃）的访华要求推缓一、两年，并曾表示一并接待。今年三月一日李为此给郭沫若院长来信（附件一），再次提出希望访华。”“现拟同意我驻英代办处今年二月二十二日来电所提首先安排上述人员访华的建议，以郭沫

① 《致中国驻英国代办处关于李约瑟等人访华的函》，中国科学院档案，1973-04-0037-007。

若院长的名义复信李约瑟（附件二），欢迎李约瑟夫妇及其助手和上述三名学者于今年下半年或明年夏季来访，为时三周。”这份文件加盖了外交部和中国科学院的国徽章，当为正式发出。但是，文中的“今年下半年或”被铅笔划去。

两份附件都是打印稿，“附件一”是李约瑟1971年3月1日致郭沫若信，兹录所译主要内容如下：

> 我不知您是否记得我们1969年11月18日和12月15日的通信？除其它事情外，我曾提到我想于近期再次访问中国的热切愿望，在您的回信中，您极其友好地使我们确信您和中国科学院的成员们都希望我将这样做，并建议1971年12月之后的某个时候可能是适宜的。我现在写信的目的正是为了提醒您这一点，并告诉您我依然希望与我的妻子狄·李约瑟博士和我的合作者鲁桂珍博士于1972年夏季再次到中国度过一段时间。我不仅盼望会见我在历史学者、科学家和考古学家之中的许多朋友，而且还要看看文化大革命所取得的一些成果，尤其希望我再次与中国人民一起生活一段时间之中从新获得鼓舞，这一点是无需说的。
>
> 同时，关于我作为全国会长的英中了解协会的工作，目前仍像过去一样继续积极地进行着，然而，我希望我们能够吸引更大量的会员。《中国科学技术史》的工作也有进展，我相信，再过几个月，您将收到关于土木工程、水力和航海方面的本书第四卷第三部分一册，到本学年末，我们期望将

关于冶金和中国早期化学和化学工业方面的本书第五卷第二、三部分付印。

向我们所有的中国朋友致以良好的问候并向您个人致以最热情的问候！

附件二标题为《复李约瑟的邀请信稿》，兹录主要内容如下：

非常高兴接到您今年三月一日的来信。

中国科学院欢迎您和您的夫人以及您的合作者鲁桂珍博士于~~今年下半年或明~~一九七二年夏季对您们合适的时间来中进行友好访问，为时三周~~。~~至四周。

届时，如果您所推荐的森林学家伯克先生、数学家奥福特教授以及汉学家罗埃博士能够与您们一道来访，我们~~也非常~~将很高兴。当然，三位先生若届时不便，愿另选其它对他们合适的时间前来，我们也同样~~非常~~欢迎，请向三位先生转达。您们在中国停留期间的膳宿与交通费用将由中国科学院负担。

借此机会，请向那里的朋友们转达我的问候，并向您和您的夫人致以热情的问候！

标删除线的是以铅笔划掉的，标下划线的是以铅笔补充上的。从笔迹看不出是谁修改的。信末也没有署具体时间。好在中国科学院还有另一份档案，是按上述修改后的打印稿，“郭沫若”三字为手写签名，也补上时间“一九七一年六月三十日”。这份信稿下方用铅笔写上：“另一份郭老签字，已于7月1日以〔71〕科革二外第393号发出。”[①]

五

在中国科学院档案中，有一份《接待李约瑟夫妇及鲁桂珍计划》，这份拟于1972年6月28日的计划写道：

> 经国务院批示同意，以中国科学院郭沫若院长名义邀请的“英中了解协会”会长、英国剑桥大学凯厄斯学院院长李约瑟（J.NEEDHAM）偕夫人（DOROTHY NEEDHAM）及李的助手鲁桂珍（女，详见附件）一行三人，预计于今年七月五日由深圳入境，来我国进行友好访问和学术旅行。
>
> 李约瑟的专业是生物化学，也是汉学家，对我国古代科学发展史也有研究。抗日战争期间，他当过英国驻重庆使馆的文化参赞。解放后，对我表示友好。李于一九五二、一九五八、一九六四年曾三次访华。其中除第一次外，后两次访华，主要是为了他编写《中国科学技术史》一书搜集资料、文献。李此次来访，是继续为其编写该书的植物、动物、外科、药物篇寻找资料。

---

① 《关于英国皇家学会会长等人希望恢复中英科技文化交流问题的请示报告（附英国剑桥大学冈维尔和凯厄斯学院院长李约瑟致郭沫若院长函、复李约瑟的邀请信稿，致曼德逊的邀请信稿）》，中国科学院档案，1973-04-0037-0012。

李约瑟在英国学术界有一定的地位和影响。为了加强中英科技交流，扩大我在英学术界的影响，我们在接待工作中，仍应热情友好，多做工作，在安排上适当照顾他们搜集资料和参观访问的要求。但要注意，内外有别。

安排如下：

一、迎送：抵离京时由中国科学院吴有训副院长及夫人王立芬、副秘书长秦力生、考古所所长夏鼐、对外友协负责人马家骏、院外事组副组长陈冰等同志前往机场迎送。

二、抵京当天晚上，由中国科学院副院长竺可桢、吴有训设便宴欢迎，除迎送人员作陪外，拟请竺副院长夫人陈汲以及有关科学家3—4人参加。

李等在京期间，拟请郭沫若院长和于立群同志在人民大会堂会见并宴请一次。

一九六四年，总理曾接见了以李约瑟为首的“英中了解协会”访华团全体成员。此次，我们拟不主动安排请总理接见。届时如有需要，将专案请示。

三、访问、参观：

李要求在我国访问六周（我原邀其访问3—4周）。其中以4—5周时间前往昆明、贵阳、桂林、海南岛等地进行学术旅行。1—2周时间到黄山或庐山休假，并到李时珍故乡蕲州访问。对此，我们拟同意其停留六周。访问地点，均系非开放地区。经与外交部商议不便安排，拟安排其访问延安、上海、南京、杭州、广州、韶山等地。

在北京拟安排参观化学所、物理所、植物所、地球所、动物所、北京大学、清华大学、石油化工总厂、公社、地铁、北京图书馆、出土文物等。

在外地参观及具体活动，请根据外宾专业情况及访华目的，由各地决定。李等曾希望参观植物园、博物馆、图书馆、大学、工厂企业、庙宇以及针麻等。

抵离各地时，请当地省（市）革委会外事组或科技组有关负责同志及有关科研人员3—4人迎送；请省（市）革委会一位副主任出面宴请一次。

四、学术报告：拟安排李夫妇在京各作一次学术报告，听众人数30—40人左右。外地如有需要，也可安排学术报告或座谈。

五、新闻报道：抵离京时发表消息。

郭院长和于立群同志会见、宴请摄影见报，发表消息。

六、生活礼遇：李夫妇住套间房，鲁住单间房。乘上海牌车，室内摆烟茶、水果。外宾在华期间的食、宿、交通费用由我国负担。

七、李、鲁探亲访友问题：除有重大特嫌的敌我矛盾者外，一般最好予以安排。一俟了解到他们希会见的亲友名单，我们即及时通知各地和有关单位。请各单位事先做好他们亲友的思想工作。

八、搜集文献、资料问题：鉴于李等拟索取之资料文献，专业范围广，数量大。我们不可能全部予以满足，只能有选择的，在不失密条件下适当地提供一些。凡是不能同意外宾抄录、拍照、复制的资料、书刊等，最好不要拿出来。[①]

1972年7月10日晚上，李约瑟一行三人从上海飞抵北京，中国科学院副院长吴有训夫妇到机场迎接。11日晚上，中国科学院副院长竺可桢、吴有训等人宴请李约瑟等人。竺可桢在日记中记载："李约瑟夫妇、鲁桂珍于7：00到。他们上次来是在1964年，八年不见，Needham 夫妇72岁、76岁倒不见老，虽是其夫人已需手杖。但鲁桂珍不到七十已见苍老，因曾施术三年，病了三年云。据陈冰说，他们日程已安排，去沪、杭、宁，并至北戴河休息十天，将来还可（能）去南昌等。李原拟去贵阳、昆明、海南岛，均不开放，但他们已因他留华期限延长至七礼拜（他提六个礼拜），而且均已由我招待，所以认为满意。在广州时他已买了五十元的古书。他问了钱宝琮、张子高、袁翰青等情况，我告以石声汉于1967年以癌去世。九点始散席。"[②]8月8日晚上，郭沫若和于立群宴请李约瑟一行三人，郝梦笔、夏鼐等人陪同。

李约瑟1972年访华，受到了高规格的接待，中国科学院做出了周密安排。郭沫若在这件事上表现得十分慎重，但也不乏热情。竺可桢想利用这次接待，推动中国科学院相关研究的进展。这些有意味的细节，对于我们思考特殊年代郭沫若的处境、中外文化的交流都具有特殊价值。

---

① 《关于接待李约瑟夫妇及鲁桂珍计划的请示》，中国科学院档案，1973-04-0037-0021。

② 《竺可桢全集》（第21卷），上海科技教育出版社2011年版，第144—145页。

主要参考文献

一、报刊及档案

《洪水》1925年。
《新建设》1949—1952年。
《人民日报》1950—1959年。
《科学通报》1951—1957年。
《进步日报》1951年。
《历史研究》1954—1955年。
《文史哲》1956—1957年。
《新华社新闻稿》1956年。
《人民文学》1958、1960年。
《光明日报》1957—1964年。
《文汇报》1958—1962年。
《红旗》1959、1967年。
《文艺报》1960年。
《诗刊》1963年。
《山西政报》1964年。
《书法》1979年。
《文献》1980年。
中国科学院档案。
郭沫若纪念馆馆藏资料。
山东省文学艺术博物馆馆藏资料。

部分私人收藏资料及部分拍卖资料。

二、郭沫若著作

郭沫若：《文艺论集》，光华书局1925年版。
郭沫若：《水平线下》，创造社出版部1928年版。
郭沫若：《甲骨文字研究》，大东书局1931年版。
郭沫若：《殷周青铜器铭文研究》，大东书局1931年版。
郭沫若：《古代铭刻汇考四种》，文求堂1933年版。
郭沫若：《盲肠炎》，群益出版社1947年版。
郭沫若：《历史人物》，海燕书店1947年版。
郭沫若：《地下的笑声》，海燕书店1947年版。
郭沫若：《抗战回忆录》（样本），群益出版社1951年版。
郭沫若：《奴隶制时代》，新文艺出版社1952年版。
郭沫若：《洪波曲》，百花文艺出版社1959年版。
郭沫若：《武则天》，中国戏剧出版社1962年版。
《郭沫若全集·文学编》（第1—20卷），人民文学出版社1982—1985年版。
《郭沫若全集·历史编》（第1—8卷），人民出版社1982—1992年版。
《郭沫若全集·考古编》（第1—10卷），科学出版社1982—2002年版。
黄淳浩编：《郭沫若书信集》（上、下），中国社会科学出版社1992年版。

郭平英、秦川编：《敝帚集与游学家书》，中国社会科学出版社2012年版。

三、其他著作

华岗：《中国历史的翻案》，作家书屋1946年版。

罗尔纲：《太平天国的理想国——天朝田亩制度考》，商务印书馆1949年版。

《论新民歌》，上海文艺出版社1958年版。

《诗风录》，作家出版社1958年版。

《蔡文姬》，北京宝文堂书店1960年版。

中国文学艺术联合会编：《中国文学艺术工作者第三次代表大会资料》，1960年。

殷光兰：《放声歌唱红太阳》，安徽人民出版社1972年版。

《悼念郭老》，三联出版社1979年版。

马非百：《管子轻重篇新诠》，中华书局1979年版。

（英）莫里斯·戈德史密斯著、施莘译《约里奥-居里传》，原子能出版社1982年版。

《长沙文史资料》（第2辑），1985年。

《中国现代社会科学家传略》（第五辑），山西人民出版社1985年版。

《积微居友朋书札》，湖南教育出版社1986年版。

《郭沫若研究》（第2辑），文化艺术出版社1986年版。

《镇江文史资料·第11辑·柳翼谋先生纪念文集》，1986年。

李越然：《外交舞台上的新中国领袖》，解放军出版社1989年版。

董延梅：《君子兰的情意：编书忆旧》，百花文艺出版社1991年版。

王振国：《豫剧武则天汇校本》，花山文艺出版社1991年版。

《郭沫若研究》（第9辑），文化艺术出版社1991年版。

《中国科学院院史资料汇编 1955》，中国科学院院史文物资料征集委员会办公室，1995年。

《建国以来毛泽东文稿》（第9册），中央文献出版社1996年版。

《中国科学院院史资料汇编1954》，中国科学院院史文物资料征集委员会办公室，1996年。

《茅盾全集》（第37卷），人民文学出版社1997年版。

《郭沫若研究》（第12辑），文化艺术出版社1998年版。

《李约瑟文献50年》，贵州人民出版社1999年版。

《田汉全集》（第20卷），花山文艺出版社2000年版。

《胡乔木诗词集》，人民出版社2002年版。

陈寅恪：《讲义及杂稿》，生活·读书·新知三联书店2002年版。

吉少甫：《郭沫若与群益出版社》，上海百家出版社2005年版。

王襄著，唐石父、王巨儒整理：《王襄著作选集》（下册），天津古籍出版社2005年版。

杨树达：《积微翁回忆录 积微翁诗文抄》，上海古籍出版社2006年版。

《何兹全文集》（第6卷），中华书局2006年版。

《刘大年来往书信选》（上、下），中央文献出版社2006年版。

《顾颉刚日记》（第7卷），台湾联经出版公司2007年版。

葛能全：《钱三强》，浙江科学技术出版社2008年版。

高信：《书房写意》，上海远东出版社2009年版。

《中国现代文学馆馆藏珍品大系·信函卷》（第1辑），文化艺术出版社2009年版。

梁吉生、张兰普编：《张伯苓私档全宗》（下卷），中国档案出版社2009年版。

卞僧慧：《陈寅恪先生年谱长编（初稿）》，中华书局2010年版。

《竺可桢全集》（第15、19、21卷），上海科技教育出版社2008—2011年版。

李福长编：《20世纪历史学科通论》，齐鲁书社2012年版。

《郭沫若研究文献汇要》（第10卷），上海书店出版社2012年版。

中央文献研究室编：《毛泽东年谱 1949—1976》，中央文献出版社2013年版。

葛能全：《钱三强年谱长编》，科学出版社2013年版。

《胡乔木书信集（修订版）》，人民出版社2015年版。

黄宾虹：《琴书都在翠微中 黄宾虹自述》，文化艺术出版社2015年版。

林甘泉、蔡震主编《郭沫若年谱长编》，中国社会科学出版社2017年版。

李斌：《女神之光：郭沫若传》，作家出版社2018年版。

四、文章

竺可桢：《为什么中国古代没有产生自然科学？》，《科学》第28卷第3期，1946年4月。

张明善、黄展岳：《四川广元县皇泽寺调查记》，《考古》1960年第7期。

本刊记者：《关于剧本〈武则天〉的争议》，《边疆文艺》1961年第4、5期。

张颖：《漫谈话剧〈武则天〉》,《戏剧报》1962年第8期。

黄盛璋：《永不能忘的忆念——悼念郭沫若院长》，《社会科学战线》1978年增刊。

《关于话剧〈武则天〉的书简》，《新文学史料》1980年第2期。

柯灵：《心向往之——悼念茅盾同志》，《上海文学》1981年第6期。

钱三强：《忆我尊敬的长者——郭老》，《光明日报》1982年11月17日。

《郭沫若致青年作者的两封信》，《江海学刊》1983年第1期。

钱祖夫：《郭老对青年作者的亲切教诲》，《江海学刊》1983年第1期。

胡乔木：《〈人比月光更美丽〉后记》，《读书》1987年第11期。

刘恩义：《在初返祖国的日子里——周太玄先生传记片段》，《文史杂志》1988年第1期。

陆惠元：《天津博物馆事业的拓荒人华石斧》，《天津文史丛刊》（第11期），1989年。

李明德：《难忘的教诲——忆误译坂田昌一教授致郭老的一封电报》，《中国科技翻译》1990年第4期。

李真真：《中国科学院学部的筹备与建立》，《自然辩证法通讯》1992年第4期。

刘大年：《郭沫若关于〈历史研究〉的六封信》，《历史研究》1994年第1期。

黎之：《回忆与思考——第三次全国文代会前后（下）》，《新文学史料》1996年第2期。

周九香：《郭沫若与李约瑟》，《郭沫若学刊》1997年第3期。

张稼夫：《我与中国科学院》，《科学新闻》1999年第13期。

《宋谋玚教授简介》，《晋东南师范专科学校学报》1999年第2期。

林申清：《郭沫若遗札及其〈管子集校〉》，《郭沫若学刊》2000年第3期。

郭静洲、熊卫国：《张治中与郭沫若　赤诚相待传佳话》，《文史春秋》2001年第3期。

王廷芳：《郭沫若夫妇与两位日本科学家》，《百年潮》2002年第10期。

杨建民：《郭沫若　张治中论争“长沙大火”》，《党史纵览》2005年第4期。

陈伟时：《朝鲜战争时期围绕细菌战问题的三场国际政治动员——基于中英两国档案的解读》，《历史研究》2006年第6期。

盖志芳：《〈历史研究〉（1954—1966）研究》，山东大学博士论文，2010年。

郭平英：《在郭沫若晚年作品中阅读中日友好》，《郭沫若学刊》，2011年第1期。

张在军：《科学巨子与文学巨匠的友谊——李约瑟与郭沫若》，《郭沫若学刊》2012第2期。

李晓虹：《从版本变化看郭沫若心中的王阳明》，《郭沫若学刊》2012年第3期。

刘雁翔、杨皓：《梁启超致冯国瑞手札及学者题跋》，《民国档案》2012年第3期。

李晓虹：《关于郭沫若〈《撒尼彝语研究》检讨·结语〉》，《郭沫若学刊》2013年第1期。

钟祥财：《马非百论〈管子·轻重〉的一批信函》，2013年3月17日《东方早报·上海书评》。

吴心海：《吴奔星著述年表（1913—1949）》，《现代中文学刊》2014年第2期。

刘卫芳：《贺昌群史学成就探究》，河南师范大学硕士论文，2014年。

管继平：《商承祚：千秋学术有传人》，《梅花知己　民国文人印章》，上海辞书出版社2014年版。

刘雁翔：《冯国瑞敦煌写经吐鲁番文书题跋叙录》，《秦州文史研究》，甘肃教育出版社2014年版。

杨家翔：《心底无私天地宽　居里精神华夏传》，《军工英才》2014年第11期。

刘金岩、张柏春、吴岳良：《坂田昌一与中国科学家及毛泽东的交往》，《自然科学史研究》2015年第1期。

陈守宁：《缘起“文夕大火”的是是非非——〈洪波曲〉之修订隐情》，《书屋》2015年第10期。

蔡震：《四时佳气永如春》，《中国社会科学报》2016年2月16日。

李斌：《对于“非郭沫若”认识装置的反思》，《文艺理论与批评》2017年第5期。

韩诚：《一波三折的〈洪波曲〉》，《新文学史料》2017年第1期。

李斌：《建立在伪史料基础上的“晚年郭沫若”研究》，《当代文坛》2018年第1期。

杨建民：《〈洪波曲〉问世引发的一场论争》，《中华读书报》2019年3月20日。

蔡震：《新华颂歌——郭沫若在新中国成立后的诗歌创作》，《郭沫若与新中国暨中国郭沫若研究会第七次会员代表大会论文集》，威海，2019年。

后　记

去年夏天，我正在校对《女神之光：郭沫若传》出版前的清样，《传记文学》主编斯日老师打来电话，她和云南人民出版社合作，主编一套作家书简解读丛书，与我商议作者人选。我向她推荐了几位作者。她邀请我写一本郭沫若的，我犹豫片刻也就同意了。斯日老师和我见面次数不多，但她一直把我当成年轻一代学者的代表。《传记文学》选题会她都请我参加，还请我为刊物组了三次专辑，每次合作都很愉快。对于她的邀请，我是不能拒绝的。况且作为年轻学者，也正好借这样的机会来鞭策自己多出成果。

本书最先的设想，是编年的郭沫若书信解读。从1920年开始，每年挑选一封比较重要的书信进行阐释。我担心个人力量有限，邀请李晓虹老师合作完成。她仔细思考了我的设想，可能觉得这样写出来不好看，难有新意，于是建议我独自写作。这反过来促使我重新思考本书的结构。就我个人的学术需要来说，我不愿意把这本书写成一本普及性读物，我要把它写成专著。就郭沫若研究而言，1949年前的郭沫若，学界研究相对较多，而1949年后的郭沫若，还有较大的空间。从这样的学术考量出发，我决定只写1949年后的郭沫若的书信解读。我也放弃了编年的写法，而是围绕郭沫若活动的几个重要方面组织和结构本书。对材料进行初步考察后，我更加坚定了郭沫若的书信和当代中国密切相关的看法，于是有了“郭沫若书信中的当代中国”这样的标题。在最近的一次学术会议上，北京师范大学的张越教授说这个题目取得好，郭沫若书信是配得上“当代中国”的。

本书所用的关键材料，大都是未曾公布的书信和档案，对于多数专门从事郭沫若研究的学者来说，这些也是新鲜的。中国当代文学和文化研究对于未刊书信、手稿和档案的重视不够。别的不敢多说，就我所了解的晚年郭沫若研究，可以说还处在就公开的材料进行初步讨论的阶段。我见到的这方面的很多成果，除新近出版的《郭沫若年谱长编》之外，尽管筚路蓝缕，勾勒出晚年郭沫若的一些侧面，对我进入这个领域有启发；但也存在着对有限材料反复引用，且不少结论出于推测的缺点。总体上说，晚年郭沫若研究的成就不高。有鉴于此，本书在前人研究之上，从未刊材料入手，力图呈现出更为丰满的有关郭沫若的历史图景，从而将晚年郭沫若研究向前推进。这也是我敢于答应斯日老师约稿的重要原因。当然，本书写作时间短，我长期从事中国现代文学研究，对当代中国所知有限，故而目前的成果只能说是围绕材料的初步展开。我虽然想做更为复杂的叙述和归纳提炼，但一时半会儿不易成功，同时也担心太专业的写作有悖于这套丛书的体例，所以就这样交稿了。研究总是一步一步地往前推进的，本书对于目前的晚年郭沫若研究已经有所推进，拿得出手了。事情不可能毕其功于一役，至于更大的推动，有待来日。

这些年来，我所在的单位郭沫若纪念馆承担了中国社会科学院重大课题《郭沫若年谱长编》、中国社会科学院创新工程项目《郭沫若全集补编》的编撰工作。作为研究室负责人，我参与了《郭沫若全集补编》申报和编辑的全过程，并实际承担了项目协调人的角色。为了做好这两个课题，我们到处搜集有关郭沫若的文献史料，其中以郭平英老师、李晓虹老师所获尤多。郭平英老师身份特殊，外界一旦新出现郭沫若书信、手迹等材料，就有人告诉她，所以她知道得最全面。她还常常带着我们去查档案。她获得材料之后，常常与我分享。李晓虹老师主持《郭沫若全集补编·书信卷》，收集到很多郭沫若书信复印件，大都也同我分享。本书引用的黄淳浩先生、王戎笙先生的收藏，大都是她复制过来的。这本书能够写出来，首先是拜两位老师所赐。郭沫若纪念馆赵笑洁馆长、文物室副主任梁雪松、同事王静，学友向明、黄毓芸对本书的写作也提供了帮助，特此致谢。

李　斌

2019 年 7 月 28 日于碧波园